Lise Bourbeau, née en 1941, est fondatrice de l'école de développement personnel « Écoute Ton Corps », créée au Québec en 1982. Son enseignement pratique et la philosophie simple qu'elle transmet aident des milliers de personnes à travers le monde à apporter des changements concrets dans leur quotidien. Reconnue comme enseignante et philosophe, elle est une conférencière très sollicitée par tous ceux qui aspirent à connaître une meilleure qualité de vie. En 1987, elle écrit son premier livre intitulé *Écoute Ton Corps, ton plus grand ami sur la Terre*, et fonde sa propre maison d'édition, les Éditions E.T.C. Les livres de Lise Bourbeau se sont vendus à plus de 4,5 millions d'exemplaires. Ils sont traduits en 20 langues.

L'École de Vie Écoute Ton Corps est la plus grande école de développement personnel au Québec. Son enseignement est diffusé dans 28 pays.

Pour plus d'informations au sujet de Lise Bourbeau, consultez : www.ecoutetoncorps.com

ÉVOLUTION

Des livres pour vous faciliter la vie !

Fabrice MIDAL
Et si de l'amour on ne savait rien ?

Habib SADEGHI
Détox émotionnelle
La cure détox du mental et de l'émotionnel pour retrouver la santé et s'épanouir en 12 étapes

Elle LUNA, Susie HERRICK
Manuel de défense à l'usage des jeunes femmes qui veulent se libérer des stéréotypes

Tara SWART
La Source
Comprendre la loi de l'attraction pour atteindre enfin vos objectifs

Anne Clotilde ZIÉGLER
Pervers narcissiques
50 scènes du quotidien pas si anodines pour les démasquer et leur faire face

Harvard Business Review
Cultivez votre intelligence émotionnelle

Hal ELROD
L'Équation du miracle
Transformer le possible en certitude

Ali REBEIHI et Christilla PELLÉ-DOUËL
Que dévoilent nos émotions ?
Grand bien vous fasse : la vie quotidienne, mode d'emploi

Éric BRUN-SANGLARD
Reconstruire sa maison intérieure

Valentin SPITZ
Et si vous arrêtiez de vouloir être un parent parfait

La Puissance de l'acceptation

DU MÊME AUTEUR
CHEZ POCKET

LES 5 BLESSURES QUI EMPÊCHENT D'ÊTRE SOI-MÊME
LA PUISSANCE DE L'ACCEPTATION
STOP AU CONTRÔLE

Lise Bourbeau

La Puissance de l'acceptation

Éditions E.T.C.

Cet ouvrage a précédemment paru sous le titre :
Amour, amour, amour :
la puissance de l'acceptation

MIXTE
Papier issu de sources responsables
FSC® C003309

Pocket, une marque d'Univers Poche,
est un éditeur qui s'engage pour la préservation
de son environnement et qui utilise du papier fabriqué
à partir de bois provenant de forêts
gérées de manière responsable.

ISBN : 978-2-266-26817-2

Sommaire

Remerciements

J'en suis à mon dix-huitième livre et je continue à éprouver la même reconnaissance envers tous ceux qui m'aident à les écrire.

Reconnaissance ou re-connaissance me fait penser que la connaissance est toujours le fruit du travail de plusieurs personnes. Écrire un livre est aussi l'aboutissement de la connaissance de plusieurs personnes.

Qu'est-ce qui vient de moi ? Qu'est-ce qui vient des autres ? Il m'est impossible d'en faire la distinction. Qui reconnaître ?

En premier lieu, je veux dire MERCI à tous ceux qui, grâce à leur histoire et leurs partages durant les ateliers, ont rendu possible la rédaction de ce livre. Je me sens particulièrement privilégiée de faire un travail aussi enrichissant grâce à la volonté de tous ceux qui veulent améliorer leur qualité de vie.

J'ai aussi le bonheur d'être entourée de personnes qui m'appuient de tout leur cœur : mon mari Jacques, ma famille, mes amis ainsi que l'équipe d'Écoute Ton Corps. J'apprécie notamment les remarques constructives de ceux qui ont lu la première ébauche de ce livre, m'aidant ainsi à l'améliorer.

Merci aux correctrices qui ont fait un travail remarquable, Claude Vienne et Julie Labelle. Pour terminer, il me manque les mots pour reconnaître à leur juste valeur l'aide constante de Jean-Pierre Gagnon, le directeur des Éditions ETC et la créativité de Monica Shields pour la couverture[1] et la mise en page.

1. De l'édition d'origine. *(N.d.E.)*

Introduction

Depuis vingt-cinq ans, j'enseigne l'amour inconditionnel en mentionnant régulièrement le mot « acceptation » durant les ateliers et les conférences que je donne. Il apparaît à de nombreuses reprises dans les livres et les divers articles que j'écris. Malgré cela, on continue de me poser les questions suivantes :

« Es-tu sûre, Lise, que TOUT *peut être accepté un jour ? »*

« Pourquoi j'oublie tout ce que j'ai appris sur l'acceptation aussitôt que ça ne va pas comme je veux ? »

« Je n'arrive pas à accepter comme tu l'enseignes. J'ai sans cesse l'impression que je vais me faire avoir si j'accepte ainsi. »

« J'ai beaucoup de difficulté à savoir si j'ai vraiment accepté une situation ou si je m'y suis résigné. »

« Je n'arrive pas à croire qu'une situation désagréable va se transformer seulement en l'acceptant. Ça me semble trop miraculeux et surtout trop simple. »

Je ne suis pas surprise quand j'entends les différentes difficultés vécues par les clients d'Écoute Ton Corps. Je me suis rendu compte, autant dans ma vie personnelle que professionnelle, que cette notion d'acceptation qui permet d'arriver à l'amour inconditionnel est simple mais loin d'être facile à appliquer. Moi-même ainsi que l'équipe d'Écoute Ton Corps qui l'enseignons depuis de nombreuses années, oublions parfois ce moyen miracle qui peut tout transformer. Heureusement que nous en parlons régulièrement, ce qui nous aide à nous remettre sur le chemin de l'amour assez rapidement.

J'entends ce genre de question ou commentaire dans tous les pays où j'enseigne. En effet, peu importe la race, la culture, la couleur, l'âge, la profession ou la religion d'une personne, tout le monde aspire à l'amour inconditionnel. C'est un appel de la part de notre âme qui est malheureuse lorsque c'est l'ego qui nous dirige plutôt que notre cœur. À l'époque où nous vivons, nous ressentons ce cri de l'âme de plus en plus intensément. C'est une époque de grande transformation intérieure et je suis très heureuse de constater que tous ceux que je rencontre, et ce, dans tous les pays que je parcours, aspirent véritablement à une meilleure qualité de vie intérieure en sachant intuitivement que lorsque l'intérieur change, l'extérieur se transforme en conséquence.

Voilà la raison pour laquelle j'ai décidé d'écrire un livre sur l'acceptation dans tous les sens du mot et dans toutes sortes de situations, surtout celles qui sont non désirées et désagréables. Je souhaite de tout cœur que ce qui suit saura t'aider à mieux assimiler les notions de l'amour véritable.

Pour rendre la lecture plus facile et intéressante, j'ai choisi de relater l'histoire d'une famille qui vit divers problèmes d'acceptation. L'histoire et les noms des membres de cette famille sont fictifs et ne sont utilisés qu'aux fins de ce livre. Cependant, tous les exemples sont basés sur des milliers de témoignages que j'ai eu l'occasion d'entendre au cours des 25 ans passés à enseigner l'amour.

Si, en lisant les différents moyens suggérés pour faire la paix, accepter les autres et t'accepter, tu as des réflexions du genre...

« Je ne pourrai jamais arriver à ce genre de partage »,

« Je suis assuré que l'autre ne voudra jamais accepter cela »,

« C'est juste un livre ; la réalité est toute différente »,

... sache que c'est une manifestation de la résistance de la part de ton ego. Tout ce qui est suggéré est réalisable : il suffit de le décider et de l'expérimenter. La bonne nouvelle est **plus nous pratiquons, plus ça devient facile et rapide**.

Je souligne également que je me permets de tutoyer le lecteur : ceci t'aidera à ressentir tes émotions plus rapidement, surtout si tu te reconnais dans un des différents exemples utilisés.

Bonne lecture !
Lise Bourbeau

CHAPITRE UN

La consultation

Ma secrétaire annonce la venue de la cliente que j'ai accepté de voir en consultation privée aujourd'hui.

— Bonjour Anna.

— Bonjour, madame Bourbeau. Je suis très heureuse de faire votre connaissance. J'ai lu tous vos livres et fait quelques ateliers et j'ai enfin l'occasion de vous rencontrer. Je suis très heureuse d'être parmi les trois personnes que vous suivrez au cours des prochains mois. C'est pour votre recherche m'a-t-on dit. Quel privilège d'avoir été choisie et surtout de n'avoir rien à débourser ! Heureusement que je connais votre travail, sinon je me serais méfiée d'une telle offre, ajoute-t-elle en riant.

— En effet, je suis au Québec pour quelques mois et je veux travailler en privé avec trois personnes différentes dans trois domaines distincts. Suite à la diffusion de cette offre sur notre site Web, nous avons reçu plusieurs demandes. Nous avons rassemblé celles qui concernaient l'amour véritable, un des trois domaines, et avons pioché votre nom au hasard parmi celles-ci.

Avant d'aller plus loin, j'aimerais savoir si tu as une objection à ce que nous nous tutoyions.

— Aucune objection. Ce sera même très facile puisque j'aimais bien ce tutoiement dans les livres et dans les ateliers. J'ai assisté à trois ateliers jusqu'à maintenant et il y a des choses qui se sont améliorées dans ma vie, mais je dois avouer que je trouve très difficile la notion d'amour inconditionnel.

— Alors, j'écoute. Parle-moi un peu de toi et dis-moi quelles sont les difficultés auxquelles tu es confrontée.

— J'ai trente-huit ans et je suis mariée depuis quatorze ans avec Mario qui a cinquante-deux ans, donc quatorze ans de plus que moi. Quand j'ai rencontré Mario en 1991, il était marié et vivait encore avec sa femme, Rita, et leur fils, David, qui avait quatorze ans. Comme tu peux le constater, le chiffre quatorze est très présent dans notre vie et je commence à me demander si c'est un chiffre malchanceux pour nous, ajoute-t-elle songeuse. J'espère que je ne deviens pas superstitieuse. Je reviens à mon histoire…

... Ce fut le coup de foudre entre nous et il me promettait qu'il quitterait sa femme pour moi. En réalité, il l'a laissée parce que j'étais enceinte, après quoi nous nous sommes mariés très vite. Notre fille, Sandra, a donc quatorze ans cette année. Encore le chiffre quatorze ! Je n'ai constaté cette coïncidence que lorsque j'ai appris que je venais ici aujourd'hui et que je me préparais à raconter mon histoire. Ce fut un choc pour Mario d'apprendre que j'étais enceinte quelques mois après notre rencontre. Il savait que je prenais la pilule ; il en a donc conclu que je faisais partie du 1 % des femmes qui tombent enceintes malgré cette pilule contraceptive. Je lui ai dit que nous devions être destinés à avoir un bébé ensemble en omettant que j'avais fait exprès d'oublier de prendre la pilule pendant plusieurs jours au moment de mon ovulation. J'étais contente de ne pas avoir à lui dire la vérité quand j'ai vu sa réaction ; nous n'avions jamais parlé d'avoir des enfants puisque nous ne nous connaissions que depuis peu…

... Je sais que je n'aurais pas dû faire exprès de tomber enceinte, mais je l'aimais tellement et j'avais peur qu'il ne se sépare jamais de sa femme. Il se sentait très coupable à l'idée de divorcer alors que son fils était adolescent, mais nous vivions une grande passion et inventer toutes sortes d'excuses pour que nous nous voyions le plus souvent possible était devenu pénible pour lui. De plus, j'en avais assez d'être seule les week-ends. Il a quitté sa femme au début de l'année 1992 et nous nous sommes mariés à Las Vegas en toute intimité, deux mois après la naissance de Sandra. Il s'est à peine écoulé un mois entre son divorce et notre mariage. Plusieurs personnes m'ont dit que s'engager aussi vite dans une deuxième relation n'est pas sain pour un couple et que nous aurions dû attendre. Elles avaient raison, je crois, car notre couple a beaucoup de difficultés en ce moment.

— Est-ce que, depuis votre mariage, tu lui as dit que tu avais planifié ta grossesse ?

— Non, je n'ai jamais eu le courage de lui en parler. Tu ne peux pas savoir combien de fois j'ai voulu le lui avouer, mais à la dernière minute j'avais la frousse et je remettais mon aveu à plus tard. Je me suis souvent trouvé toutes sortes de bonnes raisons pour ne pas le faire. Je suis lâche, n'est-ce pas ?

— Il n'est pas question aujourd'hui de juger ton comportement. Chaque fois que je te pose une question, c'est simplement pour t'aider à te découvrir. Porte attention aux mots que tu utilises en me parlant, car ils sont très révélateurs. Quelles sont les plus grandes difficultés que vous vivez en ce moment ?

— Je ne peux plus lui faire confiance, car je le soupçonne d'avoir une liaison avec une autre femme. J'essaie de lâcher prise, mais je n'y arrive pas, surtout sur ce sujet. Je l'épie sans arrêt tout en essayant de ne rien laisser paraître. Tu imagines à quel point cela me stresse. Quand il arrive à la maison, il est de plus en plus fatigué et s'endort dans son fauteuil. Il nous parle à peine à Sandra et moi. Il me dit être désolé de son attitude, qu'il ne sait pas ce qui lui arrive, que c'est temporaire et me demande de ne pas désespérer, d'être patiente. Nous faisons encore l'amour à l'occasion, mais ce n'est plus ce que c'était…

... Son fils David, qui a maintenant vingt-huit ans, est marié et a un petit garçon de quatre ans. Mario ne pense même pas à son petit-fils. C'est toujours moi qui le traîne pour aller visiter David. Quand j'ai suggéré à Mario d'aller consulter un médecin, croyant qu'il faisait une dépression, il m'a répondu qu'il n'avait nullement besoin d'un médecin.

— Depuis combien de temps le soupçonnes-tu ainsi ?

— Je ne sais pas trop. Ça fait au moins deux ans que je le surveille davantage, mais je crois que ça a dû commencer bien avant, sauf que je ne voulais pas le voir. Je lui demande sans arrêt ce qui ne va pas et je me plains de son attitude. C'est seulement quand j'ai appris que je venais te voir que j'ai pris le temps de vérifier ce que je vivais. Je me suis rendu compte que je ne lui ai jamais parlé de mes doutes parce que j'ai trop peur de ce qui pourrait se passer. On dirait que je préfère ne pas savoir plutôt qu'apprendre quelque chose que je n'aimerais pas. Ça me fait vraiment du bien d'en parler maintenant.

— Nous reviendrons à ce que tu vis dans quelques instants. J'ai encore quelques questions à te poser auparavant. Est-ce que Mario travaille sur son développement personnel de son côté ?

— Il a lu ton premier livre il y a quelques années et il a assisté au premier cours Écoute Ton Corps. En réalité, nous avons été mis au courant de ton travail par notre bru, Michelle, qui t'a découverte alors qu'elle avait dix-huit ans. Elle était si emballée qu'elle nous a offert ton premier livre et nous a fortement suggéré de suivre un atelier. Par la suite, Mario s'en est désintéressé. Moi-même je me promettais toujours de participer à d'autres ateliers, mais comme je ne suis pas très bien organisée, je remettais constamment à plus tard…

... Nous vivons aussi des difficultés avec notre fille Sandra. Tu sais ce que c'est qu'une enfant de quatorze ans, n'est-ce pas ? À la façon dont elle s'habille et se maquille, on dirait qu'elle a dix-huit ans. Elle paraît beaucoup trop provocante et je suis toujours inquiète quand elle revient tard. Imagine-toi qu'elle dit même que je suis vieux jeu. Je n'ai que trente-huit ans ! Je me sens encore toute jeune, mais on dirait qu'elle me considère comme une vieille personne. Elle ne veut jamais me raconter ce qu'elle fait avec ses amies. Elle recevait tant d'appels à la maison que nous avons dû lui acheter son propre téléphone portable. Elle nous avait promis qu'elle paierait ses factures de téléphone à la fin de chaque mois, mais elle n'a encore jamais tenu sa promesse. Mario me suggère de le lui confisquer, mais c'est moi que je punirais ainsi : je devrais répondre à tous les appels qu'elle reçoit, sans compter que notre ligne serait occupée sans arrêt…

... Tout ça me cause un autre problème. Mario me répète sans cesse : « Fais ceci, fais cela avec TA fille. » Il ne veut jamais s'impliquer. Il tient à ce que je prenne toutes les décisions et quand ça ne va pas, il s'en sort en disant que c'est de ma faute, que je ne sais pas comment m'y prendre avec elle.

— Tu m'as parlé de plusieurs problèmes jusqu'à maintenant. Revenons au premier sujet mentionné, celui de ta peur d'être trompée par Mario. Il est toujours préférable de travailler sur un problème à la fois. Nous reviendrons sur les autres au cours des visites ultérieures. Comment te sens-tu dans cette situation ?

Anna prend une bonne inspiration et expire encore plus longuement. Tout à coup, elle a les larmes aux yeux. Elle me regarde quelques instants, puis ses yeux deviennent de plus en plus tristes. Je ne dis rien. Je lui offre un mouchoir et un verre d'eau. Après quelques minutes, elle répond :

— Je m'aperçois que ma plus grande peur c'est de perdre Mario. Je l'aime tant et mon plus grand désir c'est de passer le reste de ma vie avec lui.

— Comment te sens-tu ? Ferme tes yeux et laisse monter ce qui vient quand tu penses le perdre.

— Je me sens si triste. J'ai très peur. On dirait que j'ai une grosse boule dure dans le ventre. Je ressens aussi beaucoup de colère. Je sais que ça fait longtemps que je la refoule. J'ai peur de perdre le contrôle si je laisse sortir cette colère et ce serait vraiment de ma faute s'il décidait de partir à cause de ça. Juste l'idée de me retrouver seule me fait paniquer. Je crois même que notre fille choisirait de vivre avec son père : avec lui, elle fait davantage ce qu'elle veut. Pour moi, un tel abandon représenterait une vie gâchée. Je ne sais pas si je m'en remettrais.

— Alors, pour résumer, ce qui te dérange le plus en ce moment, c'est l'attitude et le comportement de Mario à ton égard et envers les autres membres de la famille et la possibilité qu'il te trompe. Par contre, le vrai problème c'est ta grande peur de perdre l'amour de ton mari et de ta fille et de te retrouver seule. Est-ce bien ça ?

— Oui, Lise, c'est bien ça. Avant de l'exprimer, je n'avais pas réalisé à quel point j'ai peur d'être abandonnée. J'ai suivi le cours sur les cinq blessures de l'âme et j'ai vu très peu de caractéristiques de la blessure d'abandon dans mon corps. Je ne me doutais donc pas que je pouvais l'avoir. Je trouve que ma blessure de trahison est beaucoup plus apparente. Je suppose que je vais devoir m'occuper des deux, hein ?

— En temps et lieu, nous prendrons du temps pour établir des liens avec tes blessures. J'ai encore quelques questions à te poser. Que veux-tu dans ta vie ? Qu'attends-tu de moi ? Quelle sorte d'aide veux-tu ?

— C'est bien simple, je veux garder mon mari et je veux que notre famille soit davantage unie et non de plus en plus séparée. Je veux que tu me donnes les outils pour atteindre ce but.

— Personne ne peut te garantir un moyen de garder ton mari, car cela dépend de lui. Tu sais bien que tu ne peux obliger ni ton mari ni ta fille à demeurer avec toi. Est-ce que tu veux savoir pourquoi tu attires ce genre de situation ? Est-ce que tu es prête à prendre la responsabilité de ce qui t'arrive ? Je te pose cette question, car même si c'est ce que tu attends de moi, il m'est impossible de te dire que tu es malheureuse par la faute de ton mari ou celle de ta fille. Je ne suis pas en train de te dire que c'est de ta faute non plus. En réalité, personne n'est en faute, il n'y a que des gens qui souffrent et qui ne savent pas comment gérer certaines situations... Je peux cependant t'aider à trouver la cause de ce qui t'arrive et te suggérer des moyens pour accepter ce qui se présentera dans ta vie, que ce soit ce que tu désires ou non.

— C'est sûr que je désire connaître les causes de mes problèmes, mais de là à accepter que mon mari choisisse de partir, c'est autre chose. Crois-tu vraiment qu'une femme qui aime son mari puisse arriver à ce genre d'acceptation ?

— Tu sais, Anna, ta réaction est des plus humaines. Je n'ai jamais dit que ce genre de situation est facile à vivre, mais, oui, je suis convaincue que tu peux trouver en toi l'amour nécessaire pour accepter n'importe quelle situation indésirable. Être capable de faire face à toutes les éventualités, c'est faire preuve de sagesse, c'est lâcher prise. Vouloir que ça aille à ton goût, c'est du contrôle. T'es-tu aperçue que ce genre de contrôle ne change rien et ne t'apporte pas la paix intérieure ? Tu ne peux retrouver cette paix qu'en appliquant les notions de l'amour véritable. Donc, es-tu d'accord pour que nous en parlions ?

— Bien sûr, je suis plus que prête. Depuis trop longtemps déjà, je ne supporte plus cette situation ; je suis donc ouverte à autre chose. J'ose espérer que nous trouverons une solution pour que tout aille pour le mieux dans notre couple.

— Alors Anna, afin de mieux travailler ensemble, je suggère que tu reviennes me voir avec Mario. Demande-lui de venir une fois avec toi et, si ça lui plaît, il pourra revenir à l'occasion lorsqu'il sera nécessaire que vous soyez tous les deux présents. Lors de cette prochaine rencontre, nous ferons la révision de ce qu'est l'amour véritable afin que vous puissiez trouver les moyens qui conviennent le mieux à votre vie de couple et de famille…

... D'ici à la prochaine visite, crois-tu que tu pourrais trouver le courage d'avouer à Mario ce que tu as partagé avec moi : le fait que tu te doutes qu'il ait une liaison avec une autre femme ainsi que la peur d'être abandonnée que ça éveille en toi ? Crois-tu que, du même coup, tu pourrais lui avouer que tu as fait exprès de tomber enceinte ? De plus, je te suggère de rencontrer ta mère et de vérifier si elle avait les mêmes peurs que les tiennes, c'est-à-dire la peur de ne plus être aimée et d'être abandonnée par ton père et par ses enfants.

— Tu m'en demandes beaucoup. Je ne sais pas si j'en serai capable.

— Fais ce que tu peux. J'aime bien suggérer des gestes à poser après chaque rencontre. Ce n'est qu'avec des façons d'agir différentes que nous pouvons transformer les situations indésirables. Cependant, ce qui est encore plus important, c'est que tu passes par la première étape qui est de reconnaître que pour le moment tu n'agis peut-être pas comme tu le voudrais, mais que c'est la seule façon de faire que tu connaisses. Te rappelles-tu, dans l'atelier sur les blessures, combien de fois tu as entendu dire qu'il est normal et humain de réagir lorsque tu souffres ? Tout ce qui ne va pas comme tu le veux dans ton couple et avec ta fille vient de tes réactions causées par tes blessures ainsi que par les réactions de ceux qui t'entourent. Tu dois donc te donner le droit – ainsi qu'aux autres – d'être humaine et accepter tes limites et tes blessures non encore guéries.

À RETENIR DE CE CHAPITRE

- Il est important de ne pas parler uniquement de la situation vécue, mais de trouver le vrai problème en demandant à la personne concernée comment elle se sent dans cette situation. De plus, elle doit savoir ce qu'elle veut face à ce problème.
- Il vaut mieux gérer un problème à la fois.
- Le fait de tenir à ce que tout se passe comme nous le voulons représente du contrôle et tant que nous ne lâchons pas prise, rien ne change.
- Personne n'est en faute : il n'y a que des gens qui souffrent et qui ne savent pas comment gérer une situation.
- La transformation d'une situation indésirable ne peut être amorcée qu'en posant des actions différentes.
- L'étape la plus importante est l'acceptation du moment. Accepter que lorsqu'une personne souffre, c'est parce qu'une de ses blessures a été activée et qu'elle est en réaction. Accepter d'être humain avec des blessures non encore guéries.

CHAPITRE DEUX

Les différentes facettes de l'amour

Une semaine plus tard, je me retrouve face à Mario et Anna. Ce dernier est plus souriant que je ne m'y attendais. Anna semble très heureuse que son mari ait accepté de venir avec elle.

— Bonjour Lise, me dit Mario. Je suis heureux de faire ta connaissance. Anna m'a fait part de sa visite à ton bureau et de la démarche qu'elle a décidé d'entreprendre, mais elle a jugé bon de ne me raconter que dans les grandes lignes ce qui s'est passé. J'avoue qu'elle a piqué ma curiosité. J'ai vu une différence chez elle depuis une semaine : elle est beaucoup plus calme. J'ai accepté de venir aujourd'hui, mais je ne sais pas si une telle démarche m'intéresse.

— Merci d'être là aujourd'hui Mario. Pour ce qui est de l'avenir, tu seras le seul à décider si ce cheminement te convient ou non. Prenons une journée à la fois, d'accord ?...

Je sens que Mario est ici surtout pour faire plaisir à Anna et ensuite par curiosité. Il est sur ses gardes.

Une chance qu'il connaisse déjà mon travail, sinon il serait beaucoup plus méfiant. C'est déjà une belle victoire pour le couple que de pouvoir venir ensemble à ce genre de rencontre. Le regard de Mario et son signe de tête affirmatif me disent qu'il est heureux que je ne tente pas de le convaincre de suivre l'exemple d'Anna et qu'il doit décider pour lui-même. Je continue donc.

— Lorsqu'un couple a des difficultés, je suis sûre qu'il vaut mieux que les deux soient présents afin que j'aie l'occasion d'entendre la version de chacun. Cela permet d'établir les faits d'une façon plus complète. Est-ce que tu es d'accord, Mario, pour dire que votre couple et votre vie de famille ont besoin d'amélioration ?

— Oui, je dois admettre qu'Anna a raison. Mais ne me demande pas comment nous en sommes arrivés là, ça s'est fait tout seul. Notre vie s'est transformée tellement subtilement que je n'ai rien vu venir. Par contre, je ne crois pas que je trouve la situation aussi douloureuse qu'Anna. Elle a toujours été plus préoccupée que moi, ajoute-t-il avec un sourire charmeur et un clin d'œil à sa femme. Il me semble que c'est normal, après quatorze ans de vie commune, que ce ne soit plus comme au début. Quand je compare ma vie avec Anna à celle que je vivais avec ma première épouse, il y a une bonne différence. Rita, je ne pouvais plus la sentir et je m'arrangeais toujours pour ne pas être à la maison. Mais, tout de même, je ne suis pas opposé à l'idée d'améliorer notre situation, si c'est possible.

— C'est super, Mario. Je suis contente que tu conviennes qu'il y a place à l'amélioration, sinon il serait très difficile de trouver des solutions ensemble. Je vais commencer par réviser avec vous la notion d'amour véritable. C'est le but premier de cette visite. Êtes-vous d'accord ?

Les deux me répondent oui en même temps et Mario ajoute :

— Ça doit faire cinq ans que j'ai suivi le cours Écoute Ton Corps donc un rappel ne peut pas me faire de tort.

— Le mot amour est sûrement l'un des mots les plus utilisés au monde et il est employé de tant de façons qu'il est très difficile d'en connaître la vraie signification. Voilà pourquoi la plupart des gens se méprennent sur bien des attitudes et des comportements qu'ils considèrent comme de l'amour véritable. Regardons ensemble les comportements et les façons de vivre qui sont le plus souvent confondus avec l'amour…

... Commençons par l'AFFECTION. On croit qu'une personne très affectueuse est remplie d'amour. Combien de personnes montrent facilement de l'affection à leurs proches, mais sont sans cesse en train de s'autocritiquer ou de se rabaisser ? Une personne affectueuse a le don de montrer aux autres à quel point ils l'affectent. Elle peut utiliser des moyens comme faire un cadeau, faire un compliment, offrir des fleurs, toucher chaleureusement, prendre dans ses bras pour que l'autre sente qu'il fait une différence dans sa vie. Des marques d'affection peuvent être très appréciées par ceux qui les reçoivent, mais ne veulent pas nécessairement dire que la personne qui les donne le fait par amour véritable. Si la personne qui donne des marques d'affection a la moindre attente, ce n'est pas un don d'amour qu'elle fait : elle est plutôt en attente d'en recevoir de l'autre…

... On peut placer dans cette catégorie les gens très démonstratifs. Plusieurs croient qu'être démonstratif est un signe d'amour, quand en réalité, être démonstratif, être expressif n'a rien à voir avec l'amour véritable ; c'est tout simplement un trait de caractère différent. Une personne peut ne jamais dire *je t'aime* aux autres et être malgré tout remplie d'amour. Elle est tout simplement incapable d'exprimer ce qu'elle vit. Cependant, cette même personne va exprimer son amour de bien d'autres façons. Il s'agit seulement de savoir les reconnaître. Nous verrons plus tard ce qu'est l'amour véritable…

... Une personne peut manifester de la pitié envers autrui, envers un handicapé par exemple. Les témoins de cette pitié peuvent croire que cette personne témoigne de l'amour à la personne handicapée. La pitié n'est pas de l'amour. C'est une sensibilité aux souffrances ou aux malheurs d'autrui. En général, la pitié fait non seulement souffrir la personne qui la manifeste, mais aussi celle qui la reçoit. Souvent inconsciemment, celle qui est prise en pitié perçoit que l'autre se sent supérieure à elle. Elle donne l'impression d'être quelqu'un qui ne peut pas s'en sortir seule, elle se sent donc inférieure…

... Une autre personne peut faire preuve d'un grand DÉVOUEMENT pour quelqu'un et croire qu'elle démontre ainsi son amour. Il se peut que ce dévouement soit motivé par de l'amour véritable, mais il y a de nombreuses occasions où ce n'est pas le cas. Plusieurs parmi les grands dévoués sont davantage motivés par le devoir, la culpabilité ou la peur. Ils se sacrifient pour une autre personne ou pour une cause importante à leurs yeux, mais le verbe « se sacrifier » signifie faire la volonté de quelqu'un d'autre. Voilà pourquoi le dévouement implique souvent que la personne oublie complètement ses propres besoins pour écouter ceux de l'autre. Un tel comportement ne peut qu'engendrer beaucoup d'attentes de reconnaissance et si ces attentes ne sont pas comblées, les émotions et la frustration apparaissent…

... Il y a aussi l'AMOUR PASSIONNEL qui est presque toujours pris à tort pour un grand amour. On utilise souvent l'expression *fou d'amour* pour illustrer l'amour passionnel. Ce fut votre cas à tous les deux, n'est-ce pas, au début de votre relation ? Le terme dit bien que la personne passionnée en perd presque la raison. Il y a « amour passionnel » quand une personne ne peut être bien qu'en présence de l'être aimé. Elle ne peut accepter que l'autre soit heureux en son absence et surtout s'il exprime le désir de faire des activités seul. Elle ne vit que pour le moment où l'autre sera à ses côtés ou, à défaut, elle pourra entendre sa voix. Elle idéalise l'autre en ne lui attribuant que les qualités qui lui conviennent. Elle ne voit pas la réalité, c'est-à-dire ses défauts, ses travers. Ce genre d'amour a détruit bien des couples, généré bien des problèmes professionnels et a même ruiné plusieurs personnes, car les gens passionnés prennent souvent des décisions irréfléchies pour être le plus souvent possible avec l'objet de leur passion. Cet amour n'est pas de l'amour véritable…

... Je ne dis pas qu'il ne doit jamais y avoir d'amour passionnel afin de connaître l'amour véritable. En réalité, il est assez fréquent qu'une relation amoureuse soit passionnée au début, mais peu à peu, la passion s'estompe pour faire place au vrai amour. Les gens qui croient que l'amour passionnel est le vrai amour sont portés à quitter l'autre au moment où la passion s'éteint pour rechercher une autre passion. Les gens qui veulent vivre un amour véritable vont plutôt savoir intuitivement que c'est au moment où la passion diminue que l'amour véritable débute…

... Une autre croyance erronée est que faire l'amour avec quelqu'un est un signe d'amour véritable. Est-ce que vous croyez à cela ?

Mario s'empresse de prendre la parole :

— Tout le monde sait qu'on peut faire l'amour sans être amoureux.

— Tu me réponds au nom des hommes, Mario, lui dis-je en souriant. Il est vrai que la majorité des hommes peuvent faire l'amour sans être amoureux. Tu serais surpris d'apprendre à quel point un grand nombre de femmes et certains hommes continuent à croire que l'ACTE SEXUEL est une preuve d'amour. Combien de jeunes filles, par exemple, tombent follement amoureuses du garçon avec qui elles ont accepté de faire l'amour pour la première fois. Cette croyance se perpétue chez les femmes adultes qui, souvent suite à une séparation, se croient amoureuses du premier homme avec qui elles acceptent de faire l'amour…

... Les hommes disent qu'il est possible de faire l'amour sans être amoureux, mais combien de fois ai-je entendu de leur part qu'ils ne comprennent pas que leur conjointe, qui dit les aimer, refuse de faire l'amour avec eux aussi souvent qu'ils en ont besoin. Ils sont convaincus que deux personnes qui s'aiment devraient toujours avoir envie de faire l'amour ensemble. Alors, tu vois Mario, les femmes et les hommes ont la même croyance, mais elle n'est pas exprimée de la même façon. La femme fait l'amour par amour et l'homme fait l'amour pour l'amour. En réalité, le sexe n'a rien à voir avec l'amour véritable. Cependant, faire l'amour alors qu'il y a un amour vrai entre deux personnes est une expérience de fusion et de plaisir extraordinaire. Mais il est beaucoup plus courant que cet acte soit fait par devoir, par peur de perdre l'autre, par peur de déplaire, par besoin d'attention, par besoin d'affection, par manipulation ou par peur de la réaction ou de la violence de l'autre ou tout simplement pour avoir une sensation physique de plaisir ou de pouvoir…

... Il y a aussi le COMPORTEMENT POSSESSIF qui est souvent confondu avec l'amour. Il y a différentes façons d'exprimer la possession. L'attitude la plus fréquente est VOULOIR À TOUT PRIX LE BONHEUR de ceux que nous aimons. Je suis assurée que vous vous reconnaissez dans cette définition, car la grande majorité des gens confondent cela avec de l'amour véritable. Je ne suis pas en train de dire que nous devons être indifférents face aux êtres chers et que leur bonheur ou leur malheur doit nous importer peu. Je parle surtout des personnes qui n'arrivent pas à être heureuses quand un de leurs proches est malheureux. Ce phénomène est très fréquent entre parents et enfants et entre conjoints. Une personne peut avoir de la compassion et offrir d'aider ceux qui souffrent, mais si elle souffre avec eux et que cela affecte son propre bonheur, ce n'est pas à cause de l'amour qu'elle leur porte. C'est à cause de son attitude possessive et de la peur de perdre l'amour de l'autre.

Anna me regarde intensément et semble avoir de la difficulté à accepter ce que je viens de dire.

— Jusque-là, j'étais vraiment d'accord avec tout ce que tu disais, mais je crois qu'il est impossible d'être bien quand on voit ceux qu'on aime malheureux. Connais-tu beaucoup de personnes qui y arrivent ?

— Pour y arriver, nous devons premièrement en être conscients puis reconnaître que personne au monde ne peut rendre quelqu'un d'autre heureux ; que le bonheur ne peut venir que de l'intérieur de soi. La réaction que tu as, Anna, est causée par le fait que tu passes d'un extrême à l'autre. Est-ce que tu crois que si une personne est heureuse malgré le fait que son conjoint ne l'est pas, c'est parce qu'elle est indifférente ?

— Bien sûr ! Qu'est-ce que c'est si ce n'est pas de l'INDIFFÉRENCE ?

— C'est de l'observation et de la responsabilité. Je te rappelle qu'être responsable, c'est assumer les conséquences de nos choix et laisser les autres assumer les conséquences de leurs décisions. Si ton conjoint, un de tes parents ou un de tes enfants décide de ne pas être heureux, il doit en assumer les conséquences. Si tu n'es pas heureuse à cause de sa décision, tu es en train d'assumer les conséquences du choix de l'autre. Je sais que cette notion de responsabilité est très difficile à assimiler pour la plupart des gens et nous y reviendrons certainement plusieurs fois. En devenant de plus en plus responsable, tu découvriras qu'il y a un juste milieu entre *se considérer comme responsable du bonheur de l'autre* et *être indifférent*...

... Je disais donc qu'une personne très possessive, voire même jalouse, est convaincue qu'elle exprime son amour à l'autre. Comment reconnaître un tel comportement lorsqu'il se présente avec un conjoint, un parent ou un enfant ? Cette personne veut toujours savoir ce que fait l'être aimé, ce qu'il pense, où il est, bref tout savoir sur l'autre. C'est une relation de grand contrôle. Elle est prête à utiliser tous les moyens pour avoir l'attention et la présence de l'autre : menacer, forcer, se plaindre, bouder, tomber malade, avoir un accident, se montrer faible, faire des pirouettes, cajoler, caresser, espionner, fouiller dans les affaires personnelles de l'autre, etc.

... Quel que soit le moyen utilisé, cette personne est convaincue d'aimer à un point tel qu'elle va jusqu'à croire qu'elle veut aider l'autre, que tout est permis au nom de l'amour. D'ailleurs, elle dira souvent : *« C'est parce que je t'aime que j'agis ainsi. »* ; *« Ah ! si seulement je ne t'aimais pas tant. C'est toi qui me forces à agir ainsi. »* Ce genre de personne prend rarement ses responsabilités ; elle est plutôt portée à accuser l'autre de son malheur, car son bonheur dépend de l'autre…

En disant ces paroles, je vois Anna qui rougit, baisse la tête et, de plus en plus mal à l'aise, se penche pour fouiller dans son sac à main posé par terre. Elle en sort un mouchoir et fait semblant de se moucher. Mario ne semble pas se rendre compte de son malaise. Il écoute attentivement ce que je dis.

— Enfin, il y a L'AMOUR VÉRITABLE, inconditionnel, qui peut être exprimé d'une façon générale avec tous. Que ce soit l'amour de soi, l'amour paternel, maternel, fraternel, intime ou amical, l'amour inconditionnel s'exprime de la même façon. Voici plusieurs moyens de reconnaître ce genre d'amour.

Avec soi-même

- Me donner le droit d'être ce que je suis à chaque instant, même si je ne suis pas ce que je veux être (ex. : être impatient, être menteur).
- Accepter mes différences par rapport aux autres, sans aucun jugement.
- Être capable de me faire plaisir même si je ne crois pas le mériter.
- Me donner le droit d'être humain (ex. : avoir des peurs, des faiblesses, des limites).

- Me rappeler que tout ce que l'on vit est une expérience et non une erreur, ce qui évite le jugement.
- Laisser mon cœur décider plutôt que de tenir compte de la notion de bien et de mal suggérée par les autres.
- Apprendre de chaque expérience plutôt que de me condamner.
- Écouter mon besoin même si les autres me conseillent autrement.
- Être bien même si je ne réponds pas à mes propres attentes ou si je ne tiens pas ma promesse envers moi-même ou les autres.
- Observer ce qui se passe même si une petite voix intérieure n'est pas d'accord.
- Me rappeler que personne ne peut s'occuper de mon bonheur, que je suis la seule personne responsable de ce qui m'arrive.

Avec les autres

- Leur donner le droit d'être ce qu'ils sont à chaque instant, surtout s'ils ne sont pas ce que je veux qu'ils soient (ex. : l'autre est paresseux ou négatif).
- Accepter la différence des autres sans les juger.
- Donner des conseils aux autres ou les guider sans rien attendre en retour.
- Leur donner le droit d'être humains (ex. : avoir des peurs, des faiblesses, des limites).
- Leur permettre de décider eux-mêmes, surtout si je juge qu'une décision est inacceptable.

- ▸ Me rappeler que chaque personne a besoin de vivre des expériences différentes, selon son plan de vie.
- ▸ Les laisser vivre leurs expériences et en assumer les conséquences.
- ▸ Faire des demandes sans attente (ex. : me savoir aimé même si l'autre me dit non).
- ▸ Me souvenir qu'une attente est légitime seulement lorsqu'il y a eu une entente claire entre deux personnes.
- ▸ Observer les autres plutôt que de les juger ou les critiquer.
- ▸ Me souvenir que je ne peux pas rendre quelqu'un d'autre heureux : ce dernier est le seul responsable de son bonheur.

... Il est intéressant de constater qu'un bon nombre de personnes continuent de croire que la définition que je viens de donner de l'amour véritable est celle de l'égoïsme. Elles sont convaincues que penser à soi avant les autres c'est de l'ÉGOÏSME. Si vous pensez de cette façon, je tiens à vous préciser qu'**être égoïste, c'est vouloir que l'autre s'occupe de nos besoins avant les siens ; c'est prendre pour soi au détriment de l'autre ; c'est croire que les autres sont responsables de notre bonheur. C'est donc le contraire de l'amour véritable**.

... Dis-moi, Anna, peux-tu me donner un exemple d'une situation où tu as accusé Mario d'être égoïste ?

— C'est très facile, s'empresse de répondre Anna. Je le trouve très égoïste parfois, surtout lorsqu'il finit de travailler tôt. J'arrive à la maison vers 19 heures, fatiguée de ma journée de travail et de l'heure de métro et d'autobus que je dois faire pour me rendre chez nous. Je travaille au centre-ville dans une boutique de vêtements pour enfants et je passe la majeure partie de la journée debout. La première chose que Mario me dit quand j'arrive c'est : « *J'ai très faim. Est-ce que ce sera long avant que le souper soit prêt ?* » Imagines-tu ma frustration ? C'est lui qui prend l'auto pour aller travailler. Il arrive souvent plus de deux heures avant moi et il ne prépare même pas le repas ! Je crois que ce qui me met le plus en colère, c'est qu'il me pose cette question avant même de me dire bonjour et de s'informer si j'ai passé une bonne journée.

— Mais voyons, ma cocotte, rétorque tout de suite Mario, tu sais que j'ai besoin de l'auto la journée, car j'ai souvent des déplacements à faire. En plus, je n'aime pas du tout faire la cuisine. Je ne sais même pas cuisiner. Et quand je finis de travailler à 16 heures, c'est parce que j'ai commencé très tôt le matin. Je suis donc fatigué quand j'arrive. Je ne comprends pas pourquoi tu te plains, tu n'as même pas besoin de travailler. Je t'ai dit plusieurs fois que j'ai un très bon salaire et qu'il est suffisant pour la famille. C'est toi qui insistes pour aller travailler.

— Tu sais que je deviendrais folle à demeurer à la maison toute la journée. Ce travail est important pour moi. De toute façon, tu as toujours de bonnes excuses pour que je sois ta servante. N'importe quel idiot peut faire la cuisine. Je ne te demande pas un festin. Une petite omelette me ferait très plaisir. Tu ne peux tout de même pas me faire croire que tu ne saurais pas casser quelques œufs dans une poêle à frire. Tu es un homme brillant et tu es un bricoleur habile. Je suis certaine que si tu le voulais, tu pourrais très bien apprendre à cuisiner un peu.

Je les regarde et les écoute s'affronter et je peux facilement imaginer que ce genre de scène est fréquent. Ils y semblent habitués. Ils ont même oublié que je suis là. Je tousse assez bruyamment pour leur rappeler ma présence. Ils arrêtent net de parler et me regardent embarrassés. J'éclate de rire, ce qui les calme. Peu à peu, ils se mettent à rire avec moi.

— Vous écouter et vous regarder m'aide beaucoup à mieux sentir ce qui se passe entre vous deux. Tout ce que j'ai demandé, c'est un exemple d'égoïsme. Ça semble avoir touché une corde sensible, hein, Anna ? Maintenant, c'est ton tour Mario de me donner un exemple d'égoïsme de la part d'Anna.

— J'ai plein d'exemples. En voici un. Elle me demande sans cesse de l'appeler si je prévois d'être en retard. Elle veut toujours savoir où je suis, à quelle heure j'arriverai, avec qui je suis et ça m'énerve. Je suis acheteur pour un grand magasin et j'ai beaucoup de responsabilités. Il m'arrive fréquemment d'inviter un représentant à prendre un verre ou un repas avec moi. Ça me permet de conclure de meilleures affaires. Anna se plaint que je ne pense pas à elle. Elle trouve que mes clients sont plus importants qu'elle et elle me fait la tête quand j'arrive. Je trouve qu'elle ne pense qu'à elle. Elle devrait apprécier tout le travail que je fais pour apporter un bon salaire à la maison. Sapristi !, je commence à en avoir assez !

À mesure qu'il parle, il devient de plus en plus émotif et rougit. Je le regarde en lui montrant que j'accueille ce qu'il dit et je prends une bonne respiration, ce qui lui fait penser à en prendre une pour se calmer.

Anna, de son côté, s'apprête à riposter, me regarde, hausse les épaules et prend à son tour une grande respiration. Elle arrive à se contrôler et ne dit rien, mais je sens qu'elle en aurait long à dire.

— Selon la définition que j'ai donnée un peu plus tôt, est-ce que vous croyez toujours que ce que vous prenez pour de l'égoïsme en est vraiment ?

Ils se regardent tous les deux, ne sachant pas trop quoi répondre. Je me rends compte qu'ils continuent de croire que c'est l'autre qui est égoïste.

— Je répète qu'être égoïste, c'est enlever quelque chose à l'autre pour notre propre plaisir. C'est croire que l'autre doit s'occuper de nos besoins. Dans ton cas, Anna, tu veux que Mario s'occupe de ton besoin d'arriver à la maison en ayant un bon repas sur la table. Donc ce n'est pas Mario qui est égoïste dans cette situation, car c'est toi qui as des attentes envers lui. Mario dit tout simplement non à tes attentes. Il ne t'enlève rien : il ne te donne tout simplement pas ce que tu veux. Par contre, tu veux priver Mario de son temps de repos à la maison…

... Vous savez, chacun a le droit de faire de multiples demandes et d'avoir des attentes, mais ça ne veut pas dire que l'autre est obligé de dire oui. Lorsqu'on a bien compris qu'on n'est pas obligé d'acquiescer aux demandes et aux attentes des autres, on accepte plus facilement que les autres nous disent parfois non. De plus, si on accepte que nous ne sommes pas sur cette planète pour répondre aux besoins des autres, cela nous aide à nous occuper de nos propres besoins. Cela s'appelle l'AMOUR DE SOI. Si, pour répondre à nos attentes, nous avons besoin de quelqu'un d'autre, nous devons nous rappeler que l'autre n'est pas tenu d'y répondre. C'est à nous de trouver le moyen de les satisfaire. Donc dans ton cas, Anna, ce que tu désires c'est avoir un repas sur la table à ton arrivée. Fais clairement ta demande à Mario et s'il te dit oui, il se peut qu'il le prépare lui-même ou qu'il fasse livrer quelque chose à la maison. Il se peut aussi qu'il dise non, mais souviens-toi, il dit non à ta demande et non à toi…

... Et toi, Mario, est-ce que tu vois que tu as aussi des attentes envers Anna ? Tu veux qu'elle soit de bonne humeur quelle que soit la décision que tu prennes ou l'heure à laquelle tu arrives à la maison. Tu as le droit de lui faire cette demande, mais je répète qu'elle n'est pas obligée d'y consentir. Vois-tu que c'est au-delà de ses limites de répondre à ton désir, tout comme il semble être au-delà de tes limites d'accéder à son désir que tu t'occupes du repas du soir ? Donc, rappelez-vous que c'est toujours la personne qui veut que l'autre réponde à ses désirs qui est l'égoïste. L'autre, en disant non, ne fait qu'exprimer ses propres besoins ou ses limites. Il n'est pas en train de dire au demandeur qu'il ne l'aime pas. Par contre, vous vous êtes sûrement rendu compte tous les deux que, généralement, lorsque l'un traite l'autre d'égoïste, c'est en grande partie à cause d'un manque de communication claire. Nous aurons l'occasion de parler de ce dernier sujet lors d'autres rencontres…

... Savez-vous pourquoi il y a tant de personnes qui traitent les autres d'égoïstes lorsque ceux-ci ne répondent pas à leurs attentes ? C'est parce qu'elles confondent le mot AIMER avec le mot PLAIRE. En effet, plaire ne veut pas dire aimer. C'est une notion très importante à se rappeler. Dans les deux exemples que vous m'avez donnés, avez-vous remarqué que le comportement de l'un ne plaît pas à l'autre ? Voilà tout ! Plaire veut tout simplement dire *faire plaisir* à l'autre et c'est toujours dans l'*avoir* et le *faire* et non dans l'*être*. Il est faux de croire que ceux qui vous aiment auront toujours envie de vous faire plaisir au moment où cela vous convient. Ceux qui veulent continuer de croire à cette notion éprouveront beaucoup de désappointement, de frustration et de colère au cours de leur vie…

... Le fait de croire que plaire signifie aimer empêche aussi les gens d'accepter la critique. Lorsque l'un de vous deux dit à l'autre qu'il n'aime pas sa façon d'agir, de penser, de parler, de s'habiller, etc., il n'est pas en train de dire à l'autre qu'il ne l'aime pas : il dit tout simplement que l'autre ne lui plaît pas à ce moment-là. Mesurez-vous l'importance d'accepter qu'il est IMPOSSIBLE de constamment plaire à tous ses proches ? Ceux qui s'efforcent de le faire font preuve d'un grand manque d'amour envers eux-mêmes, ce qui aura pour conséquence qu'ils douteront que les autres puissent les aimer véritablement…

... Maintenant, Anna, est-ce que, devant moi, tu te sens prête à parler à Mario du problème que tu as évoqué la semaine dernière ? As-tu réussi à faire ce que je t'ai suggéré ?

Elle rougit encore, se tord les mains, me regarde, regarde ensuite Mario qui semble s'interroger sur ce qui se passe. Elle pousse un profond soupir et me dit :

— Autant prendre le taureau par les cornes et faire face à la situation. Je suis tellement contente que Mario ait accepté de venir aujourd'hui, autant en profiter. Pour répondre à ta question Lise, oui, j'ai vu maman comme tu me l'as suggéré, et elle a été surprise de mes questions. Elle m'a dit qu'elle préférait ne pas parler de ces choses-là et qu'elle aime mieux voir le bon côté des choses dans la vie. Finalement, à mon départ de chez elle, elle m'a dit qu'elle réfléchirait tout de même à mes questions si ça pouvait m'aider dans ma démarche.

Elle semble croire que suivre une thérapie est réservé aux gens qui ont de sérieux problèmes et elle a été surprise quand je lui ai parlé de ma démarche. Elle m'a quand même bien écoutée quand je lui ai partagé certaines des choses dont nous avions discuté ensemble. Je crois qu'une porte s'est ouverte pour elle et que la prochaine fois que je la verrai, l'échange sera plus facile...

... Tu m'as aussi suggéré de parler à Mario, mais en ce qui le concerne, je n'ai pas été capable de lui parler de ce que je t'ai avoué. Je me sens plus à l'aise de le faire en ta présence, ça me donne du courage.

Se tournant vers Mario, elle prend une bonne inspiration, lâche un long soupir, lui avoue qu'elle craint qu'il ait une liaison avec une autre femme et lui confie sa peur qu'il ne l'aime plus et qu'il la laisse. Elle parle si vite qu'il doit la faire répéter. Sa façon de parler me laisse supposer qu'elle s'est exercée mentalement à plusieurs reprises afin d'arriver à tout avouer à son mari et que c'est pour cette raison que ça sort beaucoup trop vite. Il lui dit alors :

— Es-tu malade ? Comment peux-tu en arriver à croire cela de moi ? Je suis si fatigué qu'une aventure est la dernière chose dont j'ai envie. Si tu ne sais pas encore que je t'aime, je suis vraiment découragé. Je ne sais plus quoi faire. On dirait qu'il y a quelque chose qui me ronge. J'espère seulement que ce n'est pas un cancer. J'ai peur d'aller voir un médecin tellement je crains que c'est ce qu'il m'annoncerait…

En me regardant, il continue :

— Je n'en reviens pas à quel point vous, les femmes, avez de l'imagination. Pourquoi vous faites-vous autant de mal ? Anna, depuis quand crois-tu que je te trompe ?

Je les laisse se parler quelques minutes puis j'entends Anna dire à Mario qu'elle a un gros secret à partager avec lui et qu'elle n'en peut plus de le garder pour elle. Elle lui avoue avoir fait exprès de tomber enceinte afin qu'il quitte sa femme. Il la regarde et je peux lire une myriade d'émotions sur son visage : l'étonnement, le reniement, la colère, la tristesse, la colère à nouveau. Il finit par lui dire :

— Est-ce que tu comptais me cacher ça toute ta vie ? Comment as-tu pu vivre avec moi tout ce temps-là en me mentant et en osant m'accuser, moi, de te mentir ? C'est incroyable ! Est-ce que tu réalises que ce que tu as fait est bien pire que ce que j'ai pu faire ? Dans ton cas, c'était un mensonge délibéré, mais dans mon cas, ce n'est pas moi qui te mentais, c'était toi qui imaginais plein de choses. Comment vais-je pouvoir lui faire confiance à l'avenir, ajoute-t-il en me regardant ?

— Est-ce que tu veux que je t'aide à voir cet incident avec les yeux du cœur ? Après tout, c'est le but de cette visite : apprendre à aimer davantage et surtout d'une façon plus facile et plus agréable. N'est-ce pas ?

— J'écoute, mais je tiens à préciser que si tu prends son parti, je n'écouterai plus. Je suis tellement en colère que je ne sais pas si je suis prêt à entendre ton opinion, Lise, ajoute-t-il avec beaucoup d'intensité.

Il se tourne vers Anna, serre les mâchoires et lui dit entre ses dents :

— Tu as bien fait de m'avouer cela en présence de Lise car si nous avions été seuls, je ne me serais pas autant retenu.

Anna baisse la tête sans dire un mot.

— Pour commencer, Mario, il est important que tu te donnes le droit d'être en colère. Ça fait partie des étapes d'acceptation. Il est tout à fait normal et humain de vivre des émotions quand une de nos blessures est touchée. Accueille cette colère et ne t'en veux pas de la vivre. Pour mieux l'observer, peux-tu me dire où tu la ressens physiquement ?

— Je la sens partout dans mon ventre et dans mes bras. J'aurais envie de frapper quelqu'un ou quelque chose.

— Maintenant, visualise-la et dis-lui que tu lui donnes de l'espace. Donne-lui le temps de se placer et de se résorber dans ton corps. En réalité, tu la sens dans ton corps physique, mais ce n'est qu'une indication de ce que tu vis dans tes corps émotionnel et mental. Une observation complète tient compte des trois corps. Regardons maintenant ce qui se passe au plan mental. Tu accuses Anna de t'avoir menti. Au début de votre relation, est-ce que tu lui as demandé si elle avait fait exprès de tomber enceinte ?... Non ? Alors elle ne t'a pas vraiment menti. Elle a tout simplement omis de te le dire. Attends un instant avant de répliquer. Laisse-moi t'expliquer la définition de ce qu'est un mensonge. Ensuite, tu me poseras tes questions...

... Un mensonge, c'est l'incohérence entre ce qu'une personne dit, pense, ressent et fait. Personne sur cette Terre n'est obligé de divulguer ses secrets ou ses pensées à qui que ce soit. Par contre, si tu avais posé la question à Anna et qu'elle t'avait répondu non, alors ç'aurait été un mensonge.

— Je savais que tu prendrais son parti. Je suis d'accord que personne n'est obligé de tout dire, mais ce secret m'impliquait directement et elle aurait dû m'en parler.

— Je suis d'accord avec toi qu'il aurait été préférable qu'elle te le dise dès le départ. Oser tout partager avec son conjoint est une excellente habitude à prendre pour développer une vie intime merveilleuse.

Notre conjoint devrait être notre meilleur ami et nous ne devrions pas avoir peur de lui révéler nos sentiments les plus profonds. Mais tu sais autant que moi que la peur nous empêche souvent d'agir de la façon dont nous voudrions. Je ne peux m'empêcher de te faire part de ce que j'ai observé un peu plus tôt quand tu disais que tu avais peur d'avoir le cancer et que c'est pour ça que tu ne voulais pas aller voir un médecin. As-tu déjà partagé ce sentiment avec Anna ?

— Non, je ne le lui ai jamais dit, mais ce n'est pas la même chose. Ça ne la concernait pas directement, c'est mon corps après tout.

Anna se fâche et rétorque :

— Tu as du culot de dire que ça ne me concernait pas. Tout ce temps-là, j'ai vécu dans l'inquiétude. Je ne sais plus quoi penser de notre mariage. Tu n'es plus le même avec moi et avec tes deux enfants. Je n'étais pas la seule à m'inquiéter. Tous ceux qui t'aiment sont inquiets à ton sujet…

En soupirant, elle ajoute :

— Ça ne sert à rien de me fâcher. Je m'aperçois que tu es comme moi. Tu avais trop peur de partager ton inquiétude.

— Est-ce que tu réalises, Mario, que tu n'as pas menti à Anna, que tu as tout simplement omis de lui en parler à cause de ta peur ? Ta peur d'apprendre que tu pourrais avoir une maladie mortelle est légitime, tout comme celle d'Anna d'être abandonnée par toi l'est. Nous savons que ces peurs proviennent de notre imagination et qu'elles sont la plupart du temps injustifiées, mais elles sont tout de même présentes. Il ne sert à rien de les nier. Donc, ce que chacun de vous avez à faire maintenant est de vous donner le droit d'être humain et d'avoir peur. Accueillir une peur a l'effet d'un baume.

Ce baume est vraiment magique. Est-ce que vous voyez comment l'acceptation permet de poser un regard différent sur une situation, soit avec les yeux de l'amour ?

Anna a les larmes aux yeux et un sourire aux lèvres. Je la sens soulagée d'avoir osé se révéler. De son côté, Mario fixe ses souliers tout en prenant plusieurs bonnes respirations et, peu à peu, je le sens se détendre, relâcher les épaules. Il me regarde et me dit doucement :

— Je dois avouer, Lise, que je me sens mieux. Je ne sens plus cette douleur dans mes bras, seulement au niveau du plexus pour le moment. Mais je respire déjà mieux, donc c'est bon signe, n'est-ce pas ? Maintenant je comprends mieux pourquoi Anna me posait autant de questions sur mes allers et retours. Je n'arrivais pas à comprendre pourquoi elle voulait tout savoir ainsi. Je l'appelais ma GERMAINE : elle voulait tout GÉRER et MENER dans ma vie. Que devons-nous faire de tout ça maintenant ?

— Je vous suggère de vérifier s'il vous est arrivé de cacher des choses à votre parent du sexe opposé quand vous étiez plus jeunes. Normalement, quand une situation désagréable se présente dans notre vie d'adulte, c'est pour attirer notre attention sur ce qui n'a pas été accepté étant jeune. Il est donc fort possible que vous ayez caché quelque chose, que vous ne vous soyez pas accepté dans cette situation et que vous vous sentiez coupable. Il est de plus fort probable que vous ayez accusé ce parent de vous mentir à un moment donné, ou d'avoir menti à son conjoint. Je ne vous demande pas de me le dire aujourd'hui. Prenez plutôt le temps d'y réfléchir et parlez-en à vos parents si possible. Nous y reviendrons lors de votre prochaine visite…

... Pour conclure la rencontre d'aujourd'hui, sachez qu'il est tout à fait normal pour la plupart d'entre nous d'avoir une perception erronée de l'amour véritable, car nos parents ou nos éducateurs ne nous ont pas transmis cet enseignement. Finalement, la définition de l'amour véritable peut être résumée par le mot ACCEPTATION dans tout : s'accepter et accepter les autres dans toutes les expériences de la vie, même si nous ne sommes pas d'accord, même si ça ne coïncide pas avec tout ce que nous avons appris. La notion d'acceptation est une notion spirituelle tandis qu'être d'accord – avoir la même opinion – est une notion mentale. Voilà pourquoi l'ego ne veut accepter quelqu'un ou quelque chose que s'il est d'accord avec la personne ou la situation...

... Il me fait plaisir de vous laisser une copie de la définition de l'amour de soi et des autres que je vous ai relatée un peu plus tôt. Je vous suggère fortement de vous y référer aussi souvent que possible afin de bien assimiler cette définition.

À RETENIR DE CE CHAPITRE

- La plupart des gens se méprennent sur bien des attitudes et des comportements qu'ils considèrent comme de l'amour véritable : l'affection, la pitié, le dévouement, l'amour passionnel, un comportement possessif, l'égoïsme et faire plaisir.
- Si la personne qui donne des marques d'affection a la moindre attente, ce n'est pas un don d'amour qu'elle fait : elle est plutôt en attente d'en recevoir de l'autre.
- Il se peut que le dévouement soit motivé par de l'amour véritable, mais il y a de nombreuses occasions où ce n'est pas le cas.

- Les gens qui veulent vivre un amour véritable sauront intuitivement que c'est au moment où la passion diminue que l'amour véritable débute.
- La femme fait l'amour par amour et l'homme fait l'amour pour l'amour…
- Personne au monde ne peut rendre quelqu'un d'autre heureux ; le bonheur ne peut venir que de l'intérieur de soi.
- Être responsable, c'est assumer les conséquences de nos choix et laisser les autres assumer les conséquences de leurs décisions.
- Que ce soit l'amour de soi, l'amour paternel, maternel, fraternel, intime ou amical, l'amour inconditionnel s'exprime de la même façon.
- Être égoïste, c'est vouloir que l'autre s'occupe de nos besoins avant les siens ; c'est prendre pour soi au détriment de l'autre ; c'est croire que les autres sont responsables de notre bonheur. C'est le contraire de l'amour véritable. Être égoïste, c'est enlever quelque chose à l'autre pour notre propre plaisir.
- On a le droit de faire de multiples demandes et d'avoir des attentes, mais ça ne veut pas dire que l'autre est obligé de dire oui.
- Il est faux de croire que ceux qui nous aiment auront toujours envie de nous faire plaisir au moment où cela nous convient. Ceux qui veulent continuer de croire à cette notion éprouveront beaucoup de désappointement, de la frustration et de la colère au cours de leur vie.
- Il est impossible de toujours plaire à ses proches. Ceux qui s'efforcent de le faire font preuve d'un

grand manque d'amour envers eux-mêmes, ce qui aura pour conséquence qu'ils douteront que les autres puissent les aimer véritablement.

- C'est toujours la personne qui veut que l'autre réponde à ses désirs qui est l'égoïste. L'autre, en disant non, ne fait qu'exprimer ses propres besoins ou ses limites.
- Un mensonge se reconnaît par l'incohérence entre ce qu'une personne dit, pense, ressent et fait. Personne sur cette Terre n'est obligé de divulguer ses secrets ou ses pensées à qui que ce soit.
- Oser tout partager avec son conjoint est une excellente habitude à prendre pour développer une vie intime merveilleuse. Notre conjoint devrait être notre meilleur ami et nous ne devrions pas avoir peur de lui révéler nos sentiments les plus profonds.
- Quand une situation désagréable se présente dans notre vie d'adulte, c'est pour attirer notre attention sur ce qui n'a pas été accepté étant jeune.

CHAPITRE TROIS

Accepter le choix des proches

— Bonjour Anna et Mario. Je suis heureuse de vous revoir. Avez-vous passé une bonne semaine ? Y a-t-il eu des changements favorables dans votre relation suite à nos discussions de la semaine dernière ?

— Oui, répond Anna. À plusieurs reprises, nous nous sommes aperçus que lorsque l'un de nous deux vivait une émotion, c'était parce que nous avions des attentes l'un envers l'autre. Chaque fois qu'une telle situation se présentait, nous nous regardions en nous exclamant « attente » et nous pouffions de rire. Pour nous, c'est déjà une nette amélioration ! Mais dis-moi, Lise, pourquoi avons-nous autant d'attentes ? Est-ce ainsi pour tous les couples ?

— Êtes-vous convaincus d'ignorer la réponse à cette question ? Je vous suggère de relire la définition de l'amour véritable et de voir si vous pouvez y trouver la réponse.

Je les laisse examiner le texte qui décrit l'amour véritable et c'est Mario qui trouve la réponse en premier.

— Ça y est, j'ai trouvé la phrase qui concerne les attentes. *SE SOUVENIR QU'UNE ATTENTE N'EST LÉGITIME QUE LORSQU'IL Y A EU UNE ENTENTE CLAIRE ENTRE DEUX PERSONNES.* Il est vrai qu'il n'y avait pas d'ententes claires entre nous. Te souviens-tu, Anna, quand je t'ai critiquée parce que tu n'avais pas repassé la chemise dont j'avais besoin ? Tu m'as répondu en criant que tu n'étais pas ma servante et tu m'as fortement suggéré de la repasser moi-même !

— Et c'est Mario qui s'est aperçu une demi-heure plus tard qu'il avait eu des attentes à mon égard et il s'en est même excusé. Ça m'a beaucoup touchée, ajoute-t-elle en le regardant avec amour… Au fait, c'est vrai que je ne lui avais pas promis que cette chemise serait repassée pour le mercredi. Je m'occupe toujours du repassage, mais je n'en fais qu'un peu à la fois, car je ne suis pas folle de cette tâche.

— Poursuivons sur le sujet des attentes. Anna, tu dis que c'est toujours toi qui prends en charge le repassage. Est-ce que, dès le début de votre mariage, tu t'es engagée envers Mario à accomplir cette tâche pour le reste de tes jours ou est-ce que c'est devenu une habitude que Mario prend maintenant pour acquise ?

— Tu as raison, Lise, j'ai pris l'habitude de repasser car, selon moi, les hommes ne savent pas le faire correctement. Mais il n'y a jamais eu d'engagement formel à ce sujet. Veux-tu dire qu'il vaut mieux que nous nous engagions sur tout ?

— Qu'en pensez-vous ? Essayez d'imaginer une famille chez laquelle toutes les tâches quotidiennes sont déterminées à l'avance et clairement réparties. L'idée n'est pas d'être rigide dans l'attribution des tâches ni de refuser d'aider l'autre au besoin. J'ai toujours trouvé surprenant que la plupart des gens acceptent qu'il y ait une description de tâches au travail, mais pas à la maison.

— J'aime cette idée, répond Mario. Mais ça va nous demander beaucoup de travail pour déterminer tout ça, n'est-ce pas ? Crois-tu, Anna, que nous pourrions y arriver ?

— Tu sais que j'aime établir des listes. Je pourrais en rédiger une de tout ce qu'il y a à faire au cours d'une semaine à la maison et ensuite nous pourrions nous asseoir avec Sandra pour en discuter. À trois, nous pourrons sûrement arriver à une entente !

— Bravo, Anna ! C'est la meilleure façon d'agir. Je suis sûre qu'il y a déjà plusieurs choses que vous faites chacun de votre côté et que ça va continuer ainsi. Ainsi, on s'épargne beaucoup de frustrations dans une vie de famille.

— Oui, mais ce n'est pas parce qu'il y aura une liste bien établie de toutes les tâches qu'elles se feront ! J'ai bien peur que Mario, qui travaille souvent à des heures irrégulières, trouve de bonnes raisons pour ne pas les accomplir. En ce qui concerne Sandra, j'ai l'impression que ce sera pire. Elle passe son temps à s'engager, mais ne fait rien. Elle a le don de s'éclipser. Je suis à peu près sûre que ça ne fonctionnera pas avec elle. Je ferais peut-être mieux de ne pas lui attribuer de tâches.

— C'est à toi de décider, Anna. Choisis ce qui te fait le moins souffrir. Vérifie sur une échelle de un à dix, l'intensité des émotions que tu vis quand tu fais tout à sa place. Ensuite, je te suggère de faire une expérience : dis-lui qu'elle fait partie de la famille, qu'elle utilise la maison autant que vous et qu'elle doit donc accomplir ses tâches domestiques au même titre que vous…

— Je sais qu'elle va me répondre que c'est nous qui avons voulu avoir un enfant, donc que nous devons vivre avec les conséquences de cette décision et qu'elle n'a pas demandé à venir au monde. Je trouve que, de nos jours, les jeunes sont bien insolents ! Je reste souvent bouche bée lorsque j'entends ses commentaires et elle finit par gagner.

— Il est vrai que les jeunes d'aujourd'hui n'y vont pas par quatre chemins pour nous dire ce qu'ils ont à dire, mais tu sais, Anna, c'est une bonne chose. Les jeunes des générations précédentes, incluant la nôtre, pensaient la même chose qu'eux, mais n'osaient rien dire. Au moins, aujourd'hui, ces jeunes se défoulent ; ils accumulent beaucoup moins de contrariétés que nous. Voilà le bon côté de cette « insolence », comme tu dis. Je ne dis pas que je suis d'accord avec des comportements irrespectueux ou insolents, mais, en tant que parents, nous devons toujours nous souvenir que nos enfants ont appris leurs comportements à la maison. Ils sont surtout dotés d'une grande intuition ; ils semblent connaître d'instinct ce que leurs parents ne se sont jamais donné le droit de faire. Comme ils ne veulent pas être comme eux, ils décident de faire le contraire et d'oser, par exemple, dire ce qu'ils ont à dire. La raison pour laquelle cette façon de faire vous apparaît comme étant de l'insolence, c'est parce que votre fille est en réaction en ce moment. Vous verrez que plus vous vous accepterez tels que vous êtes, tous les deux, plus votre fille vous acceptera et moins elle voudra adopter des comportements contraires aux vôtres pour vous faire réagir…

... Arriver à une entente avec votre fille signifie que vous devez être fermes en lui disant que vous voulez adopter un nouveau comportement à la maison pour qu'il y ait plus d'harmonie. Autant que possible, soyez ouverts et transparents avec elle. Nos jeunes aiment des parents qui sont vrais. Il faut que ce soit clair pour elle si elle choisit de faire partie de la famille ou non. Si elle refuse, elle devra tout faire elle-même : ses repas, son lavage, son repassage, le nettoyage de sa chambre, gagner assez d'argent pour payer ses dépenses pour des sorties ou pour aller au restaurant, bref, tout ce qui la concerne…

... Elle peut aussi décider qu'elle fait partie de la famille et que vous partagez à trois les tâches hebdomadaires. Supposons qu'elle accepte mais qu'elle ne tienne pas sa parole comme tu le crains, Anna. À ce moment-là, vérifie toujours sur une échelle d'un à dix, ce que tu vis au niveau émotionnel quand tu dois lui rappeler sans cesse ses engagements ou que tu dois lui faire assumer des conséquences. Tu pourras ainsi déterminer laquelle des deux attitudes tu veux adopter avec elle : tout faire toi-même ou l'inviter à s'engager quitte à avoir à lui rappeler ses engagements et ses conséquences.

— Tu parles de conséquences. Que veux-tu dire par là ? Quelles conséquences ?

— Lorsqu'il y a une entente entre deux personnes, il est bon d'établir, d'une façon nette et précise, quelles seront les conséquences si l'une des deux ne tient pas sa promesse. Par exemple, au travail, si une personne ne complète pas la tâche qu'elle avait à faire dans une journée, la conséquence pourrait être qu'elle devra travailler quelques heures supplémentaires ou son patron pourrait décider de payer quelqu'un d'autre pour le faire et déduire cette somme de son salaire. Vous devez faire la même chose à la maison. Une fois que vous aurez rédigé votre liste et décidé qui fait quoi, prenez quelques minutes de plus pour déterminer ce qui se passera si l'un d'entre vous ne peut pas faire une de ses tâches ou ne veut pas la faire…

... Je constate à la façon dont vous vous regardez, que vous n'êtes pas convaincus que ce moyen fonctionne. Je vous suggère de l'essayer au cours des prochaines semaines. Si vous rencontrez des difficultés, nous en reparlerons. D'accord ?

— D'accord, acquiesce Anna. Je dois t'avouer que j'ai vraiment peur que la situation empire si je commence à lui donner des punitions. Je me sentirai comme un gendarme. Après tout, elle n'a que quatorze ans. Crois-tu vraiment qu'elle comprendrait ce dont nous sommes en train de discuter ?

— Je n'ai pas parlé de punition, Anna, mais de conséquence. Les jeunes savent très bien faire la différence entre les deux, ne t'inquiète pas. De plus, lorsque vous ferez votre liste, vous devrez décider ensemble des conséquences pour chacun d'entre vous et non seulement pour Sandra. Je suggère même que vous demandiez d'abord l'opinion de votre fille au sujet des conséquences les plus équitables à adopter…

... J'ai une question pour toi, Anna. Est-ce que ta mère faisait tout pour toi lorsque tu avais quatorze ans ?

— Mon Dieu, non ! Je m'occupais de mes deux petits frères, j'aidais maman à faire le ménage et, en plus, je gardais les enfants de plusieurs voisins afin de gagner de l'argent pour mes dépenses. Est-ce mon imagination qui me dit que les jeunes d'aujourd'hui ne sont pas aussi matures que nous l'étions ?

— Oui, c'est ton imagination. Te rends-tu compte qu'aujourd'hui les jeunes de quatorze ans prennent de la drogue, boivent de l'alcool, font l'amour et sont beaucoup plus instruits que ceux de la génération précédente au même âge ? Pourquoi seraient-ils trop immatures pour aider à la maison ? Tout dépend de l'éducation qu'ils reçoivent et de la fermeté des parents. Comprenons-nous bien : établir des règles, c'est être ferme, autoritaire et non rigide ou autoritariste. Une personne est ferme lorsqu'elle s'affirme dans ses besoins sans accuser l'autre. Elle est aussi prête à écouter l'opinion d'autrui sans pour autant se résigner à faire ce que l'autre veut. Tu sais, on peut être une autorité dans une matière ou avec d'autres personnes sans être autoritariste et rigide…

... Cette dernière impose des règlements et ne veut ni en déroger ni écouter l'opinion des autres. Elle n'est pas ouverte à de nouvelles suggestions une fois qu'elle a adopté un certain comportement. Elle établit des règlements pour avoir du pouvoir sur l'autre, elle exige et impose, même si le règlement n'est pas intelligent. Cette personne ne prendrait pas le temps de s'asseoir pour rédiger une liste et vérifier auprès des membres de sa famille si la répartition des tâches et le temps pour les faire leur convient. Elle imposerait ses choix.

— Ma mère était comme ça, répond Anna. Il m'était impossible d'exprimer mes désirs et je ne me sentais pas acceptée par elle. C'est justement une autre de mes craintes. Sandra aurait tendance à me dire que si je l'aimais, je l'accepterais telle qu'elle est. Si ça arrive, qu'est-ce que je lui répondrai ? En agissant comme tu viens de me le suggérer, j'ai l'impression de ne pas l'accepter. Tu vois, Lise, c'est de cela dont je parlais au sujet de l'acceptation lors de ma première visite. J'ai l'impression que si j'accepte tout le monde, je serai envahie.

— Dis-moi, Anna, selon toi, as-tu accepté le comportement de ta mère à ton égard lorsque tu étais adolescente ? Comment la jugeais-tu ?

— Je l'ai trouvée très injuste. Mes amies avaient au moins 5 $ d'argent de poche chaque semaine. Elles ne travaillaient que si elles en voulaient plus. Une de mes amies réussissait toujours à soutirer de son père tout le surplus d'argent qu'elle voulait. Comme Sandra avec Mario, ajoute-t-elle en faisant un air de reproche à Mario.

— Voilà une bonne raison pour laquelle tu as si peur d'être une mauvaise mère avec Sandra et que tu utilises un comportement contraire à celui que ta mère avait. J'ai une suggestion à te faire, Anna. Si tu en as le courage, demande à ta fille dans quelles circonstances elle te trouve injuste. C'est malheureux, mais la plupart des gens ne savent pas qu'ils font tout pour ne pas être jugés d'une certaine façon et le sont quand même…

... Pour répondre à ta question sur l'acceptation, accepter une autre personne signifie lui donner le droit d'ÊTRE ce qu'elle veut et non lui permettre de FAIRE tout ce qu'elle veut dans ton espace. Pour le moment, votre fille vit CHEZ VOUS ! Dans quelques années, elle aura un CHEZ-SOI et ce sera elle qui décidera des règles à suivre dans sa maison. Vous n'aurez rien à dire de ce qu'elle fera chez elle. Il se peut qu'elle ne soit pas d'accord avec certaines consignes que vous établissez dans votre maison, mais il est important de lui expliquer ce que je viens de vous dire. Vous avez entièrement le droit de décider ce que vous voulez pour qu'il soit plus agréable de vivre dans votre maison…

... Habituellement, la meilleure façon de procéder est de faire parler les jeunes. Demande à ta fille ce qu'elle voudrait faire si c'était sa maison, quelles sont les consignes qu'elle établirait. Elles seront probablement différentes des vôtres. Vous pouvez essayer d'arriver ensemble à une entente en faisant, tous les trois, une ou deux concessions. Êtes-vous prêts à en faire l'expérience et à voir ce qui en découlera dans les semaines à venir ?

Ils se regardent, soupirent et me font signe que oui.

***

— Merci pour tes suggestions. J'ai, à mon tour, une question pour toi, Lise. Comment parvenir à accepter la façon dont s'habille Sandra ? Si elle était la seule à se vêtir ainsi, je crois qu'il serait plus facile de lui faire comprendre qu'elle est trop osée, mais toutes ses amies ont le même style vestimentaire. Je ne sais plus quoi faire. Comme moi, Mario n'apprécie pas sa tenue. Je crois même que ça le contrarie davantage, mais il veut que ce soit moi qui m'occupe de cette situation. J'ai beau consulter ta liste et relire les phrases qui pourraient m'aider, je ne sais pas quoi faire…

... Tu dis que nous devons donner aux autres le droit d'être ce qu'ils veulent être, surtout s'ils ne sont pas comme nous le voudrions, de les laisser prendre eux-mêmes leurs décisions et vivre leurs expériences en les laissant assumer les conséquences de leurs choix. Tu dis de plus que nous devons leur donner des conseils ou des directives sans rien attendre en retour. Ouf ! Que c'est difficile ! Est-ce ainsi pour tous les parents ?

— Voilà un bel exemple de comportement qui vous dérange, mais, dans cette situation, il concerne exclusivement votre fille, car il n'envahit pas votre espace. Votre fille veut ÊTRE SEXY. Par contre, si pour être sexy elle affectait votre espace, vous auriez raison de ne pas accepter cela. Par exemple, Anna, si elle allait chercher tes vêtements sans ta permission, tu aurais raison d'intervenir et de le lui défendre. Dans ce cas-ci, c'est autre chose, n'est-ce pas ? Que crains-tu qu'il arrive si tu laisses ta fille s'habiller comme elle le désire ?

— Qu'elle se fasse agresser sexuellement et que tout le monde croie qu'elle est une putain.

— Vous rappelez-vous qu'il a été mentionné dans le cours Écoute Ton Corps qu'en réalité on n'a jamais peur pour les autres, mais bien pour soi ?

Mario fait signe que non. Anna, par contre, dit qu'elle l'a bien entendu, mais qu'elle s'est tout de suite dit que ça ne pouvait pas être vrai dans tous les cas.

— Bravo Anna pour ta franchise. Tu as eu une réaction tout à fait normale. Te souviens-tu avoir appris à quel point l'ego résiste à toute chose nouvelle ? C'est pour ça que je dis que tu as eu une réaction normale. Au fur et à mesure que tu t'habitueras à te poser les bonnes questions, tu découvriras automatiquement quelle est ta peur dans chaque situation où tu crois avoir peur pour quelqu'un d'autre. Donc, en ce qui concerne Sandra, s'il lui arrivait ce que tu crains, de quoi aurais-tu peur pour toi ?

J'ai à peine fini ma question qu'elle a les larmes aux yeux. Je lui suggère de prendre une bonne respiration et je lui offre de l'eau et un mouchoir. Peu à peu, elle se calme.

— Un souvenir de mon adolescence refait surface. J'avais quinze ans et ma grande amie Nicole, qui habitait dans la maison voisine de la nôtre, s'est fait agresser par un homme beaucoup plus âgé qui vivait seul dans la dernière maison au bout de la rue. Nous voyions bien qu'il louchait sur toutes les filles du voisinage, mais nous n'y portions plus attention. Ah, mon Dieu ! Je réalise aussi qu'elle n'avait que quatorze ans quand ça lui est arrivé. Le pire dans tout ça, c'est que ma mère et la mère de Nicole, qui étaient de ferventes catholiques, ont très mal pris ça…

... Par la suite, maman m'a interdit de continuer à fréquenter Nicole, disant qu'elle était sûrement fautive, que c'était elle, avec ses manières de putain, qui avait attiré ce monsieur. La mère de Nicole, elle, m'accusait en affirmant que c'était moi qui, ayant un an de plus que Nicole, l'avais influencée. Elle aussi ne voulait plus que sa fille me voie. Nous avons continué de nous retrouver en cachette, mais quand sa mère s'en est aperçue, elle l'a sévèrement sermonnée. Naturellement, ma mère m'a réservé le même sort quand elle l'a su à son tour. Je n'ai pas pu sortir de la maison ni recevoir d'appels durant un mois. Après ce temps, j'ai appris que Nicole était enceinte de quatre mois, qu'elle avait été retirée de l'école privée où elle allait et qu'elle avait été envoyée chez une tante pour donner naissance à son bébé. Tu imagines, vu les croyances religieuses de sa mère, qu'il n'était pas question de permettre à sa fille d'avorter. Je n'ai plus jamais revu Nicole. Ce fut un coup dur pour moi. L'année suivante, nous avons déménagé et j'ai su plus tard que l'enfant avait été placé en adoption…

... Combien de fois ai-je entendu maman me dire : *« Il vaut mieux pour toi que jamais tu n'arrives enceinte avant d'être mariée ! Je ne te le pardonnerais jamais ! Moi, je ne pourrais pas donner un enfant en adoption. Je me verrais donc obligée d'élever cet enfant et, non merci, je ne veux pas de bâtard dans ma maison. »* Comment se fait-il que je n'aie jamais fait le lien avant ? C'est de ça que j'ai le plus peur : que Sandra tombe enceinte, que je sois responsable du bébé et que sa réputation soit salie. Maintenant je comprends pourquoi je vis cette situation avec ma fille alors qu'elle a quatorze ans. Cet incident a grandement marqué maman aussi, car elle me surveillait beaucoup plus après. Elle me faisait moins confiance et je devais toujours lui dire où j'allais et avec qui je partais. C'est intéressant de trouver le lien, mais qu'est-ce que je fais de tout ça maintenant ? Crois-tu que le fait d'en être consciente peut faire une différence au point que Sandra commence à s'habiller d'une façon moins provocante ?

— Tu vois, j'avais raison de te dire que c'est à cause de toi qu'elle s'habille ainsi, renchérit Mario en pointant Anna du doigt. Voilà pourquoi je voulais que tu t'en occupes. Ah, qu'il est difficile d'élever une fille, surtout à l'adolescence ! C'est beaucoup plus simple avec les garçons. Nous, les parents, n'avons pas à nous inquiéter des questions de sexe avec un garçon. Je n'ai jamais eu ce problème avec mon fils. En ce qui concerne Sandra, j'espère aussi de tout cœur que ce qui se passe ici aujourd'hui changera quelque chose, car je suis d'accord avec Anna que notre fille exagère dans sa façon de s'habiller. Je me dis souvent qu'un homme en manque de sexe doit être tenté par tous ces beaux jeunes corps exhibés ainsi.

Je m'empresse de prendre la parole, car je vois qu'Anna va riposter violemment à cette accusation de la part de son mari.

— Mario, tu parles d'hommes en manque de sexe. Est-ce que tu mentionnes ce fait parce que cela t'arrive ?

Il rougit un peu, regarde Anna, et me répond en prenant une grande respiration.

— Tant qu'à être ici, aussi bien être honnête jusqu'au bout, hein ? Eh bien oui, je suis souvent en manque. Pour dire vrai, je ne me suis pas senti très bien ces derniers temps et je n'ai pas envie de grand-chose, y compris le sexe. Par contre, je sens que je suis en manque. Parfois, le jour, j'imagine faire l'amour comme nous en avions l'habitude auparavant, mais quand arrive le soir, je suis vidé de toute mon énergie. Est-ce que tu peux m'expliquer pourquoi je manque d'énergie aussi souvent, Lise ?

— Nous reparlerons de ton énergie à un autre moment. Revenons à notre sujet, veux-tu ? Tu me dis que tu manques de sexe et que tu y penses avec désir dans la journée. À ce moment-là, quand tu vois une belle adolescente se pavaner devant toi, habillée de façon très sexy, est-ce que tu as envie de lui sauter dessus ?

— Mais non, je n'y pense même pas. Je la trouve belle et sexy, mais c'est tout. Je ne penserais jamais aller plus loin que ça.

— Alors, pourquoi crois-tu que les autres hommes en manque de sexe ne sont pas comme toi ? Bien sûr, il y a et il y aura toujours des hommes immatures sexuellement qui ne pensent qu'à faire l'amour avec des jeunes filles et, pour certains d'entre eux, avec de jeunes garçons. La plupart peuvent se contenir, mais d'autres n'y arrivent pas et finissent par agresser quelqu'un, comme l'homme dont tu as parlé un peu plus tôt, Anna. Celui qui a abusé de ton amie Nicole. Ceux qui n'arrivent pas à se maîtriser, c'est parce qu'eux-mêmes ont été abusés dans leur jeunesse et qu'ils en veulent encore à leur agresseur. Plus quelqu'un se dit qu'il ne deviendra jamais comme une certaine personne qu'il accuse ou juge, plus il s'assure de devenir un jour comme cette personne. Cela fait partie de la loi de la manifestation : plus nous canalisons de l'énergie sur une pensée, plus nous développons un sentiment très fort lié à cette pensée, et plus cette pensée se manifeste. Cette loi est merveilleuse lorsque nous l'utilisons pour créer ce que nous désirons…

... Donc, pour revenir à Sandra, est-ce que tu réalises, Anna, que tu as attiré dans ta vie de maman, une jeune fille qui s'habille de façon sexy justement pour t'aider à faire ton processus d'acceptation avec ta mère qui entretenait les mêmes peurs que toi face à la sexualité ?

— Es-tu, toi aussi, en train de me dire que c'est de ma faute si ma fille agit ainsi ? Ouf ! Je m'excuse, Lise, c'est mon ego qui prend le dessus. Au moins, j'ai été capable de m'en rendre compte assez vite aujourd'hui ! Je sais qu'être responsable, c'est accepter le fait que nous attirons certains comportements et attitudes de la part de nos proches pour nous aider à prendre conscience d'une chose que nous devons régler. J'ai relu le chapitre sur la responsabilité il y a quelques jours et je me disais justement que cette notion est difficile à accepter. Je viens de comprendre, comme tu l'expliques, que si nous n'acceptons pas notre responsabilité, nous nous sentons coupables. C'est ce qui vient de m'arriver. Je me suis sentie accusée par Mario et toi quand vous disiez que l'attitude de Sandra avait un rapport avec moi. Bon, je suis d'accord. Qu'est-ce que je fais maintenant ?

— Je te disais un peu plus tôt que tu dois faire ton processus d'acceptation avec ta mère. Suite à l'attitude qu'elle a eue avec toi par peur que tu tombes enceinte et qu'on te traite de putain, de quoi l'as-tu accusée ?

— Encore une fois, d'être injuste, de ne pas me comprendre, mais surtout de ne pas m'écouter. C'était comme si elle me disait que j'étais une putain comme mon amie. Elle ne me faisait plus confiance.

— Eh bien voilà, tu sais maintenant ce que tu as à faire. Le jour où tu pourras sentir que ta mère agissait ainsi par amour pour toi au même titre que tu t'inquiètes pour ta fille par amour pour elle, tu retrouveras la paix intérieure…

— Nous avons vu jusqu'à maintenant la peur que tu entretiens envers Sandra ainsi que la vraie peur pour toi dans cette situation. Tu as peur que ta fille tombe enceinte et que tu aies à en subir les conséquences. Et toi, Mario, tu as peur que Sandra se fasse agresser sexuellement. Cependant, je n'ai pas su de quoi tu as peur pour toi si ça arrivait à ta fille. Le sais-tu ?

— Je n'ai pas peur pour elle, mais pour moi, d'accord. Ce qui me vient à l'esprit, c'est que je serais tellement en colère que je voudrais venger ma fille et que je pourrais devenir très violent si je trouvais son agresseur. Je ne sais pas si je pourrais me contrôler.

— Je te suggère alors de tenter de trouver d'où vient cette violence en toi qui te fait peur. Sache qu'elle représente quelque chose que tu n'as pas accepté dans ton enfance ou ton adolescence. Si tu veux en parler lors d'une autre rencontre, sens-toi bien à l'aise. Pour le moment, je veux revenir au problème vécu avec Sandra. Souvenez-vous que le vrai problème dans toute situation, c'est la peur que celle-ci éveille pour vous. Maintenant que nous l'avons cerné, que voulez-vous dans cette situation ?

Anna répond aussitôt :

— C'est simple, que Sandra ne tombe pas enceinte, qu'elle soit donc moins sexy. Ça réglerait tout !

— Tu me fais rire, Anna, car c'est souvent le genre de réponse que j'entends. Réalises-tu à quel point ce que tu veux dépend de ta fille ? Un JE VEUX doit toujours dépendre de soi. Je vais t'aider un peu. Veux-tu être capable de te sentir bien même si le pire arrive ? Veux-tu pouvoir gérer cette situation avec ta fille comme si elle était une bonne amie ? Ou bien, veux-tu apprendre à travailler sur les solutions plutôt que sur le problème ?

— Hum ! Je veux tout ça, mais je veux surtout être capable de me sentir bien et cesser de m'inquiéter à son sujet. Je veux avoir l'assurance que s'il arrive quoi que ce soit, je serai en mesure d'y faire face.

— Bravo ! Tu sais, il est très important de savoir ce que tu veux. Autrement, comment peux-tu y arriver ? Si tu entres dans un restaurant et que tu ne sais pas ce que tu veux manger, crois-tu que tu mangeras ? Tu n'auras rien, n'est-ce pas ? C'est ainsi dans tous les domaines. Le plus important est de te souvenir que toutes les expériences que tu vis grâce à ta fille t'aident à compléter tes propres processus. Elle n'est pas dans ta vie pour te faire souffrir…

... Je te suggère donc de raconter à Sandra ce qui est arrivé à ton amie Nicole, ce que tu as vécu à quinze ans et surtout de lui dire comment tu te sentais quand ta mère te surveillait et quand tu as été accusée d'avoir une mauvaise influence sur ton amie. Parle-lui des accusations que tu as portées contre toutes les personnes impliquées dans cette histoire. Il serait bon de te préparer à cette conversation en mettant tout par écrit auparavant…

... Explique-lui que c'est pour cette raison que tu agis ainsi avec elle et qu'il est difficile pour toi d'accepter son choix de vêtements. Ensuite, demande-lui si elle vit les mêmes émotions que toi, si elle a les mêmes peurs et porte les mêmes accusations envers toi. Souviens-toi que nous vivons les mêmes choses d'une génération à l'autre. Les expériences de la vie se répètent avec les personnes du même sexe. Par exemple, si tu as accusé ton père de quelque chose, quelqu'un d'autre de sexe masculin t'accusera pour la même raison. Dans ton cas, ta mère a eu peur que tu tombes enceinte comme ton amie Nicole qu'elle accusait d'avoir des manières de putain. Tu l'as accusée d'être injuste, de ne pas te faire confiance, de ne pas te comprendre et surtout de ne pas t'écouter. Voilà pourquoi ta fille te fait revivre la même expérience que celle que tu as fait vivre à ta mère. Ce sera intéressant de découvrir dans quelles circonstances elle t'accuse de la même chose.

— Et si Sandra ne veut pas en parler ?

— Pour commencer, tu lui dis tout simplement que tu veux lui raconter quelque chose qui t'est arrivé lorsque tu étais adolescente. Je peux t'assurer que si elle ne se sent pas accusée au cours de votre échange, elle aura envie de continuer à t'écouter. Si elle se sent accusée, elle arrêtera net la conversation. Le but de cet échange est justement de t'aider à vérifier ce que tu acceptes ou pas. Après avoir partagé ce dont tu accusais ta mère, il sera plus facile pour toi de vérifier à quel moment elle te juge ou t'accuse de la même chose. Si tu acceptes d'avoir accusé ta mère, elle le sentira et te parlera facilement de ce qu'elle vit avec toi. L'objectif final ne doit pas être que Sandra change sa façon de s'habiller. Elle seule peut décider de changer. C'est sa vie et les conséquences lui appartiennent.

— Justement, à propos des conséquences, supposons qu'elle ne veuille pas changer et qu'elle tombe enceinte, c'est Mario et moi qui devrons en assumer les conséquences, non ? C'est ça ma plus grande peur !

— Quand tu auras fini de lui raconter tout ce dont nous venons de parler, ce serait une bonne idée de lui dire que tu préférerais qu'elle soit moins provocante, que cela t'aiderait à apprivoiser tes craintes, mais que ce n'est pas à elle de subir les conséquences de tes peurs. Si elle choisit de s'habiller différemment, elle doit le faire pour te faire plaisir et de son plein gré. Demande-lui comment elle pourrait faire face aux conséquences si un jour elle tombait enceinte comme tu le crains, et pas nécessairement à cause d'une agression. Prenez ensemble le temps d'énumérer toutes les conséquences possibles, de les noter et de voir comment vous pourriez gérer chacune d'elles, surtout les plus difficiles.

— Est-ce que Mario devrait faire partie de cette conversation ?

Il s'empresse de répondre avant que j'aie le temps d'ouvrir la bouche.

— Ah non ! Il n'est pas question que je me mêle de ça. Tu sais bien qu'elle sera bien trop mal à l'aise de parler de ces choses-là devant moi. Ce sont des affaires de femmes, ne trouves-tu pas ? ajoute-t-il en me regardant.

— Il est vrai que ce sont des affaires de femmes, mais si tu apprenais que ta fille est enceinte, ça deviendrait aussi ton affaire. Je suis sûre que tu ne resterais pas indifférent. Cependant, je suis d'accord pour que tu ne sois pas présent lors de cet échange entre Anna et Sandra. Ta peur que ta fille soit mal à l'aise indique que tu serais toi-même mal à l'aise de parler de ces choses avec elle et qu'elle pourrait en être affectée…

... Que penses-tu, par contre, d'être présent lors de la rédaction de la liste des conséquences ? En tant qu'homme et père, tu penserais certainement à des choses différentes. Je te suggère d'y réfléchir et si tu préfères en parler seul à seul avec ta fille une fois que tu auras vu comment tout s'est déroulé avec Anna, rien ne t'en empêche. Ce serait une bonne occasion de lui faire part de tes peurs à son sujet et comment tu vivrais le fait qu'elle tombe enceinte. À propos de ta peur qu'elle soit agressée sexuellement ainsi que ta peur de devenir violent, je te suggère d'y réfléchir d'ici notre prochaine rencontre et de tenter de découvrir d'où elle provient…

... Puisque nous nous reverrons dans deux semaines, Anna, tu auras le temps d'avoir cette conversation avec ta fille. Je vois dans tes yeux que tu doutes que ça se passe bien, mais si tu ne passes pas à l'action, tu sais aussi bien que moi que rien ne changera à la situation actuelle. Es-tu prête à y faire face ?

Elle a les larmes aux yeux, elle regarde Mario qui lui prend la main d'une façon rassurante et elle me fait signe de la tête pour me montrer qu'elle le fera.

***

— Et toi, Mario, tu m'as confié que tu vivais quelque chose de difficile avec ton fils. Veux-tu en parler tout de suite ?

— Oui. Merci Lise. Ce que je vis avec David m'empêche de dormir la nuit. Je ne comprends pas pourquoi ça me touche autant. Le problème, c'est que je lui ai payé des études en comptabilité. J'ai fait beaucoup de sacrifices pour y arriver. À la fin de sa formation, David s'est tout de suite trouvé un emploi dans une grande firme et j'en fus très heureux. Mon père ne m'a jamais payé d'études universitaires et je m'étais bien promis que mon fils serait plus instruit que moi. C'est pour ça que j'étais si heureux : j'avais atteint mon but avec lui et je me disais que mon rôle de père était terminé, que David était un adulte, avait une profession stable et payante et que désormais la vie serait plus agréable…

... On ne sait jamais ce que l'avenir nous réserve, n'est-ce pas ? Un an plus tard, il a décidé qu'il n'aimait pas cette profession et il a quitté son emploi sans même savoir ce qu'il ferait à la place. Son petit garçon avait à peine un an et sa femme était retournée sur le marché du travail. Il ne m'a même pas informé de sa décision. Je l'ai appris d'un de ses collègues lorsque j'ai téléphoné à son bureau pour lui parler. Peux-tu imaginer ce que j'ai ressenti en me faisant dire par un étranger que mon fils ne travaillait plus là depuis deux mois ? Je ne le croyais pas et j'ai même insisté pour que ce jeune homme vérifie à nouveau. Je me disais que ça devait être un nouvel employé, qu'il ne connaissait pas tout le monde dans l'entreprise. Il me répondit alors d'un ton sec : *« Monsieur, je n'ai pas besoin d'aller vérifier. Je connais très bien David et vous pouvez me croire, c'est lui-même qui a donné sa démission. Il était de plus en plus malheureux ici. Ce n'est pas un domaine qui lui convenait, c'est tout… »*

... Je suis resté en état de choc pendant deux jours. J'ai finalement appelé mon fils et lui ai demandé si tout était vrai. Il m'a répondu que oui, en ajoutant qu'il n'avait pas osé m'en parler de peur de me faire de la peine. *« Je ne comprends pas que tu ne te sois pas rendu compte que tu n'aimais pas la comptabilité pendant tes études. Réalises-tu tout le temps que tu as investi pour devenir comptable et tout l'argent que j'ai dû débourser pour toi ? »* lui ai-je dit en colère. Heureusement, il n'était pas à côté de moi, car je ne sais pas ce que je lui aurais fait. Il m'a assuré qu'il était désolé, mais que travailler dans une firme comptable, le nez dans les chiffres à longueur de journée, n'était pas du tout comme aller à l'université. De toute façon, vu l'état dans lequel j'étais, il ne voulait pas me parler davantage. Il m'a demandé de me calmer et m'a promis qu'il viendrait me voir deux jours plus tard pour en discuter…

... J'ai bien écouté son histoire et je sentais qu'il était, lui aussi, très malheureux de cette situation. Ce que je raconte s'est passé il y a quatre ans. Sais-tu, Lise, quel travail il fait maintenant ? Il est serveur dans un restaurant ! Il dit qu'il est heureux, qu'il aime bien son patron et ses collègues de travail et qu'il gagne un bon salaire. Il m'a dit : *« Papa, pourquoi ne peux-tu pas accepter le fait que c'est ce métier que je veux exercer pour le moment ? Je travaille les jeudis, vendredis et samedis et je gagne assez d'argent pour que nous vivions bien. C'est un restaurant bien coté et je reçois de bons pourboires. Ce travail me permet de passer beaucoup de temps avec Nicolas et j'économise sur les frais de garde. De plus, Michelle est d'accord avec mes choix. Pourquoi ne peux-tu pas être heureux si je te dis que je le suis ? »*

... Je sais qu'il a raison. Je devrais être heureux s'il l'est, mais j'en suis incapable. Quand quelqu'un me demande ce que fait mon fils, je ne peux même pas me résoudre à dire qu'il est serveur. Je réponds qu'il est comptable et je change de sujet. Pourquoi choisir ce métier ? Selon moi, n'importe quel idiot pourrait faire ce travail. C'est dégradant ! Pour tout avouer, j'en ai honte…

... On se voit de moins en moins souvent, car à chaque rencontre je ne peux pas m'empêcher de lui demander s'il a trouvé quelle profession il veut faire dans le futur. La dernière fois que je l'ai vu, il y a deux semaines, il m'a dit : *Ça suffit, papa, plus tu m'en parles et moins j'ai envie de changer de travail. Quand vas-tu me fiche la paix avec ça ? Tu fais bien le métier que tu veux et je ne t'en parle pas. Si tu abordes ce sujet une autre fois, je te jure que je ne te reverrai plus. C'est la dernière fois que tu m'en parles, d'accord ? Si jamais je décide de faire carrière dans un autre domaine, c'est moi qui te l'annoncerai. Est-ce clair, une fois pour toutes ?* Comment puis-je arriver à accepter sa décision ? J'ai beau me répéter des centaines de fois que je devrais oublier tout ça, je n'y arrive pas.

— Ce que j'entends, c'est que tu as fait de grands sacrifices pour payer les études de ton fils et il choisit d'exercer un autre métier. Il y a plus d'une chose qui semble te déranger : le fait d'avoir déboursé autant d'argent pour rien, le fait qu'il ne soit pas un professionnel comme tu l'as toujours rêvé, le fait qu'il ait choisi un métier dégradant et honteux, selon toi, et le fait qu'il ait pris sa décision sachant fort bien que ça te déplairait. Qu'est-ce qui te dérange le plus dans ce que je viens d'énoncer ?

— Tout me dérange.

— Si tu évaluais sur une échelle de un à dix l'importance du problème pour toi, lequel serait le plus élevé ? Dis-moi le premier chiffre qui te vient spontanément à l'esprit à mesure que je répète tout ce qui semble te déranger.

— Je suis désolé de réfléchir si longuement, mais je ne suis pas habitué à me poser ce genre de question. Je crois que ce qui me dérange le plus c'est le fait qu'il ne soit pas un professionnel et qu'il exerce un métier qui ne demande aucune étude.

— Comment te sens-tu avec ce problème ?

— Je sens que j'ai raté mon coup en tant que père. J'ai sûrement échoué quelque part pour qu'il ait si peu d'ambition. Pourtant, je lui ai tellement répété qu'il est important pour un homme de faire des études et de se préparer une belle carrière pour l'avenir.

— Je vais te poser la même question que celle que j'ai posée à Anna plus tôt. Maintenant que nous savons quel est le vrai problème dans cette situation, que veux-tu pour toi ?

— Je vais te donner la même réponse qu'Anna. Je veux être capable de me sentir bien même si mon fils reste serveur toute sa vie et je veux cesser d'avoir honte de lui. Je veux aussi savoir d'où vient cette difficulté à accepter cette situation. Par quoi je commence ?

— Tu es au courant que je travaille beaucoup avec les blessures de l'âme, n'est-ce pas ?

— Oui, oui, Anna m'en a longuement parlé quand elle a suivi cet atelier. Depuis sa première visite avec toi, il y a quelques semaines, elle a relu le livre sur les blessures pour bien se remémorer toutes ces notions et suite à la deuxième rencontre, j'ai, moi aussi, décidé de le lire. Je dois t'avouer que je vais devoir le lire à nouveau, car je me reconnais dans toutes les blessures. Est-ce normal ? ajoute-t-il en riant.

— Oui. J'entends souvent cette remarque. Tu sais, l'ego a beaucoup de difficultés à capter les différences entre les blessures. Toute recherche sur soi est très dérangeante pour l'ego. C'est tout à fait normal d'être confus au début. Alors dis-moi, cette situation avec ton fils éveille-t-elle ta blessure de rejet ou d'injustice ?

— Je croyais que c'était de l'humiliation, car j'ai honte de lui.

— Ton corps me dit que tu ne souffres pas de la blessure d'humiliation. D'ailleurs, quand tu reliras le livre, tu remarqueras que cette blessure est beaucoup plus associée à tout ce qui concerne les cinq sens physiques. De plus, il est bien dit dans le livre que les blessures de rejet et d'injustice sont éveillées par le parent du même sexe que l'enfant. C'est la raison pour laquelle je n'ai mentionné que ces deux blessures. Donc, laquelle de ces blessures te concerne selon toi ?

— Je me sens rejeté par mon fils quand il ne veut pas écouter mes conseils et quand je sens qu'il ne veut pas être comme moi. Il me l'a dit d'ailleurs plusieurs fois. Je trouve injuste le fait qu'il ait mis aussi longtemps à réaliser qu'il n'aimait pas le métier de comptable. Il aurait pu m'offrir de me rembourser une partie des frais de ses études que j'ai tout compte fait payées pour rien. Il vient d'acheter une belle auto qui vaut très cher, donc je sais qu'il est à l'aise financièrement. D'ailleurs, je trouve que sa femme et lui semblent vivre beaucoup trop au-dessus de leurs moyens. J'espère qu'il n'est pas en train de s'endetter et que je devrai le dépanner un jour. Je n'ose pas lui en parler, il y a assez de son métier qui me dérange !

— Alors, Mario, le vrai problème, celui sur lequel tu dois travailler, n'est pas le fait qu'il soit serveur au lieu de comptable mais bien le rejet et l'injustice que tu ressens. Te souviens-tu que nous avons dit, un peu plus tôt, que lorsque nous accusons quelqu'un de quelque chose, cette personne nous accuse de la même chose ? Cela veut dire que ton fils t'accuse de le rejeter et d'être injuste à son égard et, qu'en plus, tu as accusé ton père de te rejeter et d'être injuste envers toi. Es-tu prêt à ce que nous allions plus loin sur ce sujet ?

— Moi, je n'aurais jamais osé parler à mon père comme mon fils me parle. En plus, si j'avais imposé à mon père ce que David m'a fait, j'aurais offert de rembourser à mon père au moins la moitié de ce qu'il aurait dépensé pour moi. Ça serait plus juste !

— Es-tu sûr que tu n'as jamais trouvé ton père injuste ou que tu ne t'es jamais senti rejeté par lui ? Parle-moi de ton père. Dans le questionnaire que tu as rempli, tu mentionnes qu'il est décédé alors que tu avais quatorze ans. Comment était-il avec toi, surtout au moment de ton adolescence ?

Mario hésite. Je le sens très ému. Ce sujet semble difficile à aborder pour lui. Après une bonne minute d'hésitation, il s'avance au bord de son siège, se penche en appuyant ses coudes sur ses genoux et commence à parler en regardant le plancher.

— Je n'ai jamais aimé parler de ça. Ce fut une période très difficile pour moi et pour toute la famille. En voilà une vraie injustice ! J'ai trouvé très injuste qu'il parte ainsi en laissant ma mère seule avec quatre enfants. Je suis l'aîné et j'avais quatorze ans au moment de son décès et ma sœur la plus jeune avait six ans. Mon père avait une assurance vie, mais il a fallu que ma mère calcule sans cesse pour arriver à joindre les deux bouts. J'ai dû arrêter mes études à dix-sept ans pour aider maman en acceptant le premier emploi venu, pourvu qu'il rapporte de l'argent à la maison…

... Sais-tu ce que je voulais devenir ? Un avocat ! L'année précédant la mort de mon père, je lui ai fait part de ce rêve et il s'est moqué de moi : il a littéralement éclaté de rire. Son rire m'a fait mal à un point tel que j'aurais voulu lui sauter dessus.

— T'es-tu senti rejeté à ce moment-là ?

— Évidemment que je me suis senti rejeté ! Il n'y est pas allé par quatre chemins pour me faire savoir que je me prenais pour un autre, qu'il me trouvait prétentieux et que, de toute façon, je ne réussissais pas assez bien à l'école pour viser si haut. Ensuite, il m'a bien fait comprendre que jamais il ne dépenserait son argent pour ça parce que, selon lui, tous les avocats étaient des voleurs. Je ne lui ai jamais reparlé de ce projet, mais je m'étais bien promis que j'y arriverais, malgré lui…

... Pourquoi fallait-il qu'il meure aussi jeune ? Il avait cinquante ans et il était camionneur. Un jour d'hiver, après avoir roulé pendant dix-huit heures à cause d'une tempête de neige, il a ramené son camion à la compagnie et il est arrivé à la maison à quatre heures du matin. Il ne pouvait pas garer son auto sur la place de stationnement de la maison à cause de l'accumulation de neige. Ce jour-là, il était interdit de se garer dans la rue à cause du déneigement qui était prévu à huit heures. Comme mon père voulait dormir plusieurs heures sans avoir à se lever pour déplacer son auto, il est entré à la maison, a mangé un sandwich puis a avisé maman qu'il allait déneiger l'entrée. Maman s'est rendormie et à son réveil, ne voyant pas papa, elle est allée dehors et l'a trouvé mort, étendu par terre à côté de son auto. Il avait juste eu le temps de finir le déneigement, de garer l'auto à sa place et de la fermer à clé avant de s'écrouler par terre.

Mario se redresse, nous regarde toutes les deux avec les larmes aux yeux. Je lui offre un mouchoir et un verre d'eau. Il se ressaisit et continue.

— Tu m'as demandé si j'avais vécu des injustices. Eh bien, celle-ci est-elle suffisante ? Je n'ai jamais revécu une période aussi difficile depuis. Je voyais tous mes rêves s'effondrer. Pourquoi fallait-il, en plus, que je sois l'aîné de la famille ? C'est justement à ce moment-là que j'ai décidé de ne plus aller à la messe. Je ne voulais plus rien savoir d'un Dieu qui s'amuse à punir les gens comme ça. J'ai commencé à me réconcilier avec Dieu uniquement après le cours Écoute Ton Corps. Ça m'a rassuré d'apprendre qu'un Dieu qui punit, ça n'existe pas. Ça m'a aidé à diminuer la colère que je vivais depuis cet âge-là.

— Alors, Mario, es-tu d'accord pour dire que tu as aussi accusé ton père d'être injuste et de t'avoir rejeté ? C'est dommage qu'il soit décédé, car tu aurais pu apprendre des choses intéressantes sur ce qu'il a lui-même vécu avec son propre père.

— Il n'a jamais beaucoup parlé de son père. Tout ce dont je me rappelle, c'est qu'il était jeune lui aussi quand son père est décédé des suites d'une péritonite. Il aimait aussi répéter que son père aimait beaucoup lire, qu'il ne faisait pas grand-chose dans la maison, que sa mère devait s'occuper de tout avec les garçons et qu'il ne serait jamais comme son père. Sapristi ! Je viens de faire un lien. Est-ce pour ça que papa ne voulait pas que je fasse des études universitaires et qu'il a choisi le métier de camionneur ?…

... Je ne le lui ai jamais dit, mais, moi aussi, j'ai souvent pensé que je ne voulais pas être comme lui. Je le trouvais grossier, vulgaire même. Ses amis camionneurs et lui aimaient se raconter des blagues très crues quand ils se rencontraient. Ils mangeaient comme des cochons en buvant beaucoup de bière. J'avais un ami dont le père était médecin et quand j'allais chez lui, je trouvais que ses parents avaient beaucoup de classe et j'aimais ça. Je me disais qu'un jour je ferais un métier noble et reconnu, que j'aurais de la classe moi aussi et que mes enfants seraient fiers de moi.

Mario s'arrête. Un gros sanglot lui noue la gorge. Il ne peut plus se retenir, il fond en larmes. Anna se lève, se dirige derrière lui et le prend par le cou. Elle pleure avec lui.

— Mon trésor, je suis si contente que tu puisses parler de ton père. Je sais que ce n'est pas facile pour toi, car tu as toujours refusé d'en parler quand je te posais des questions. Préfères-tu que je sorte pour que tu sois seul avec Lise ? Est-ce que ce serait plus facile pour toi ?

Mario continue de pleurer, tout en se calmant peu à peu. Il fait signe que non et serre très fort la main d'Anna. J'en profite pour sortir du bureau, les laissant seuls quelques minutes. À mon retour, Mario continue de se confier.

— En parlant, j'ai réalisé à quel point je ne voulais pas être comme mon père. Tu as raison, Lise. L'histoire se répète d'une génération à l'autre. Je comprends mieux pourquoi mon fils ne veut pas me ressembler. Sapristi ! Pourquoi est-ce si difficile d'avoir une bonne relation entre parents et enfants ? Combien faudra-t-il de générations avant que ça aille bien ?

— Tu connais la réponse, n'est-ce pas ?

— Tu veux dire que tout va aller mieux lorsqu'il y aura eu acceptation ? Qui doit accepter ? Mon fils ou moi ? En ce qui concerne mon père, comme il est décédé, il ne peut pas le faire. Que fait-on dans ces cas-là ?

— Il n'est pas nécessaire que toutes les personnes impliquées dans une situation fassent leur processus d'acceptation en même temps. Ce qui est merveilleux avec cette notion d'acceptation ou d'amour inconditionnel, c'est que dès qu'une personne parvient à l'acceptation totale, toutes les autres impliquées dans cette même situation reçoivent l'énergie nécessaire pour le faire elles aussi. Il y a un tel rayon d'amour et de lumière qui se dégage d'une personne qui vient de s'accepter que ce rayon s'étend jusqu'aux autres.

En général, tout se déroule dans l'invisible, mais c'est très puissant…

... Dans ton cas, tu n'as même pas à t'inquiéter pour ton fils ou pour ton père ni même pour ton grand-père. Tu n'as qu'à le faire pour toi et tu verras toutes les répercussions que ça aura. Même si tes aïeuls ne sont plus là, ils reçoivent l'information au niveau de l'âme, ce qui les aide, qu'ils soient encore dans le monde de l'âme ou qu'ils soient réincarnés. De plus, cette grande réconciliation a un impact sur les générations futures. En faisant la paix avec ton fils, ça aura une influence directe sur la relation qui existe entre son propre fils et lui…

... J'ai bien dit que le plus important est de le faire pour toi au départ. Ce qui veut dire qu'en premier lieu, tu dois te donner le droit d'avoir rejeté ton père et ton fils et d'avoir, toi aussi, été injuste envers eux. Je te répète que les autres nous accusent de ce dont nous les avons accusés, mais le plus difficile à admettre, c'est que nous nous en accusons nous-mêmes. Notre ego nous empêche de voir que nous avons pu agir de la même façon que ceux que nous accusons. C'est pour cette raison que nous ne nous rendons pas compte de l'accusation que nous portons envers nous-mêmes…

— Ce que tu dis est très intéressant, Lise, mais comment y parvenir ? J'ai toujours su que je préférerais ne pas être perturbé par les choix de mon fils et j'ai beau essayer de me rappeler la méthode de pardon enseignée dans ton cours, chaque fois que je veux faire quelque chose, on dirait qu'il y a un petit démon en moi qui m'en empêche. Il me convainc que c'est mon fils qui a tort et que ce n'est pas à moi de changer d'idée. Je ne dis pas que ta méthode n'est pas bonne. Je l'ai expérimentée avec un voisin et ça a fonctionné. Avec mon fils, c'est autre chose.

— Il est vrai qu'avec certaines personnes, surtout avec nos proches, c'est plus difficile. Mais sais-tu que la plus grande difficulté est de s'accepter soi-même ? Quand on trouve très difficile de faire une réconciliation avec une autre personne, c'est simplement parce que cette personne nous rappelle d'une façon pénible ce que nous ne pouvons pas accepter de nous-mêmes. Voilà pourquoi il est suggéré de faire la paix avec les autres en premier lieu, ce qui nous aide à la faire avec nous-mêmes. Je te suggère de faire la paix avec ton fils en passant par les mêmes étapes que j'ai indiquées plus tôt à Anna. Pour vous aider tous les deux, je vous donne le document[1] qui indique les sept étapes de pardon et de réconciliation. Cela vous aidera à mieux vous préparer. Tu remarqueras, Anna, que la dernière étape est de faire le lien avec ton père, donc tout se réglera en même temps.

Je leur donne le temps de lire la liste des étapes et je les sens très émus.

— Comment te sens-tu, Mario, à l'idée d'effectuer ces étapes avec ton fils ?

— Je ne sais pas trop quoi répondre pour le moment. Tout ce que je sais, c'est que je veux que cette situation change, car je n'en peux plus. Au fait, Lise, est-ce possible que ce soit ce problème qui m'ôte toute mon énergie ?

— Je ne peux pas répondre à cette question. Il peut y avoir d'autres facteurs, mais il est certain que chaque rancune entretenue enlève de l'énergie. D'ailleurs, tout ce que nous vivons dans les mondes physique,

---

1. Vous trouverez ce document à la fin de ce livre, p. 285.

émotionnel et mental qui est contraire aux grandes lois de l'amour réduit notre énergie. Plus précisément, lorsque nous n'écoutons et ne répondons pas à nos besoins dans chacune de ces trois dimensions, nous nous coupons de l'énergie naturelle et puisons dans nos réserves. Mario, il est clair que depuis quelque temps tes réserves d'énergie sont très basses. Tu auras peut-être une réponse à ta question lorsque tu auras complété ton processus d'acceptation. Je ne serais pas du tout surprise que tu aies un regain d'énergie après avoir été témoin de ce phénomène qui se produit chez de nombreuses personnes suite à une réconciliation. Je peux même te dire que bien des gens guérissent de malaises ou de maladies suite à une acceptation complète. Nous reparlerons de ce sujet une autre fois…

... Je reviens à ma question précédente. Comment vous sentez-vous à l'idée d'entamer ce processus d'acceptation, toi, Anna, avec ta fille et toi, Mario, avec ton fils ? Allez vérifier en vous ce que vous fait vivre l'idée de pouvoir le réaliser.

— Moi, ça m'excite, de répondre aussitôt Anna. Par contre, j'avoue que j'ai des papillons dans le ventre. En même temps j'ai peur même si je ne comprends pas pourquoi j'ai peur. Après tout, Sandra est ma fille, elle ne peut pas me faire de mal. Juste l'idée d'y arriver me fait ressentir une grande ouverture au niveau de la poitrine, comme si elle s'épanouissait. C'est une bonne sensation. C'est sûr que ma peur ne gagnera pas. Je sens que j'ai le courage nécessaire pour le faire.

— Et moi, de renchérir Mario, tout ce que je sais, c'est que je me sens vidé en ce moment et en même temps, je me sens mieux. Je me sens surtout soulagé de savoir pourquoi je vis cette situation avec mon fils. Je ne peux pas dire que je suis excité, mais je sais que je dois faire quelque chose. Je n'ai rien à perdre en essayant ta méthode. Juste à l'idée d'être bien avec David quand nous nous verrons et qu'il n'y aura plus ce malaise entre nous me remplit de bonheur. J'ai de la difficulté à croire que ça puisse arriver, mais je me sens prêt à faire ma part. J'espère que lui aussi sera prêt. Oui, oui, Lise ! J'ai compris ce que tu as dit tout à l'heure : si je ne l'accuse pas, il sera prêt à m'écouter. Qu'arrive-t-il si, malgré moi, je l'accuse de quelque chose ? Vais-je tout rater une fois de plus ?

— As-tu entendu ce que tu viens de dire ? « *Vais-je tout rater une fois de plus ?* » Sois attentif à cette façon de penser. Tu pourrais commencer par dire à ton fils que pour le moment tu as très peur de rater ton coup en tant que père et que tu espères penser différemment un jour prochain. C'est ça, accueillir sa peur, c'est aller avec. Ça ne veut pas dire que tu es d'accord, mais plutôt que tu reconnais que cette peur t'appartient pour le moment et qu'un jour tu arriveras à croire que tu es un bon père et que tu agis toujours selon tes capacités et tes connaissances. Peu à peu, à mesure que tu apprendras à accepter cette peur, elle diminuera. Nous sommes portés à croire que si nous acceptons une peur, elle va s'amplifier. C'est le contraire qui se passe. C'est un phénomène impossible à comprendre intellectuellement, car la loi d'acceptation est une loi spirituelle et non mentale…

... Donc, si tu te retrouves en face de ton fils et que tout à coup il se sent accusé et se met en colère, tu sauras que pour toi, l'acceptation n'est pas encore complète, qu'il y a une des étapes que tu n'as pas faite. En général, c'est l'étape du pardon de soi qui est en cause. Il est très difficile d'accepter que nous avons fait aux autres ce que nous avons tant critiqué d'eux. Dans ton cas, l'acceptation sera totale lorsque tu te donneras le droit d'avoir été injuste et d'avoir rejeté ton père et ton fils au même degré qu'eux l'ont fait. Si tu ne peux y arriver maintenant, ce n'est que partie remise. Dis à ton fils que tu n'as pas encore réussi à te pardonner et que vous vous retrouverez une autre fois. Il y a parfois des situations si douloureuses qu'il faut beaucoup de temps pour arriver à une pleine acceptation. Souviens-toi du plus important : c'est ton intention qui compte et ce que tu veux finira par arriver. Par contre, n'oublie pas ce que tu veux !...

... Nous allons nous quitter là-dessus et je vous souhaite bonne chance dans vos démarches respectives. Nous nous reverrons dans deux semaines.

À RETENIR DE CE CHAPITRE

- Lorsqu'on vit des émotions, c'est parce qu'il y a eu des attentes sans entente.
- Une attente n'est légitime que lorsqu'il y a eu une entente claire entre deux personnes.
- Il est important qu'à la maison, tout comme au travail, chaque membre de la famille ait une description de tâches.
- Lorsqu'il y a un choix difficile à faire entre deux possibilités, il est suggéré de vérifier sur une échelle de un à dix laquelle des deux fait le moins souffrir.
- Plus les parents s'acceptent tels qu'ils sont, plus leur enfant les acceptera et moins ce dernier voudra adopter des comportements contraires aux leurs pour les faire réagir.

- Lorsqu'il y a engagement ou entente entre deux ou plusieurs personnes, il est suggéré d'établir en même temps les conséquences à assumer si l'une d'entre elles ne tient pas sa promesse. Établir des règles, c'est de la fermeté et non de la rigidité ou de l'autoritarisme.
- Plus une personne fait tout pour ne pas être injuste par exemple, plus les autres la traitent ainsi. La plupart d'entre nous ne savons pas que nous faisons tout pour ne pas être jugés d'une certaine façon et que les autres nous jugent ainsi quand même.
- Accepter une autre personne signifie lui donner le droit d'ÊTRE ce qu'elle veut et non lui permettre de FAIRE tout ce qu'elle veut, surtout si ce qu'elle fait empiète dans notre espace.
- On n'a jamais peur pour les autres, mais seulement pour soi.
- Le vrai problème dans toute situation est la peur pour soi que celle-ci éveille.
- La loi de la manifestation dit que plus nous canalisons de l'énergie sur une chose, plus celle-ci se manifeste. Plus nous mettons de l'énergie à ne pas être comme une autre personne, plus nous le devenons. Cette loi doit être utilisée pour créer ce que nous voulons seulement.
- Tout ce que nous attirons de désagréable avec nos proches est là pour nous aider à devenir conscients d'un processus d'acceptation qui n'a pas été complété alors que nous étions jeunes, nous donnant ainsi l'occasion de le faire à l'âge adulte. Nos proches ne sont pas là pour nous faire souffrir, mais plutôt pour nous aider à nous diriger vers

l'amour véritable. Nous attirons des expériences difficiles à accepter avec les personnes du même sexe que le parent avec lequel nous avons vécu des expériences semblables et non acceptées au cours de notre jeunesse.

- Lorsque nous accusons quelqu'un d'une chose en particulier, celui-ci nous accuse de la même chose. De plus, nous nous en accusons également comme nous en avons accusé notre parent du même sexe que cette personne. Il est difficile de reconnaître que nous nous en accusons aussi, car notre ego ne veut pas admettre que nous ayons pu agir ainsi.
- Au moment où nous faisons notre processus d'acceptation avec une autre personne, toutes les personnes impliquées dans ce problème et ce, sur plusieurs générations, reçoivent l'énergie nécessaire pour s'accepter à leur tour. Ce processus est complet seulement au moment où nous pouvons nous pardonner, nous donner le droit, sans jugement, d'avoir fait aux autres ce que nous les avons accusés de nous faire.
- Il est bon d'avouer une peur pour nous aider à l'accepter. Plus on l'accepte, plus elle diminue, contrairement à ce que l'ego croit.
- Quand on trouve très difficile de faire une réconciliation avec une autre personne, c'est simplement parce que cette personne nous rappelle d'une façon pénible ce que nous ne pouvons pas accepter de nous-même.

CHAPITRE QUATRE

Moyens pratiques d'acceptation

— Tu as un beau sourire ce matin, Anna. Tu as l'air d'une personne qui a hâte d'annoncer une bonne nouvelle. C'est dommage que Mario ne soit pas avec nous aujourd'hui, mais, comme il me l'a expliqué au téléphone, je comprends qu'il ait besoin de plus de temps pour compléter son processus d'acceptation avec son fils. Ce n'est que partie remise. Alors, je t'écoute. Comment s'est passée ta rencontre avec Sandra ?

— Il m'a fallu plusieurs jours avant que j'ose lui parler. Je m'exerçais sans cesse mentalement. Finalement, je me stressais tellement que je me suis dit, autant le faire et advienne que pourra ! À la grâce de Dieu, comme tu dis souvent. Quand j'ai dit à Sandra que je voulais lui parler, elle s'est raidie et se tenait sur la défensive. C'est seulement quand je lui ai spécifié que je voulais lui parler de moi, de mon adolescence et des liens que je venais de découvrir avec elle qu'elle s'est détendue…

... Nous avons profité du beau temps dimanche matin pour nous asseoir sur la terrasse arrière avec notre petit-déjeuner en sachant que nous avions tout le temps nécessaire pour bavarder. Mario nous a laissées seules en prétextant qu'il avait des courses à faire. J'ai procédé comme tu me l'as conseillé et, à mon grand étonnement, elle m'a bien écoutée. Je me suis aperçue qu'elle était intéressée par ce que j'avais vécu durant mon adolescence. D'ailleurs, elle m'a posé plusieurs questions qui m'ont surprise…

... Je lui ai expliqué que j'avais appris que si je l'accusais d'être injuste, cela voulait dire qu'elle aussi m'accusait de la même chose. Elle a ouvert grand les yeux et peu à peu, un petit sourire est apparu sur ses lèvres. Je lui ai demandé si elle voulait bien me dire à quel moment elle m'avait trouvée injuste et elle m'a répondu : *« Veux-tu vraiment le savoir ? Ça ne te choquera pas ? »* J'ai insisté en lui assurant que je voulais tout entendre et que j'étais bien décidée à aller au fond de ce problème…

... Elle m'a donné plusieurs exemples qui m'ont coupé le souffle. J'ai eu de la difficulté à ne pas l'interrompre, mais j'ai finalement réussi à me détendre et à l'écouter en entrant dans la peau d'une adolescente. Ce qui m'a le plus étonnée, c'est qu'elle trouvait injuste le fait que je surveille toujours son alimentation en lui disant qu'elle doit faire attention à sa santé et surtout à sa taille. Elle m'a dit : *« D'une part, tu veux que j'aie une belle taille, d'autre part tu ne veux pas que je sois sexy. Le plus absurde, c'est que tu ne fais même pas attention à ce que tu manges et que tu grossis toujours un peu plus chaque année. Tu dois admettre que tu es difficile à suivre. »* Je ne m'étais même pas rendu compte que je surveillais son alimentation à ce point. J'ai beaucoup réfléchi depuis cette conversation et j'aimerais aborder ce sujet avec toi aujourd'hui lorsque j'aurai terminé de raconter mon entretien avec Sandra…

... Tout compte fait, ça s'est très bien passé. Le plus surprenant, c'est que je lui ai dit quelle attitude je souhaitais la voir adopter en raison des peurs qui m'habitent encore, mais je n'ai exigé d'elle aucune promesse. J'ai réalisé que j'étais beaucoup plus prête à l'accepter que je ne le croyais. Cinq jours se sont écoulés depuis et, déjà, il y a une nette amélioration dans l'atmosphère de la maison. Sandra s'habille de la même façon, mais ça me fait tout drôle : je la trouve plus naturelle et pas aussi sexy qu'auparavant…

... Quand je lui ai avoué ma peur qu'elle devienne enceinte et que j'aie à en assumer les conséquences, elle n'en revenait pas. *« Mais voyons, maman, je ne suis pas idiote ! Je n'ai jamais fait l'amour et quand je déciderai de le faire, je saurai me protéger. Je t'ai dit qu'à l'école, ils nous ont passé des films à ce sujet et nous avons même assisté à une conférence donnée par une dame qui était très intéressante. Cesse donc de t'inquiéter pour moi ! »* Je lui ai répondu que, malheureusement, mon inquiétude ne disparaîtra pas comme ça, sur commande, et que je ne sais pas si, ou quand je pourrai m'en libérer…

... J'ai ajouté : *« Même si tu ne crois pas que tu pourrais être enceinte sans le vouloir, est-ce que tu serais prête à faire, avec moi, une liste des conséquences possibles, si jamais ça t'arrivait ? Le fait de savoir que tu es au courant de toutes les conséquences me rassure, mais, pour le moment, le fait d'établir comment nous pourrions les gérer ensemble est la seule chose qui puisse m'aider à moins m'inquiéter. »* Elle a hésité puis m'a dit qu'elle acceptait, mais qu'elle préférait faire sa liste seule pour la comparer à la mienne ensuite…

... Crois-le ou non, Lise, hier soir, elle nous a montré la longue liste qu'elle avait dressée. Elle a pensé à des choses différentes de celles qui me sont venues à l'esprit, comme le fait qu'elle perdrait sa belle taille, qu'elle aurait honte, etc. Ce fut très agréable de pouvoir parler aussi librement tous les trois. Elle nous a avoué qu'elle apprécie que nous lui parlions comme si elle était une adulte et que nous prenions le temps de l'écouter. Nous nous sommes couchés très soulagés, Mario et moi, et j'espère bien que ça calmera mon inquiétude. Je la sens si avertie et consciente que ça me semble impossible que ça lui arrive. Ah ! que je suis heureuse !...

... Ce matin, je repensais à notre rencontre d'hier soir et j'ai réalisé que j'étais irresponsable en croyant avoir à assumer les conséquences de ma fille si elle se retrouve enceinte. Moi qui ai toujours cru être si responsable ! Je savais qu'être responsable, c'était assumer les conséquences de mes décisions, mais j'ai enfin compris que ça veut aussi dire laisser les autres assumer les conséquences de leurs propres choix. J'étais aussi irresponsable quand je lui demandais de s'habiller différemment. Je lui faisais subir les conséquences de ma peur…

... Ah, ce que ça m'aide d'avoir enfin compris ce que c'est qu'être responsable ! Par exemple, si elle mange n'importe quoi ou trop, c'est elle qui devra en assumer les conséquences. Mon rôle de mère est de l'instruire sur différents sujets, de la mettre au courant des conséquences possibles puis de lâcher prise en la laissant prendre ses propres décisions. Ouf ! Que ça fait du bien ! Juste le fait de découvrir ça, me fait sentir beaucoup moins coupable et moins stressée dans mon rôle de maman. Je comprends maintenant ce que tu voulais dire dans le cours, Lise, quand tu as mentionné à plusieurs reprises que lorsque nous ne sommes pas responsables, nous nous sentons coupable. Ce serait tellement utile d'apprendre tout ça dès notre enfance !

— Ce que tu viens de dire, je l'ai entendu des centaines de fois. Il ne sert à rien d'avoir des regrets dans la vie, car nul ne peut savoir pourquoi nous assimilons certaines notions à un moment donné. Nous n'avons qu'à être reconnaissants et heureux d'y être enfin parvenus. Par contre, je suis d'accord avec toi que ces notions devraient être enseignées universellement dès la plus tendre enfance. J'ai bon espoir que ce jour viendra. Tu vois, juste ce que tu viens de faire avec ta fille représente un progrès. Tu viens de lui faire expérimenter ce que c'est que de prendre ses responsabilités et comment se réconcilier. Elle a une bonne avance sur toi, n'est-ce pas ? Si ça progresse ainsi de génération en génération, nous pouvons envisager que nous parviendrons à vivre dans l'harmonie un jour…

... Passons maintenant à autre chose. Tu as mentionné plus tôt que tu voulais parler de l'alimentation. Quel est ton problème à ce sujet ?

— Ce n'est pas d'alimentation dont je veux discuter, mais bien de mon poids. Quand Sandra m'en a parlé, j'ai rougi de honte. J'ai senti un serrement au niveau de la poitrine et mon cœur battait la chamade. Je dois me rendre à l'évidence : prendre du poids me dérange beaucoup plus que je ne veux bien l'admettre. Après tout, je n'ai que trente-huit ans et si je continue à grossir chaque année, j'aurai l'air d'un éléphant à soixante ans. Mon Dieu ! Je viens de réaliser que ma mère vient de fêter ses soixante ans et je la trouve beaucoup trop grosse. Elle aussi prend du poids depuis de nombreuses années et elle passe son temps à dire que mon père l'aime pour ce qu'elle est et non pour son corps et que ça ne la dérange pas. Je ne comprends pas comment elle peut s'accepter ainsi. Quand j'étais adolescente, je me disais que jamais je ne deviendrais aussi grosse qu'elle. J'étais si mince que j'étais sûre que ça ne m'arriverait jamais. Quand je repense à cette époque-là, maman n'était pas plus grosse que je le suis aujourd'hui.

— As-tu remarqué à quel moment tu as commencé à grossir ?

— Il y a une dizaine d'années. J'ai dû subir une hystérectomie et, comme il y a eu quelques complications, j'ai été en convalescence pendant six mois avant de retourner au travail et j'ai pris plusieurs kilos à ce moment-là. J'ai cru que c'était parce que je n'étais pas assez active, mais je n'ai jamais perdu ce surplus de poids. En reprenant le travail, j'ai grossi moins rapidement mais tout de même, depuis dix ans, je dois admettre que j'ai pris vingt kilos. Je n'ose parler de mon poids à personne et je fais tout pour essayer de cacher mes bourrelets avec mes vêtements. Je porte même des culottes amincissantes. Depuis que Sandra m'a fait cette remarque sur mon embonpoint, j'ai constaté que je me faisais croire que ce n'était pas si épouvantable que ça, qu'il y a des femmes beaucoup plus grosses que moi. Décidément, j'agis comme ma mère. Se peut-il que maman aussi soit dérangée par ses kilos en trop et qu'elle ne veuille pas le voir ?

— Avant de parler du lien avec ta mère, dis-moi comment le fait d'avoir grossi te fait sentir ? Quel est le pire qui peut t'arriver dans cette situation ?

Dès que je termine ma question, elle a les larmes aux yeux, sa lèvre inférieure commence à trembler et elle se tord les mains. Elle se recroqueville sur elle-même et, d'une voix étouffée, me dit :

— Le pire serait que Mario ne me trouve plus désirable, rencontre une autre femme et me quitte.

En prononçant ces mots, elle éclate en sanglots. Je lui suggère de prendre quelques bonnes respirations et d'identifier à quel endroit la douleur émotionnelle qu'elle vit, à ce moment-là, se loge dans son corps.

— Dans le bas du ventre, me répond-elle.

Je l'aide alors à observer cette douleur dans son ventre grâce à la technique ABANDON *et, peu à peu, elle se calme et peut mieux décrire ce qu'elle vit et ce qu'elle ressent.*

— Mon Dieu ! Je n'en reviens pas ! Nous revenons à la case départ, n'est-ce pas ? Te souviens-tu, Lise, que lors de ma première visite je t'ai avoué ma peur que Mario me trompe et me laisse ? Quand j'ai décidé de te parler de mon poids, je n'ai même pas pensé que ça pouvait avoir un lien avec cette peur. C'est incroyable à quel point on peut se leurrer ! Maintenant, je réalise que je grossis ; que j'ai peur de perdre Mario ; que j'ai peur de devenir aussi grosse que maman. Que faire de tout ça ?

— Tu es comme la plupart des gens que je rencontre. Aussitôt que tu deviens consciente d'un problème, tu veux « faire » quelque chose pour t'en débarrasser.

— N'est-ce pas normal de vouloir que tout ça cesse ? Je ne veux plus vivre ainsi. Si tu savais combien de fois je me suis promis d'arrêter de manger des biscuits et de boire du chocolat chaud. C'est plus fort que moi, je ne peux pas y résister. Je sais ! Tu vas me dire de cesser d'en acheter pour ne pas être tentée. Je ne peux pas, car je priverais Mario et Sandra qui aiment ça eux aussi. Pourquoi est-ce que ça me fait grossir et eux non ? Quelle injustice !

Elle me regarde avec étonnement quand j'éclate de rire.

— Non, Anna, je ne ris pas de toi. Je ris parce que je trouve amusante ta réaction si prévisible. Si tu savais combien de fois j'entends ce genre de commentaires. Crois-tu vraiment que ce sont les biscuits et le chocolat chaud qui te font grossir ? Tu n'es pas sans savoir que certaines personnes peuvent manger comme un ogre sans prendre un seul kilo. La science dira que ces personnes ont un métabolisme rapide contrairement à celles qui grossissent plus facilement…

... Depuis quarante ans, j'effectue des recherches sur le corps humain et je suis maintenant convaincue que toute fonction physique du corps, quelle qu'elle soit, est influencée par le mental et l'émotionnel de l'être humain. Prends le cœur par exemple, il ne peut pas se mettre à battre plus vite par lui-même. Il lui faut une influence mentale et émotionnelle pour accélérer son rythme. Pourquoi, à ton avis, certaines personnes grossissent plus facilement que d'autres, ont un métabolisme rapide ou lent ? À cause de leur façon de penser face à l'alimentation. Quand tu manges tes biscuits, te sens-tu coupable ?

— Bien sûr, voyons ! Surtout quand j'en suis rendue au cinquième, puis au sixième et que je me dis que c'est le dernier. J'essaie de me convaincre d'arrêter et ensuite je me trouve une raison de continuer en me disant que je n'ai pas mangé de pain au repas, que cette sorte de biscuit est moins sucrée ou encore que je n'en mangerai pas le lendemain, etc. Je ne t'ai pas dit le pire : Mario, qui connaît mon penchant pour les biscuits, passe son temps à m'en apporter de nouvelles variétés. Parfois, je le dispute et je l'accuse de vouloir me faire grossir. Je me demande maintenant s'il ne le fait pas exprès pour avoir une bonne raison de me quitter.

— Voilà la raison pour laquelle les biscuits ont cet effet sur toi. Te rends-tu compte de toutes les peurs et les culpabilités que le fait de manger des biscuits déclenche en toi ? Te priver n'est pas la solution. Maintenant que nous savons que le problème à gérer aujourd'hui est la peur de perdre ton mari et non la question du poids ou le fait de manger trop de biscuits, nous allons garder notre attention là-dessus…

... Je vois sur le questionnaire initial que tu as rempli, que tes parents vivent encore ensemble, donc que ton père n'a jamais quitté ta mère à cause de son poids. D'où vient cette peur qui te hante selon toi ? As-tu déjà entendu ta mère dire qu'elle avait cette peur, ou as-tu déjà été témoin de quelque chose entre eux pour croire qu'un homme trompe et quitte sa femme quand elle devient trop grosse ?

— Je sais que maman ne fait pas confiance aux hommes. Elle a souvent dit que les hommes ne pensent qu'au sexe et que pour garder son homme, il faut lui en donner tant qu'il veut. Vu que ma mère est si grosse, je me suis souvent demandé comment ils arrivaient à faire l'amour. Je n'aime pas dire cela, mais je pense depuis longtemps que papa ne désire plus maman et qu'il devrait aller se satisfaire ailleurs. Après tout, c'était de son ressort de garder sa taille de jeune fille. Je n'ai jamais osé parler de ça avec maman. Ça me fait honte.

— Eh bien, ma belle Anna, tu sais maintenant ce que tu as à faire, n'est-ce pas ? Tu t'es bien entraînée à te réconcilier avec ta fille ; tu n'as qu'à faire la même chose avec ta mère et avec Mario. Prends du temps toute seule pour commencer et note bien tout ce dont tu as accusé et accuses encore Mario et ta mère à propos du sujet d'aujourd'hui. Ensuite, vérifie avec eux à quel moment ils t'ont accusée de la même chose. Le plus important est de te souvenir que nous récoltons toujours selon notre intention de départ. Cela implique que tu devras être attentive afin d'identifier quelle était ta motivation dans les situations où ta mère et ton mari t'ont accusée. Ensuite, tu sauras qu'eux aussi avaient la même intention que toi. Par exemple, crois-tu que ta mère voulait te nuire quand elle te parlait de la façon de satisfaire sexuellement un homme ?...

... De plus, n'oublie pas que si tu accuses ta mère d'être trop grosse, cela veut dire qu'elle non plus ne s'accepte pas et que vous êtes toutes les deux dans la même situation. Pour elle, le fait de le nier l'aide à survivre et à ne pas sentir sa souffrance. Elle ne le nie pas parce qu'elle est idiote ou ignorante, mais seulement parce que ça la fait souffrir. Est-ce que sa mère était grosse également ?

— Oui, mais dans ce temps-là, ils vivaient dans une ferme et ça semblait normal que les femmes soient grosses. Ma mère disait que toutes les femmes dans sa famille étaient grosses. Elle disait aussi, en regardant mon père d'un air espiègle, qu'il lui avait promis au début de leur mariage de l'aimer toujours, même si elle devenait grosse. Mon père semblait mal à l'aise quand elle parlait de ça, mais il ne répondait rien. On peut dire qu'il a tenu sa promesse, mais je ne les sens pas heureux ensemble. C'est comme s'ils se toléraient. Je ne veux pas d'un mariage comme ça.

— Je te suggère de parler à ta mère la première en partageant uniquement ce que tu vis. N'attends rien de sa part : elle n'est pas obligée de parler. Comme ce sera la deuxième fois que tu la rencontres, il est fort possible que ce soit plus facile, qu'il y ait moins de résistance de sa part. Si tu la sens réceptive, n'oublie pas que le meilleur moyen pour qu'elle s'ouvre à toi, c'est de lui poser des questions en étant prête à entendre des réponses qui ne te plairont peut-être pas. Rappelle-toi que le but de ta rencontre avec ta maman est de vérifier ce que vous vivez toutes les deux, de vous confier l'une à l'autre, de vous libérer et non de juger votre comportement de part et d'autre. Je peux t'assurer que si ta mère sent que ses propos sont bien accueillis, elle aura envie de se confier. Tout le monde a besoin de se confier, car tout garder pour soi devient très lourd à la longue. Une personne se confie facilement quand elle se sent écoutée avec acceptation, sans aucun jugement. Comment te sens-tu à l'idée d'aller parler à ta mère ?

— Je me sens bien. Moi aussi, je suis convaincue qu'elle sera plus réceptive cette fois-ci. Par contre, ce sera plus difficile avec Mario. Je n'en reviens pas à quel point j'ai peur de lui déplaire, qu'il me quitte. Plus j'en parle avec toi, plus j'ai l'impression que ma peur grandit. Est-ce possible ?

— Une peur ne grandit pas parce qu'on en parle. Ce que tu vis, c'est une prise de conscience de cette peur. Tu l'as si bien cachée et repoussée le plus loin possible pour ne pas la sentir que, maintenant que tu as ouvert le compartiment où tu l'avais refoulée, tu la sens de plus en plus au fur et à mesure que la porte s'ouvre. Cette peur d'être abandonnée par Mario te montre le degré de ta blessure d'abandon. Plus la blessure est profonde, plus les peurs sont grandes. De plus, nos décisions sont influencées par les peurs reliées à nos blessures. Au lieu de faire tes choix selon tes besoins, tu laisses ton ego décider pour toi…

... Te rends-tu compte que tu as attiré à toi un homme qui a laissé sa femme pour toi ? Vois-tu à quel point l'ego est fort ? Ce dernier a donc raison de continuer à croire qu'il est possible que Mario te quitte toi aussi. Il est convaincu que Mario n'a qu'à rencontrer une autre femme qui tombera enceinte ou qui sera plus mince que toi pour te laisser à ton tour. Les croyances qui alimentent notre ego sont puissantes, hein ?

— Tu m'en demandes beaucoup. Oui, oui, je sais que ces rencontres sont nécessaires si je veux vivre autre chose. Quand tu en parles, ça semble tellement simple et facile. Quand je me retrouve seule avec mes pensées, la peur s'empare de moi et j'imagine toutes sortes de scénarios. Tu me disais tout à l'heure que notre ego est puissant, mais ce n'est pas tout. Je trouve que mon imagination est aussi très puissante. Parfois je parle de ces choses-là à mon amie Nicole et elle me dit que je ne suis pas la seule à être ainsi. Ça lui arrive aussi, tout comme à plusieurs de ses collègues de travail à qui elle en a parlé…

... Je ne peux pas te garantir que je serai capable de parler à Mario et à maman d'ici la prochaine rencontre, mais je vais sûrement faire quelque chose. C'est comme avec Sandra : j'ai hâte et j'ai peur en même temps.

— Tu as raison, Anna. L'imagination de la plupart des gens est très active. Tu es loin d'être la seule à te laisser influencer par ton imagination. Peux-tu te figurer ce qui se passera sur la planète lorsque tous utiliseront leur imagination pour créer ce qu'ils veulent plutôt que ce qu'ils ne veulent pas ? D'après ce que tu viens de dire, tu utilises surtout tes facultés mentales pour imaginer des choses qui te font peur. Avant de parler à ta mère et à Mario, pourrais-tu prendre un bon moment pour visualiser que ces rencontres se passent d'une façon harmonieuse, avec facilité et dans l'amour ? Tu verras à quel point cela t'aidera à avoir plus de courage pour passer à l'action.

— Merci beaucoup, Lise, de me le rappeler. Ça fait longtemps que je connais cette technique, mais, comme dans bien d'autres situations, j'oublie. Bon, ça y est, je suis décidée et je passe à l'action ! Dans le fond, je le fais pour moi ; j'en sortirai gagnante. Je ne sais pas pourquoi j'hésiterais, ajoute-t-elle en riant…

***

— Avant de te quitter, puis-je prendre un peu de ton temps pour te demander ce que je peux faire avec le problème de peau de Sandra ? Elle m'a demandé de t'en parler. Depuis qu'elle a eu ses règles, il y a deux ans, elle n'arrive pas à se débarrasser des boutons sur son visage. Elle en a aussi dans le dos et ça la dérange beaucoup l'été quand elle se met en maillot de bain. Elle se maquille avec des crèmes qui cachent les imperfections pour que ça ne se voit pas trop, mais ça la rend très impatiente.

— Je dois te dire, Anna, que je n'aime pas discuter des problèmes qui appartiennent à une tierce personne, absente par surcroît, car ma méthode de travail est basée sur les réponses que le client donne aux questions que je pose. Ce sont ces réponses qui me permettent de guider la personne à trouver sa propre réponse. Crois-tu que ta fille serait d'accord pour venir me voir ? Une demi-heure serait suffisante pour une situation de ce genre.

— Bon d'accord, je vais lui en parler. Merci beaucoup pour cette visite qui me donne, une fois de plus, matière à réflexion.

***

Quelques jours plus tard, Mario se présente seul. Il entre d'un pas lent comme s'il hésitait à venir me voir ou qu'il était incertain du sujet qu'il voulait aborder. Il hésite même à s'asseoir après m'avoir dit bonjour.

— Tu ne sembles pas être dans ton assiette aujourd'hui, Mario. Es-tu sûr de vouloir être ici ? Pour que notre rencontre soit efficace, il est important que tu sois ici de ton propre gré et que tu saches ce que tu attends de moi lors de cette rencontre. Le sais-tu ?

— Oui, oui, je suis ici parce que je le veux. Mais il y a tant d'idées qui se bousculent dans ma tête que je ne sais pas par où commencer. Comme tu peux le deviner, ma démarche avec mon fils ne s'est pas déroulée aussi facilement que je l'aurais souhaité. Je n'arrivais pas à l'appeler ; je trouvais plein d'excuses. Je ne sais pas pourquoi j'avais si peur de lui téléphoner pour lui dire que je voulais le voir. Parfois, je m'assoyais dans mon fauteuil, seul à la maison, avec l'intention de prendre le temps de sentir ce que je vivais et de découvrir pourquoi j'avais si peur de le rencontrer. Je n'y parvenais pas : soit je m'endormais, soit je devenais si nerveux que je ne tenais pas en place. Il fallait alors que je trouve quelque chose à faire…

... Deux semaines plus tard, j'ai enfin eu le courage de l'appeler et de lui demander si nous pouvions nous rencontrer. Je lui ai dit que j'étais en train de découvrir des choses sur moi et que j'avais envie de lui en parler. À ma grande surprise, il a tout de suite accepté et a suggéré que nous allions dîner au restaurant italien près de chez lui un soir où il ne travaillait pas. J'étais tellement content de réaliser que mon imagination m'avait joué des tours. Je ne sais pas pourquoi j'étais sûr qu'il ne voudrait même pas me voir ; je pensais que mon approche lui ferait peur. Ce que je sais maintenant, c'est que c'est moi qui avais peur de le voir. Il m'a avoué plus tard que lui aussi avait peur, mais son désir de faire la paix avec moi était plus grand. C'est pour cette raison qu'il a accepté de me rencontrer…

... Une fois bien installés au resto et après avoir commandé notre repas, je lui ai parlé de ma rencontre avec toi, de ce que j'avais découvert à propos de mon père et de la peur que j'avais de vouloir mettre les choses au clair entre lui et moi. Je l'ai senti un peu sur ses gardes quand j'ai parlé de réconciliation, mais je l'ai tout de suite rassuré en lui disant que j'avais fait un lien entre ce que j'ai vécu avec mon père et ce que je vivais avec lui. J'ai alors parlé de ma relation avec mon père depuis mon enfance et il m'a interrompu à quelques reprises pour me poser des questions. Je me sentais vraiment bien quand je l'ai vu s'intéresser ainsi. C'est devenu plus facile pour moi de parler…

... Ensuite, j'ai sorti la liste des accusations que j'avais portées envers mon père et j'ai demandé à David à quel moment il m'a accusé ou jugé d'avoir les mêmes traits de caractère. Sur le coup, il a été surpris de voir la liste et je le sentais mal à l'aise de me répondre. Il m'a dit : « *Ce que tu as vécu avec ton père n'a rien à voir avec moi. Pourquoi me demandes-tu une chose pareille ?* » Je lui ai alors expliqué ce que tu nous as dit au sujet des répétitions d'une génération à l'autre et que, moi aussi, lorsque j'ai entendu parler de ça la première fois, je doutais que ce soit vrai à tout coup. Quand je lui ai dit que ça fait vingt-cinq ans que tu observes ce phénomène chez des milliers de personnes, il a été surpris, mais, en même temps, je l'ai senti s'ouvrir à cette idée…

... Il m'a donc redemandé la liste, a pris tout son temps pour la lire puis, tout à coup, il m'a dit : « *Je ne veux pas te faire de la peine. Es-tu sûr que tu veux que je te réponde ?* » À la façon dont il me regardait et au ton de voix qu'il prenait, on aurait dit qu'il était redevenu un enfant de douze ans. C'est là que j'ai compris combien lui aussi avait peur de me parler et de me blesser et que j'ai senti à quel point ma peur, c'était d'être traité de père sans cœur. Me souvenant de ton conseil sur l'importance de vérifier, je lui ai fait part de la peur qui venait de me saisir et lui ai demandé s'il avait, lui aussi, peur d'être un mauvais fils avec moi et un mauvais père avec son propre fils…

... J'ai vu que j'avais visé juste, car il restait silencieux et semblait très touché. Il hochait la tête et avait de la difficulté à me regarder dans les yeux. Finalement, il a avancé sa main pour toucher la mienne au-dessus de la table et m'a avoué à quel point il se sentait coupable de me faire de la peine au niveau professionnel, mais qu'il ne pouvait pas faire autrement, qu'il lui était impossible de changer de métier pour le moment…

... Je l'ai ramené à la liste des accusations en lui disant que j'insistais pour savoir dans quelles circonstances il m'avait accusé des mêmes choses. Je ne veux pas entrer dans le détail ; il suffit de mentionner qu'il m'a, lui aussi, accusé d'être ingrat et incompréhensif, de le laisser tomber, de ne pas l'encourager, d'être très injuste. Ce qui m'a le plus étonné, c'est quand nous sommes arrivés à l'accusation que je portais envers mon père sur le fait d'être grossier et vulgaire. Il m'a avoué que lorsqu'il était adolescent, il avait honte de moi quand il amenait ses copains à la maison car j'essayais toujours de jouer au snob devant eux, que j'essayais de les épater en racontant des incidents de mon travail et que je parlais des gens importants, surtout des belles femmes que je rencontrais, alors qu'il savait pertinemment que mes histoires étaient très exagérées. Sais-tu ce qu'il se disait alors ? Que malgré mes efforts pour avoir l'air de quelqu'un de bien, j'avais au contraire l'air grossier. D'autant plus que quand je lâchais un juron, ses copains pouvaient facilement s'apercevoir que je n'avais pas de classe. Il m'a dit : *« Papa, je sais que tu aurais voulu faire une carrière honorable et avoir de la classe, mais tu n'y arrives pas, ça se voit que tu te forces… »*

... Il m'a coupé le souffle. Je ne savais plus quoi dire. Moi qui me croyais être beaucoup mieux que mon père. C'est ce que j'ai eu le plus de difficulté à accepter. J'ai failli lui demander s'il croyait avoir plus de classe que moi en tant que serveur dans un restaurant. J'ai eu du mal à me retenir ! Il a dû le sentir parce que l'atmosphère a subitement changé. C'était comme si un voile s'était glissé entre nous. J'ai voulu continuer à lui exprimer ce que je vivais par rapport à son métier et à quel point je voulais arriver à être bien avec ça, mais j'ai été trop gauche. Il a regardé sa montre et s'est levé rapidement en disant qu'il avait quelque chose à faire et m'a demandé si j'étais d'accord pour continuer cette conversation un autre jour. Et hop ! il est parti. Je suis resté là bouche bée quelques minutes. Finalement, je me suis dit qu'au moins une bonne partie du travail était amorcé et qu'il n'avait pas fermé la porte. Nous devons justement nous revoir demain.

— Est-ce que tu as compris pourquoi, malgré tous les efforts que tu faisais pour être un homme de classe, tu n'y parvenais pas et, qu'au contraire, tu te faisais traiter de grossier personnage ?

— Non, pas vraiment. Il est vrai que j'ai l'habitude de pousser des jurons de temps à autre, mais il me semble que c'est rare. J'ai toujours fait en sorte d'avoir une auto neuve : je la change tous les deux ans. C'est très important pour mon image de vendeur qui réussit bien d'autant plus que je parcours beaucoup de kilomètres en un an et que j'aime bien avoir une auto en bon état. Je me suis toujours bien habillé. J'ai fait tout ça pour avoir plus de classe que mon père. Je ne comprends vraiment pas pourquoi c'est le contraire qui s'en dégage. Peux-tu me l'expliquer ?

— Cher Mario. Il y a une vérité très importante que nous avons oubliée : **on ne peut pas devenir ce qu'on veut être tant et aussi longtemps qu'on n'a pas accepté d'abord ce qu'on ne veut pas être.** Sais-tu ce que cela veut dire ?

— Que je dois accepter que je suis vulgaire et grossier comme mon père ? JAMAIS.

— Tu sais, Mario, que ce n'est pas toi qui viens de me répondre, c'est ton ego. C'est lui qui croit qu'être grossier et vulgaire est mal, qu'il ne faut JAMAIS être ainsi. Quand ton père était grossier et vulgaire avec ses amis, crois-tu qu'il était méchant, qu'il faisait exprès pour te faire du mal ?

— Vu de cette façon, non, je ne crois pas qu'il le faisait exprès. Je crois plutôt qu'il travaillait énormément et que lorsqu'il décidait de s'amuser, il perdait le contrôle en tenant des propos déplacés.

— Ça ne t'arrive jamais de dépasser les limites parfois, de perdre le contrôle ?

Il me regarde, éclate de rire et me dit :

— Tu m'as bien eu ! Moi, je dépasse les bornes dans les achats. Quand j'ai beaucoup travaillé et que j'ai fait un bon revenu supplémentaire, j'achète plein de choses qui ne sont pas toujours nécessaires, surtout des vêtements. Sapristi ! Je viens de réaliser qu'Anna me dit parfois qu'elle trouve que les vêtements que j'achète sont de mauvais goût. Je ne sais pas d'où me vient cette envie d'acheter des vêtements sportifs qui ont souvent des couleurs criardes. Elle m'a dit qu'elle a honte d'être avec moi quand je porte ces vêtements. Ce qui la fâche le plus, c'est que je m'habille si bien pour aller travailler et que quand je sors avec elle, je ne lui fais pas plaisir. Voilà un autre sujet de dispute entre nous. En plus, elle a honte des revues pornos que j'achète. Elle essaie de les cacher du mieux qu'elle peut, de peur que notre fille ou qui que ce soit d'autre les voie.

— Quand tu exagères dans les achats, est-ce que tu veux nuire à quelqu'un d'autre ?

— Mais non, tu le sais bien. D'ailleurs, quelle différence ça peut faire dans la vie des autres ce que je m'achète ? Je paie tous mes achats avec de l'argent bien mérité. N'ai-je pas le droit de m'offrir ce que je veux et de lire ce qui me plaît ? Je n'empêche jamais Anna et mes enfants d'acheter ce qu'ils veulent…

... Je viens de comprendre ! Quand mon père exagérait dans sa façon de boire de la bière, qu'il se nourrissait mal ou devenait grossier en racontant des histoires, ça ne regardait personne d'autre que lui. C'était aussi SON argent, qu'il avait bien mérité, et SON corps qui était affecté. Ouf ! Que de prises de conscience quand on commence à fouiller à l'intérieur de soi, n'est-ce pas ? Par contre, même si je me sens bien en découvrant ces choses, je n'aime pas m'apercevoir que j'ai souvent jugé sans raison. C'est vraiment difficile de me rendre compte à quel point j'ai vécu de la colère et des émotions alors que je n'avais qu'à laisser mon père être comme il le voulait.

— Bravo Mario ! Bonne conclusion. Tu es en train de faire le processus d'acceptation de ce que tu ne veux pas être. Cette étape est essentielle pour passer à l'étape suivante qui consiste à être ce que tu veux. Tu n'as même pas besoin de te répéter ce que tu veux. Tu le sais au plus profond de toi. Ça va se faire tout seul, peu à peu, à mesure que tu ne jugeras plus l'attitude d'être grossier ou vulgaire comme étant mauvaise. N'oublie pas que le fait de faire ce travail sur toi te permet d'entamer le processus pour ton fils qui a certainement la même peur d'être grossier que toi. Ce sera intéressant pour vous deux de parler de tout ça demain.

À RETENIR DE CE CHAPITRE

- Quand on accuse une autre personne, c'est un manque de responsabilité, car on veut que celle-ci assume les conséquences de nos propres peurs.
- Être responsable, c'est assumer les conséquences de nos décisions, ce qui veut aussi dire laisser les autres assumer les conséquences de leurs propres choix.
- Laisser une autre personne assumer ses responsabilités ne veut pas dire ne rien faire. On peut la guider, lui donner des conseils, tout en acceptant qu'elle devra assumer ses propres conséquences, quelle que soit sa décision de suivre ces conseils ou non. Voilà un excellent moyen de réduire la culpabilité.

- Toute fonction physique du corps, quelle qu'elle soit, est influencée par le mental et l'émotionnel.
- On récolte toujours selon notre intention de départ. Cela implique d'être attentif et d'identifier quelle était notre motivation dans les situations où les autres nous ont accusés. On sait ainsi qu'eux aussi avaient la même intention que la nôtre.
- Lorsqu'on choisit de nier une situation, c'est seulement pour nous éviter de souffrir.
- Une personne se confie facilement quand elle se sent écoutée avec acceptation, sans aucun jugement.
- L'imagination devrait toujours être utilisée pour visualiser ce que nous voulons voir arriver et non le contraire.
- On ne peut devenir ce qu'on veut être tant et aussi longtemps qu'on n'a pas accepté d'être ce qu'on ne veut pas être.
- On n'a pas besoin de se répéter sans cesse ce qu'on veut. On le sait au plus profond de soi. Ça va se faire tout seul, peu à peu, à mesure qu'on ne jugera plus l'attitude d'être ce qu'on ne veut pas être comme étant mauvaise.

CHAPITRE CINQ

Accepter d'en avoir plus ou moins que les autres

Mario regarde sa montre et reprend en souriant.

— Je suis heureux de voir qu'il nous reste encore une demi-heure à passer ensemble. J'ai appris autre chose au sujet de mon fils depuis notre dernière rencontre. Ça me prend aux tripes et vu que je le rencontre demain, je veux t'en parler. La mère de Michelle, ma bru, est décédée subitement l'an passé. J'ai toujours su que ses parents étaient des gens à l'aise financièrement, mais ce que je ne savais pas, c'est qu'elle a hérité d'un très gros montant d'argent et que ni elle ni mon fils ne nous en ont parlé à Anna et à moi. Ce que je n'ai pas aimé, c'est de l'apprendre par l'épouse de mon patron qui va chez le même coiffeur que Michelle. Il paraît qu'elles se parlent souvent. Quand mon patron m'en a parlé, il ne savait pas que j'ignorais tout de cet héritage et j'ai dû faire de gros efforts pour cacher ma surprise. Je ne peux pas croire qu'ils nous aient caché ça. Avaient-ils peur qu'on leur demande de l'argent ?

Pourtant, ils savent que je gagne très bien ma vie et que nous ne manquons de rien.

— Qu'est-ce qui te dérange le plus dans cette situation ? En quoi cela affecte-t-il ta vie ?

— C'est sûr que cela n'affecte en rien ma vie, mais je trouve ça insultant. Ce qui me dérange, c'est la cachotterie, le manque de confiance qu'ils démontrent à notre égard.

— Comment vis-tu une situation où quelqu'un te fait des cachotteries ?

— Je le vis mal, voyons ! C'est normal, non ? Connais-tu bien des personnes qui aiment ça ?

— Tu as raison, la plupart des gens n'aiment pas qu'on leur cache quoi que ce soit. Par contre, tu sais comme moi qu'il n'y a pas deux personnes qui vivent exactement de la même façon une situation donnée. C'est pour ça que je te demande ce que ça te fait vivre, ce que tu ressens en toi. On ne peut arriver à bien vivre une situation désagréable tant et aussi longtemps qu'on n'a pas réussi à sentir ce qu'on vit au plus profond de nous. Alors, je te repose la question : comment te sens-tu face à ce que tu as appris et que ton fils t'a caché ?

— Je me sens inférieur et ignoré, répond-il aussitôt avec colère. Tu devrais les voir ! Maintenant je comprends pourquoi ils vivent ainsi. Je m'inquiétais pour rien quand je les voyais dépenser beaucoup, surtout depuis qu'ils ont acheté leur grosse voiture. En plus, Michelle vient d'avoir une promotion à son travail. Elle travaille pour Bell Canada et elle a obtenu un poste de vice-présidente. J'écoutais d'une oreille distraite quand David m'a annoncé ça alors qu'il était venu faire un petit tour chez nous avec son fils dimanche dernier. Pourquoi a-t-elle besoin d'aller travailler avec tout l'argent qu'elle a ? Maintenant qu'elle a un poste avec des responsabilités, elle va sûrement travailler davantage. Je ne trouve pas que c'est une bonne idée pour une femme qui a un jeune enfant. Ce n'est pas tout. Comment mon fils peut-il accepter ça ? Une épouse qui gagne beaucoup plus d'argent que lui ! Moi, je ne l'accepterais jamais ! Il doit vraiment se sentir inférieur. S'il avait persévéré dans sa carrière de comptable, il ne serait pas dans cette situation. Il aurait certainement un salaire plus élevé que le sien.

— Ce que j'entends c'est que tu trouves injuste qu'une femme gagne plus que son conjoint ?

— Je ne sais pas si c'est injuste, mais il me semble que ce n'est pas normal. Après tout, n'est-ce pas le rôle de l'homme de gagner l'argent et celui de la femme d'élever les enfants ?

— Ah ! Mario. Tout ça semble t'affecter grandement. Est-ce que tu réalises que tu tiens un discours digne des anciennes générations ? Voilà un bon exemple de croyances qui sont véhiculées d'une génération à l'autre. Est-ce que tu veux toujours continuer à croire à cela ? Regarde autour de toi. Tu verras que les jeunes couples qui vivent comme ton fils et sa femme sont de plus en plus nombreux. Pour eux, vivre en couple signifie vivre en partenariat. Peu leur importe qui gagne le meilleur salaire ou qui assume quelle tâche. L'important, c'est qu'ils s'entendent bien, que les tâches et les dépenses soient bien réparties entre eux et surtout que chacun respecte les limites et les capacités de l'autre. Cette nouvelle attitude fait partie de ce qui est nouveau avec l'arrivée de l'ère du Verseau. C'est dans l'ordre des choses. Ceux qui ne peuvent s'ajuster à ces nouveautés vivent beaucoup d'émotions, comme toi…

... Alors, récapitulons. Dans la situation où ta bru a hérité de sa mère et que ni elle ni ton fils n'ont décidé de t'en parler, ton problème c'est que tu souffres de leurs cachotteries, de leur manque de confiance et du fait que ta bru gagne plus d'argent que ton fils, ce que tu ne trouves pas normal. Parmi tout ce que je viens d'énumérer, quelle partie te fait le plus souffrir ?

— Euh… Je n'aime pas du tout les cachotteries, mais ce qui me dérange le plus, c'est que bien qu'elle soit si riche, elle continue de travailler, et surtout, qu'elle est mieux rémunérée que mon fils. C'est comme si David personnifiait encore plus l'échec qu'auparavant. J'avais déjà assez de difficulté à m'habituer à son nouveau métier et voilà qu'autre chose d'aussi difficile à digérer se présente.

— Quand tu as dit le mot *échec,* t'es-tu aperçu que ton timbre de voix a baissé et que ton cou est devenu rouge ?

— Oui, dit-il, en rougissant davantage. Je sens la chaleur dans mon cou qui me monte au visage. C'est vraiment ça qui me fait le plus mal. Je ne sais pas si j'arriverai un jour à être fier et à dire à tout le monde que mon fils est serveur et qu'il se fait entretenir par sa femme. Crois-tu vraiment que ce soit possible pour un père d'accepter ça ?

— Personne ne te demande d'être fier du métier de serveur. Accepter ton fils signifie que tu dises oui à ses choix même s'ils ne te conviennent pas, même si tu n'es pas d'accord. Tu as droit à tes préférences comme tout un chacun. As-tu déjà pensé qu'il y a certainement beaucoup de personnes qui trouvent inintéressant ton choix professionnel ? C'est cette diversité qui fait un monde intéressant…

... Accepter ton fils, c'est aussi reconnaître qu'il a ses propres expériences à vivre et que ce n'est que lorsqu'il récolte les conséquences de ses choix qu'il peut découvrir si ces derniers sont bons pour lui, s'ils répondent à ses besoins. Personne ne doit décider pour lui, même ses parents qui l'aiment beaucoup...

... Quand tu parlais d'échec plus tôt, se peut-il que ce qui est le plus difficile pour toi, c'est que tu croies que TU ES UN ÉCHEC en tant que père dans la mesure où ton fils ne fait pas une grande carrière et ne gagne pas plus d'argent que sa femme ?

Il a les larmes aux yeux. Il avale et semble avoir de la difficulté à respirer. Il me fait signe que oui et fixe un point au-dessus de ma tête sans dire un mot. Après quelques instants, il prend une bonne respiration et me répond, d'un ton désolé :

— Je n'en reviens pas. Je m'aperçois à quel point j'ai jugé mon père de ne pas être un bon père et j'ai peur que mon fils m'accuse de la même chose. C'est parfait que je le voie demain, ça va me permettre de le vérifier avec lui. Avec tout ce que j'ai appris depuis quelques semaines, je ne serais pas surpris qu'il trouve que je suis un mauvais père. À sa place, c'est le jugement que je porterais, surtout si je me fie à ce qu'il m'a dit lors de notre rencontre au restaurant.

— Maintenant que nous avons éclairci le véritable problème pour toi, que veux-tu dans cette situation ?

— J'allais te répondre que je veux que ma bru arrête de travailler, mais je me souviens de ce que tu as dit lors de notre première visite. Je ne peux vouloir que des situations qui sont sous mon contrôle. Si je veux contrôler quelqu'un d'autre, je me crée des attentes et c'est le meilleur moyen pour vivre du désappointement. Alors, qu'est-ce que je veux ? Hum ! Je veux être capable de me mêler de mes affaires et arrêter de m'en faire pour la vie de mon fils. Je veux être capable d'être à l'aise avec lui, même s'il décide de demeurer serveur toute sa vie. Ouf ! Je te dis ça, mais au fond de moi, je doute d'être capable d'en arriver là.

— J'aime ta sincérité. Au moins tu es capable de réaliser tes limites pour le moment. Même si tu doutes de pouvoir arriver à ce que tu veux, est-ce que tu mesures l'importance de vérifier et de découvrir ce que tu veux vraiment ?

— Oui, je suis d'accord. Je me sens beaucoup mieux maintenant que je sais pourquoi cette situation me dérange tellement et je trouve que de savoir ce que je veux a un effet libérateur. Ça me donne de l'espoir. Ça me donne un objectif et je suis impatient de l'atteindre.

— Comment te sens-tu à l'idée de parler à David de notre entretien d'aujourd'hui ; de ce que tu vis face à ses cachotteries ; de ce que tu veux arriver à faire avec lui ?

— La peur me tenaille, mais je sais que je dois le faire. Je me sens tellement mal à l'idée que notre relation puisse continuer ainsi. Je ne veux plus de ces rencontres où nous nous parlons de la pluie et du beau temps, de choses banales. On dirait que nous essayons de passer le temps. J'ai remarqué aussi que ses visites s'espacent et sont de plus en plus brèves. Tous les deux, nous regardons l'heure souvent. Comment se fait-il que je ne me sois pas vraiment aperçu de ça auparavant ? Plus je parle de ce que je vis, plus je me souviens de toutes sortes de détails. Est-ce normal ?

— Mais oui, lui dis-je en souriant. Ce que tu vis est très normal. N'est-ce pas merveilleux que tu te rendes compte de tout ça avant qu'il y ait trop de dommages ?

Vous avez encore beaucoup de temps, ton fils et toi, pour remettre les pendules à l'heure. En venant me voir, tu me montres tes bonnes intentions et en parlant à ton fils, tu ne peux que récolter de bonnes choses.

***

— Lise, je te remercie d'avoir accepté de me revoir si peu de temps après ma dernière visite. Je voulais absolument te raconter ma rencontre avec David. En plus, j'ai eu l'occasion de parler à Michelle. Que ça fait du bien de mettre les choses au clair ! Je ne comprendrai jamais pourquoi j'avais si peur de le faire. Je suppose que tous les hommes sont comme moi, qu'ils ont peur de parler de ce qui se passe en eux et surtout de dévoiler leurs sentiments. On ne nous a jamais enseigné comment le faire. Pour ma part, j'ai appris que parler de mes sentiments, c'était démontrer de la faiblesse et que les femmes n'aiment pas les hommes faibles. Es-tu d'accord avec moi ?

— Il est vrai que la tolérance envers un homme qui se dévoile ou qui se laisse aller à pleurer devant d'autres personnes est récente. Tu as dû remarquer que dans les films maintenant, on nous montre souvent des hommes qui pleurent. Les femmes pleurent peut-être plus que les hommes, mais elles ont autant de difficulté à se révéler véritablement. La femme, quand elle croit parler de ses sentiments, parle plutôt de ses émotions ; elle se plaint, elle accuse et espère que l'autre change. Elle est dans l'accusation et non dans le partage. L'homme, pour sa part, refoule ce qu'il vit et ne dit pas un mot. Très souvent, de peur d'être accusé, il n'écoute même pas ce que la femme dit…

... Donc, l'humanité en général a besoin d'apprendre à sentir davantage, à devenir consciente de ce qu'elle ressent, à découvrir ce qu'elle veut et être capable de s'exprimer, de se dévoiler. Nous avons tous un bon programme tracé pour nous. Mais quel bonheur découvrons-nous au fur et à mesure que nous apprivoisons cette nouvelle façon de vivre ! Tu es en train de l'expérimenter à ce que je vois. As-tu remarqué combien tes yeux brillent ? Tu parais rajeuni par rapport à la première fois que je t'ai vu. Même ton pas est plus léger. Comme le corps physique est merveilleux et utile, ne trouves-tu pas ? Il est le miroir de ce qui se passe à l'intérieur de nous.

— Tu as raison, Lise, je me sens beaucoup mieux. Même mon patron m'a demandé hier si j'avais gagné le million. Il m'a dit que je n'étais plus le même, que je semblais excité par quelque chose et que j'avais l'air heureux. Je lui ai répondu qu'effectivement j'étais très heureux, mais que ça n'avait rien à voir avec l'argent, mais plutôt avec ma vie familiale. Il m'a regardé curieusement et a changé de sujet. Il semblait mal à l'aise, car il a de grosses difficultés avec ses deux enfants qui se droguent, mais il ne veut pas en parler…

... J'ai donc vu David il y a trois jours et cette fois-ci il m'a demandé d'aller le rejoindre chez lui. Michelle travaillait toute la soirée et le petit Nicolas était parti au cinéma avec son autre grand-père. Il faisait tellement beau que nous nous sommes installés sur la terrasse arrière. Je vais te raconter notre échange comme si nous y étions.

... « Tu sais, papa, j'ai été très bouleversé par notre dernière rencontre. J'y ai pensé beaucoup. J'ai réalisé à quel point cela t'a demandé du courage pour partager tout ça avec moi. Je suis parti très rapidement. Sais-tu pourquoi ?

— Parce que tu croyais que j'étais en colère ?

— Pas vraiment. C'est juste que tout à coup, ce n'était plus pareil entre nous deux. Je me suis senti mal à l'aise. Le plus difficile a été de me sentir comme un petit garçon face à son père. J'ai dû m'avouer que j'avais une peur bleue de te faire de la peine et que tu ne m'aimes plus. J'ai pris plusieurs jours pour faire ce cheminement. Je n'aurais jamais cru que j'avais peur de toi ; je savais que je n'aimais pas te faire de la peine et que je me sentais coupable, mais je n'étais pas conscient de cette peur.

— Veux-tu que je t'avoue quelque chose, David ? Moi aussi, j'avais peur de mon père. Il m'a fallu beaucoup de temps pour m'avouer que je cherchais son amour. Je prenais une attitude arrogante pour cacher à quel point je voulais que mon père m'aime plus. Maintenant je comprends que je voulais qu'il m'aime à ma façon. Et toi, David, tu veux certainement que je t'aime d'une autre façon, n'est-ce pas ?

— Je ne me sens pas aimé de toi surtout depuis que j'ai choisi un métier qui ne te plaît pas. Avant, je ne me posais même pas la question. Je ne sais pas trop si je me sentais aimé ou non. Je sais cependant que j'ai poursuivi mes études pour te faire plaisir. Donc, j'en suis venu à la conclusion que si j'ai fait des études pour toi, je ne devais pas vraiment me sentir aimé. Lors de notre dernière rencontre, je sentais que tu allais aborder le sujet de mon métier et j'ai eu peur…

... En y repensant par la suite, je me suis dit qu'il valait mieux en finir une fois pour toutes et parler ouvertement de tout ça car moi aussi, je trouve difficile de se rencontrer et d'être si mal à l'aise que j'ai hâte que la visite se termine. As-tu remarqué combien nos rencontres devenaient de plus en plus brèves ? Même le petit Nicolas m'a dit à plusieurs reprises qu'il ne te voyait plus souvent. Je lui ai répondu que c'était parce que tu devais travailler beaucoup. Je réalise que j'ai préféré dire n'importe quoi à mon fils plutôt que prendre le temps de me demander pourquoi ça se passait ainsi. Pourquoi est-ce si difficile de se parler ? Le sais-tu, toi ?

— Je suis d'accord avec toi, David. Je trouve difficile de parler de ce que je vis, de parler de mes sentiments. Je suis très content que tu aies accepté que nous continuions notre conversation. Tu sais, quand tu m'as dit que lorsque tu étais adolescent tu trouvais que je n'avais pas de classe, j'ai senti la colère monter en moi et, par peur de te blesser, je me suis retenu de te dire ce que je pensais. Sais-tu ce que j'allais dire ?

— Oui, c'est à ce moment-là que j'ai senti un malaise. Je savais que tu voulais me dire que le métier de serveur a moins de classe que celui d'acheteur. On dit qu'il n'est point de sot métier, mais tu ne sembles pas être d'accord avec ça, à ce que je vois. Dis-moi, une fois pour toutes, ce que ce métier a de si dégradant selon toi. Quand tu décides d'aller manger au restaurant, n'es-tu pas content qu'il y ait des gens comme moi qui ont choisi d'être serveurs ? Sinon, toi et des millions d'autres personnes qui aiment manger au restaurant auriez des problèmes.

— Tu sais, je ne peux même pas te répondre. Je crois que quel que soit le métier que tu aurais choisi et qui n'aurait pas été ce que j'appelle « un métier professionnel », j'aurais réagi de la même façon. Je réagis comme ça parce que j'aurais aimé que mon père me paie des études universitaires. Je ne croyais pas lui en vouloir autant que ça, mais vu ma réaction face à toi, je dois me rendre à l'évidence que ça m'a profondément blessé. Je sais que je n'arriverai pas à être bien avec ton choix tant et aussi longtemps que je n'aurai pas fait la paix avec moi-même.

— Pourquoi avec toi-même ? Tu me dis que tu en as voulu à ton père, n'est-ce pas avec lui que tu dois faire la paix ?

— J'ai déjà complété cette étape il y a quelques semaines. J'ai compris à quel point mon père, qui ne voulait pas être comme son propre père, a fait tout ce qu'il pouvait pour moi. Je peux sentir maintenant qu'il m'aimait. Il était tout simplement convaincu que j'aurais un meilleur avenir en n'allant pas à l'université. Il était certain que TOUS les avocats sont des voleurs et il ne voulait pas que je devienne comme ceux qu'il avait connus. Je m'en veux encore de n'avoir pas compris qu'il m'aimait et surtout je m'en veux de t'avoir réservé le même sort. Donc, ce n'est pas avec lui que je dois faire la paix, c'est avec moi-même. C'est là où j'en suis. Je sais que le pire est passé, car je sais où je veux arriver. Il semblerait que, pour la majorité des gens, l'acceptation de soi-même est plus difficile que l'acceptation des autres. Je sais maintenant que c'est vrai parce que dès que je crois avoir fini mon processus d'acceptation, je m'aperçois qu'il n'est pas fait.

— Comment t'en aperçois-tu ?

— Premièrement, j'ai dû trouver quel était le problème véritable derrière la difficulté que j'avais d'accepter ton métier. J'ai découvert, avec l'aide de Lise Bourbeau, que c'était le rejet et l'injustice que j'avais vécus avec mon père. Donc, aussi longtemps que je me trouve injuste ou que je me rejette en tant que père avec toi, c'est signe que je ne me suis pas encore accepté.

En réalité, chaque fois qu'on accuse une autre personne, cela nous montre que nous nous accusons de la même chose ou que nous nous en accuserions si nous avions le même comportement. Je sais que je ne m'accepte pas encore à cause d'un autre incident qui est arrivé et dont je voulais te parler aujourd'hui. »

Mario me confie alors qu'il a eu de la difficulté à continuer. Il sentait encore cette peur au ventre face à la réaction de son fils. Il a dû prendre une grande respiration, puis une bonne gorgée de bière.

« — Bonté divine, papa ! Qu'est-ce que tu as à me dire de si sérieux ? Tu viens de vider la moitié de ta bière ! Est-ce quelque chose de grave ?

— Grave ? Sur le coup, oui, j'ai trouvé cela très grave. Ça m'a vraiment mis en colère. Je me rends compte que j'ai encore peur de t'accuser. J'ai peur de ta réaction. Bon, voilà, je fonce. J'ai appris par un étranger de la famille que Michelle avait hérité d'un gros montant d'argent l'an passé. Peux-tu imaginer comment un père se sent lorsqu'il apprend une nouvelle de cette façon ? De savoir que des étrangers sont au courant avant ta mère et moi ? Veux-tu bien me dire pourquoi Michelle et toi ne nous en avez jamais parlé ? Il me semble qu'une aussi bonne nouvelle devrait être criée sur tous les toits.

— O.K. papa ! Tu n'as pas besoin de crier pour que tous les voisins nous entendent. Calme-toi. Tu as raison de ne pas être de bonne humeur. Ça fait des mois que je veux t'en parler, mais c'est Michelle qui me le défend. Elle dit que tu seras jaloux, que tu n'accepteras pas d'avoir une bru plus riche que ton fils, que tu ne recevras pas cela comme une bonne nouvelle. Sur le coup, j'ai été d'accord avec elle. Mais après quelques mois, surtout quand tu me questionnais sur certaines dépenses que nous faisions, en demandant comment nous pouvions nous les permettre, j'ai commencé à me sentir de plus en plus mal à l'aise. Je voulais tout te raconter, mais Michelle me disait toujours d'attendre un peu. Après tout, c'est son argent donc je devais l'écouter.

— Je ne suis pas d'accord avec toi. Si tu avais vraiment voulu m'en parler, tu aurais pu le faire et me demander de ne pas dire à Michelle que je le savais. Je pense surtout que tu ne voulais pas me le dire et que tu mets ça sur le dos de ta femme.

— Si c'est comme ça papa, si tu ne veux pas me croire, il vaut peut-être mieux que nous arrêtions de parler tout de suite. Je sens que je vais me mettre en colère et je ne veux pas regretter mes paroles. Je trouve que ce que nous sommes en train de faire ensemble est trop important pour retomber dans nos vieilles habitudes. Es-tu d'accord pour que nous arrêtions et continuions cette conversation la semaine prochaine ?

— Sapristi, mon fils, tu deviens sage ! Tu as parfaitement raison. Je suis content que tu me remettes à ma place. C'est vrai que j'ai envie de t'accuser. Je vois que ça me fait encore vraiment souffrir. Sais-tu ce qui me dérange le plus dans cette situation ? Au début, je croyais que c'étaient les cachotteries, mais j'ai découvert que c'est plutôt le fait que Michelle soit riche et qu'elle travaille encore plus et surtout qu'elle gagne un plus gros salaire que toi. J'ai HONTE pour toi. Je ne sais pas comment tu fais pour supporter ça. Si j'étais à ta place, je crois que je travaillerais sept jours sur sept au restaurant juste pour dire que je rapporte plus d'argent que ma femme.

— Te rends-tu compte papa que tu continues à croire à ces vieilles sornettes : que les femmes n'ont pas le droit de gagner plus d'argent que les hommes ? Pourquoi est-ce si difficile d'accepter cela ? Michelle et moi sommes à l'aise avec ça et ça ne nous dérange pas, je ne vois pas pourquoi tu laisses des détails insignifiants te déranger et te faire vivre autant d'émotions. Michelle devait sentir à quel point ça te bouleverserait ; je comprends pourquoi elle ne voulait pas que je t'en parle.

— Croyait-elle que je ne le découvrirais jamais ? Me prend-elle pour un idiot ?

— Ton ego prend une sacrée claque, n'est-ce pas ? Détends-toi, papa, tu es rouge de colère. Au fond, je te comprends ; ce ne doit pas être facile pour toi. Mais, crois-moi, je peux te garantir que Michelle n'a pas voulu te faire de mal. Au contraire, elle voulait t'éviter de vivre des émotions. Quand je lui disais qu'il était temps que nous vous parlions à maman et à toi de cet héritage, elle me disait d'attendre encore, qu'elle arriverait à trouver un moyen qui passerait mieux, surtout pour toi. Je réalise maintenant que ce n'était pas une bonne idée, mais que veux-tu que je fasse ? C'était SON héritage et je me devais de respecter son choix…

... Tu me demandais, un peu plus tôt, pourquoi je ne te le disais pas à toi tout seul, sans le dire à Michelle. Je ne pouvais pas faire ça papa, car j'aurais menti à ma femme ; jamais je ne mentirai à quelqu'un pour faire plaisir à une autre personne. Je n'aimerais pas qu'on me le fasse, donc je ne le fais pas aux autres.

— Bon, d'accord, David. Je comprends mieux ton point de vue maintenant. Donne-moi du temps pour digérer tout ça. Ah ! que ça fait du bien de se parler, trouves-tu ? Je suis bien heureux de m'exprimer davantage, d'avoir entrepris cette démarche avec Anna. Ça nous aide beaucoup. Quand elle m'en a parlé la première fois, je ne voulais pas m'investir. Je crois que j'avais peur que si elle s'impliquait trop, ça envenimerait notre relation. Ce fut une des raisons pour lesquelles j'ai accepté de l'accompagner lors de sa deuxième visite. Il faut dire aussi que je trouvais que sa première rencontre avec Lise Bourbeau lui avait fait tellement de bien que j'étais curieux d'en découvrir la raison. »

Mario me regarde, le regard pétillant et tout rempli de cette belle rencontre avec son fils. Je sens surtout qu'il est très fier de lui. Il termine de décrire son entretien avec David, très content de me dire qu'ils se sont serrés bien fort dans les bras l'un de l'autre et combien ça s'est fait facilement et spontanément.

— Mario, je suis très heureuse pour toi que tu aies fait cette belle démarche avec ton fils. As-tu réalisé que tu as aidé ton fils et sa femme à prendre conscience de leur peur d'avoir plus de moyens que les autres ?

— Je crois que tu as raison. David ne m'avait pas dit qu'ils avaient cette peur tous les deux, mais un peu plus tard dans la soirée, alors que nous finissions notre bière, Michelle est arrivée à la maison. J'en ai profité pour lui faire part de ce que j'étais venu dire à David, lui confier que j'étais intéressé d'entendre sa version des faits et que je voulais surtout savoir pourquoi elle avait si peur de me parler de son héritage…

... Elle m'a alors avoué que sa mère avait hérité d'une grosse somme au décès de sa marraine qui n'avait pas d'enfant. Les frères et la sœur de sa marraine ont tous été très jaloux et n'ont plus voulu lui parler. Selon eux, elle aurait dû tout partager avec sa famille. Les relations n'ont jamais été bonnes après cet incident. Elle connaît à peine ses oncles et sa tante ainsi que ses cousins. Elle ne les a même pas invités à son mariage prétextant qu'elle était fille unique et qu'elle voulait une petite cérémonie intime en compagnie de son père et de sa mère. Elle ne voulait pas en parler, préférant oublier cette partie de sa vie. Il y a quelques jours, elle a fait un lien et elle avait l'intention d'en parler à David. Elle avait même décidé de nous en parler elle-même…

... Lise, je commence à réaliser la véracité de ce que tu disais l'autre jour à Anna : à quel point le travail que l'on fait sur soi a des répercussions sur notre entourage. Pendant qu'Anna, mon fils et moi étions en train de régler cette situation, Michelle faisait la même chose. Peux-tu m'expliquer pourquoi nous avons tous les mêmes peurs dans une même famille ?

— Te rappelles-tu avoir entendu que lorsque tu vis une peur en relation avec quelqu'un, ce dernier vit la même peur à ton égard ? Il est suggéré de commencer ton processus d'acceptation avec cette personne. Par la suite, tu deviendras conscient que tous ceux qui sont directement liés à toi et à la personne avec qui tu vis une peur, vivent la même chose. La loi d'attraction gère notre planète, c'est pour cette raison que nous sommes toujours attirés par ceux qui ont les mêmes problèmes à régler que nous. Comme tu viens de le constater, même si certains ne sont pas conscients de cette peur qui les habite, ils font un travail sur eux en même temps que toi. C'est ça le grand pouvoir de l'acceptation ; ça se propage à toutes les personnes avec qui nous vivons la même situation. Sais-tu d'où vient cette peur d'en avoir plus ou moins que les autres ?

— D'après ce que je viens d'entendre, je dirais que ça provient de l'influence de notre famille. C'est héréditaire ?

— Non, pas vraiment. Nous n'héritons pas des peurs et des problèmes de nos parents. Nous avons plutôt choisi nos parents avant de naître parce qu'ils ont les mêmes choses à régler que nous, ce qui nous ramène à la loi d'attraction.

— Michelle a déjà mentionné avoir appris que nous avions choisi nos parents, mais je dois t'avouer que je trouve ça très difficile à accepter. Je commence tout juste à m'ouvrir à l'idée que nous pouvons avoir plusieurs vies, que nous ne mourons pas véritablement. Cette notion sur le choix des parents est dure à avaler. Comment peux-tu être aussi sûre de tout ça. Quelles preuves as-tu ?

— Je sais qu'il n'est pas facile d'accepter le fait que nous choisissons nos parents avant de naître. Cette acceptation est possible avec le temps lorsque nous assimilons la loi d'attraction qui gère cette planète et lorsque nous mettons en pratique la notion de responsabilité. Donne-toi le temps Mario pour assimiler ces nouvelles notions…

... En ce qui concerne la réincarnation, je n'ai aucune preuve tangible si ce n'est des témoignages que j'ai entendus de personnes qui disent se reconnaître quand elles arrivent dans un pays pour la première fois. Elles connaissent des lieux où elles n'ont jamais mis les pieds ou comprennent et parlent couramment la langue d'un pays étranger après seulement quelques semaines. Je connais une dame qui est aveugle de naissance. À l'âge de trois ans, elle s'est assise à un piano et en a joué sans effort. D'où vient cette mémoire ? Tu sais, Mario, plus tu apprendras à sentir, à être en contact avec tes sentiments – et non tes émotions – plus tu pourras sentir qu'un énoncé est vrai ou non pour toi à chaque instant. Tu le sentiras au plus profond de toi. Tu sauras que c'est vrai sans savoir comment tu le sais. C'est comme ça que je sais que la vie continue sans cesse. Par contre, si quelqu'un me fait part d'un concept qui me semble plus vrai que la notion de réincarnation à laquelle je crois en ce moment, je n'hésiterai pas à adhérer à cette nouvelle notion….

... Croire signifie *tenir pour vrai.* La vérité est différente et relative pour chacun de nous. Nous devons toujours nous fier à ce que nous ressentons. Quand tu te sens bien avec un nouvel énoncé, c'est qu'il te convient à ce moment-là. Si tu te sens mal, il est important de vérifier si ça vient de ton cœur. À ce moment-là, tu ne vis pas de la peur, mais une certitude que cet énoncé ne répond pas à un de tes besoins. Quand c'est ton ego qui t'empêche d'adhérer à un nouvel énoncé, tu vis de la peur. Si tu laisses ton ego te convaincre de ne jamais adhérer à quelque chose de nouveau – ce qui est sa spécialité – cela nuit beaucoup à ta capacité d'accepter une personne ou une situation.

— Pourquoi notre ego ne veut-il pas que nous adhérions à quelque chose de nouveau ?

— Parce que l'ego ne veut qu'une chose : SE NOURRIR pour ne pas disparaître. Ce qui l'alimente le plus, c'est la répétition de ce qu'il croit. C'est pour cela que nous répétons sans cesse les mêmes expériences dans notre vie même si ces situations sont désagréables. L'ego se nourrit et prend de plus en plus de force. Quand arrive du nouveau, il s'affole et a très peur de disparaître et de ne plus avoir de pouvoir sur celui qui l'alimente…

... Alors, le fait de ne plus croire qu'il est mal d'être plus ou moins riche qu'un autre vous aidera tous à devenir davantage vous-mêmes en cessant d'alimenter votre ego. C'est ainsi que l'ego diminue peu à peu. Je te suggère de vérifier auprès d'Anna si elle a la même peur que vous trois. C'est très probable, car elle t'a choisi comme conjoint. Revenons à ma question : d'où vient cette peur ? Eh bien, elle vient de votre blessure d'injustice à vous tous. Toutes les croyances sont le fruit des blessures. Te souviens-tu que nous en avons discuté lorsque nous parlions de ton père ? Plus une blessure est grande, plus l'ego entretient des croyances pour alimenter cette blessure. Les gens qui ont peur d'être injustes ont tous cette peur – souvent inconsciente – d'en avoir plus que les autres ou que les autres en aient plus qu'eux.

— Il est fort possible que tu aies raison, car j'ai souvent entendu Anna dire *ce n'est pas juste*. J'ai hâte de lui raconter notre conversation. Pour terminer, je veux te dire un grand merci, car je suis sûr que mes relations avec mon fils et ma bru vont nettement s'améliorer. J'ai même avoué à Michelle la difficulté que j'ai d'accepter qu'elle gagne plus d'argent que mon fils et elle a bien ri. Elle m'a répondu : *Ça, je m'en doutais ! Quand tu parlais de femmes qui gagnent beaucoup d'argent, je sentais que ça te dérangeait. Pour l'amour de Dieu, explique-moi pourquoi est-ce si dérangeant !* Je lui ai alors raconté ce que j'avais dit à David et je l'ai sentie très heureuse de cet échange. Elle me regardait sous un jour nouveau comme si elle découvrait un côté de moi qu'elle ne connaissait pas. Quand je les ai quittés, mon fils et ma bru m'ont serré dans leurs bras et je les ai sentis très soulagés que tout soit clair entre nous. Je n'ai pas besoin de te dire à quel point je me sentais heureux. Quelle libération !

À RETENIR DE CE CHAPITRE

- Depuis l'arrivée de l'ère du Verseau, il est dans l'ordre des choses que les couples n'accordent plus d'importance au partage des tâches selon les rôles traditionnels ni de savoir lequel des deux gagne le plus d'argent. L'essentiel, c'est le bonheur et le respect des limites et capacités de chacun.
- Accepter signifie dire oui aux choix de l'autre, même s'ils ne nous conviennent pas ou même si nous ne sommes pas d'accord avec lui. Nous pouvons garder notre propre opinion ou rester fidèle à nos préférences. C'est aussi reconnaître que l'autre a ses propres expériences à vivre et que ce n'est que lorsqu'il vit les conséquences de ses choix qu'il peut découvrir si ces expériences lui conviennent, si elles répondent à ses besoins.
- On ne peut vouloir que des choses qui sont sous notre contrôle. Quand on veut contrôler quelqu'un d'autre, on se met en situation d'attente et c'est le meilleur moyen pour vivre du désappointement.
- Pour chaque problème vécu, il est important de découvrir le véritable problème qui est différent de la situation dans laquelle le problème est vécu et ensuite de décider ce que nous voulons.
- La femme a autant de difficulté à se révéler, à dévoiler ses sentiments, que l'homme. Celui-ci ne parle pas et la femme croit qu'en se plaignant et en accusant l'autre, elle est en train de se révéler. Elle est plutôt dans l'accusation et non dans le partage.
- La plus grande utilité de notre corps physique est d'être le miroir de ce qui se passe à l'intérieur de nous.

- Pour la majorité des gens, l'acceptation de soi-même est plus difficile à atteindre que l'acceptation des autres.
- Chaque accusation portée envers une autre personne nous montre que nous nous accusons de la même chose ou que nous nous en accuserions si nous avions le même comportement que l'autre.
- Au moment même où nous faisons un travail d'acceptation à l'intérieur de nous, il y a des répercussions sur les personnes de notre entourage qui sont concernées par la situation.
- La loi d'attraction gère notre planète, c'est pour cette raison que nous sommes toujours attirés par ceux qui ont les mêmes blessures, croyances et peurs que les nôtres. C'est cette loi d'attraction qui nous fait choisir nos parents avant de naître parce qu'ils ont les mêmes choses à régler que nous. Nous n'héritons donc pas des peurs et des croyances de nos parents.
- Croire signifie *tenir pour vrai.* La vérité pour chacun de nous est différente et relative. Nous devons toujours nous fier à ce que nous ressentons. Quand nous nous sentons bien avec un nouvel énoncé, c'est qu'il est bon pour nous à ce moment-là. Si nous nous sentons mal, il est important de vérifier si ça vient de notre cœur. À ce moment-là, nous ne vivons pas de la peur, mais une certitude que cet énoncé ne répond pas à un de nos besoins. Quand c'est notre ego qui nous empêche d'adhérer à un nouvel énoncé, nous vivons de la peur.
- L'ego ne veut pas que nous adhérions à tout ce qui est nouveau parce qu'il ne veut qu'une chose : SE NOURRIR pour ne pas disparaître. Ce qui l'alimente

le plus, c'est la répétition de ce qu'il croit. C'est pour cela que nous répétons sans cesse les mêmes expériences dans notre vie même si les situations sont désagréables. L'ego se nourrit et prend de plus en plus de force. Quand arrive du nouveau, il s'affole et a très peur de disparaître et de ne plus avoir de pouvoir sur celui qui l'alimente.

- Les gens qui ont souffert de la blessure d'injustice ont tous cette peur – souvent inconsciente – d'en avoir plus que les autres ou que les autres en aient plus qu'eux.

CHAPITRE SIX

Accepter la perte

Mario m'a appelée la semaine dernière pour me demander si je pouvais accueillir son ex-femme Rita, la mère de David, qui est de plus en plus amère et qui ne se remet pas de différentes pertes qu'elle a subies. Il voudrait bien pouvoir l'aider, mais elle est encore en réaction contre lui et contre tous ceux qui sont heureux, me dit-il.

Je l'accueille aujourd'hui pour la première fois.

— Bonjour madame Bourbeau. Je viens vous voir sur le conseil de Mario, mais je vous préviens que je ne suis pas du tout convaincue que vous puissiez m'aider. Ma vie est une suite de malheurs et je me demande bien ce que j'ai pu faire à Dieu pour qu'il me traite ainsi. Je parle très rarement à Mario, car je finis toujours par me mettre à pleurer ou à me mettre en colère ; il me raccroche alors au nez. Il ne semble pas comprendre ce que je vis et il essaie sans cesse de me convaincre d'une chose ou d'une autre. Cependant, je l'ai rencontré la semaine dernière au café où je m'étais arrêtée un midi pour manger un sandwich et il était seul au comptoir en train de finir son repas. Je me suis assise à côté de lui et j'ai été très surprise par son attitude. Il me semblait plus doux que d'ordinaire et il ne m'interrompait pas tout le temps quand je parlais. Il a fini par me dire qu'il ne se sentait pas capable de m'aider à résoudre mes problèmes, mais qu'il connaissait quelqu'un qui pourrait sûrement le faire. Je ne sais pas ce qui s'est passé au juste, mais il avait l'air tellement bien et enthousiaste quand il parlait d'une démarche qu'il était en train de faire que j'ai décidé de tenir compte de sa suggestion. Me voilà donc !

Je lui explique brièvement ce que je fais et lui mentionne que je ne peux aider que les personnes qui veulent véritablement s'aider elles-mêmes, qui sont vraiment décidées à améliorer leur qualité de vie. Quand je lui demande si elle est capable de prendre cette décision aujourd'hui, elle me répond sèchement.

— Que croyez-vous que je sois en train de faire ici ? N'est-ce pas une preuve que je veux que ma vie change ?

— Non, lui répondis-je. Nombre de personnes font de la thérapie personnelle dans le seul but d'avoir une oreille attentive à leur disposition, sans vouloir nécessairement se prendre en main elles-mêmes. Elles attendent sans cesse que leur entourage change espérant être plus heureuses ainsi. Pour ma part, je sais que cela est impossible. L'entourage ne peut changer d'attitude à notre égard que si nous commençons à changer quelque chose en nous. Et avant que notre attitude intérieure puisse changer, il est impératif que nous soyons conscients de l'attitude non bénéfique que nous entretenons. Mon rôle est donc d'aider mes clients à ouvrir leur conscience, mais avant tout, j'ai besoin de sentir que le client le désire vraiment.

— Que dois-je faire pour vous prouver que je veux que ma vie change ?

— J'ai un petit test pour toi. D'abord, j'aimerais préciser que j'ai l'habitude de tutoyer mes clients, si cela te convient. Sinon, je te vouvoierai. Toi aussi, tu peux me tutoyer. Avant que nous entamions une démarche ensemble, je vais te donner le premier livre* que j'ai écrit en te demandant de le lire, et ce, dans la semaine qui suit. J'ai vu sur ta fiche que ma secrétaire a complétée, que tu n'as jamais participé à une conférence ou à un atelier chez nous et que tu n'as lu aucun de mes livres. Cette lecture est très importante pour toi, car ce n'est qu'après avoir terminé le livre que tu sauras si tu te sens bien avec l'approche que j'utilise et à l'idée d'entreprendre une démarche avec moi. Es-tu d'accord ?

— Lire tout un livre en une semaine ? Vous n'y allez pas avec le dos de la cuillère ! Je n'ai jamais fait ça. Vous savez, je ne sais jamais comment je me sentirai d'une journée à l'autre. J'ai souvent des mauvaises journées. Je ne peux même plus travailler à cause de ma santé fragile… Bon, je vois. Si c'est une condition, je vais me forcer, mais je ne promets rien.

— Tu n'as rien à me promettre. C'est à toi que tu dois faire des promesses. Tu pourras ainsi vérifier à quel degré tu es décidée à améliorer ta vie. Certaines personnes réussissent à lire ce petit livre rose en une journée ; si tu le veux bien, tu pourras certainement le faire en une semaine. On se donne donc rendez-vous pour la semaine prochaine. D'accord ?

***

*. *Écoute ton corps, Ton plus grand ami sur la Terre*, ÉTC éditions.

Rita entre dans mon bureau d'un pas beaucoup plus alerte que la semaine dernière. C'est bon signe.

— Bonjour, Lise. Je me sens prête à te tutoyer maintenant que j'ai lu ton livre. Quand je le lisais, j'avais l'impression que tu me parlais directement. Sais-tu combien de temps j'ai pris pour le lire ? Trois jours ! Je n'en revenais pas moi-même. J'ai même relu certains chapitres pour faire les exercices suggérés à la fin, mais je n'ai pas vraiment réussi ; je crois que j'aurai besoin d'aide pour les compléter. Par contre, je suis très heureuse d'être ici aujourd'hui, car suite à la lecture de ton livre, j'ai vraiment hâte de travailler avec toi. Tu as eu raison de me demander de le lire : je comprends beaucoup mieux ton approche maintenant. J'ai surtout aimé la simplicité des solutions que tu proposes.

— Bravo Rita ! C'est un bon départ. Je suis prête à écouter ce que tu veux améliorer dans ta vie. Quelles sont toutes ces pertes dont Mario m'a parlé et qui te causent des problèmes ?

— Tu n'as pas idée, Lise, combien je suis malchanceuse depuis plusieurs années. Je dois avouer que je n'ai pas eu une vie facile, mais ça semble empirer depuis que Mario m'a quittée. Quand ce n'est pas un problème de santé, ce sont les affaires qui ne marchent pas, sans compter mes relations ! Pour tout dire, rien ne va à mon goût. Je n'ai qu'un fils et il trouve une multitude d'excuses pour ne pas me voir souvent. J'avais tellement hâte d'être grand-maman et je n'ai même pas la chance de voir mon petit-fils aussi souvent que je le souhaiterais. Je ne dis pas que c'est la faute de mon fils ; c'est moi qui suis la plupart du temps trop fatiguée pour me déplacer. Quand Nicolas était bébé, ma bru m'a demandé quelques fois si je pouvais le garder et en règle générale, je refusais. Je trouvais différentes excuses, mais la vérité c'est que je trouve très exigeant de s'occuper d'un bébé. Je préfère les enfants plus grands, quand ils sont plus autonomes et que je n'ai pas à les surveiller de trop près. Je me sens gauche avec un petit garçon. Jeune mariée, je voulais avoir une fille, mais mon souhait ne s'est jamais réalisé. Ma sœur me dit souvent qu'elle a un Dieu juste pour elle tant elle a de la chance, mais c'est tout le contraire pour moi. Je ne sais pas ce que j'ai fait à Dieu pour avoir cette vie-là ! C'est très injuste, si tu veux mon avis…

— Je suis désolée de devoir t'interrompre, Rita, mais tu me parles de plein de choses et il m'est impossible de t'aider si je ne sais pas dans quelle direction nous devons nous diriger. Tu sembles vivre des problèmes au niveau de ta santé, dans ta vie professionnelle, dans ta vie de couple et avec ton fils. Lequel veux-tu aborder en premier ? Tu sais, très souvent, les méthodes utilisées pour résoudre un problème sont utiles pour solutionner d'autres problèmes. Nous n'avons pas à essayer de tout régler en même temps.

Je la sens hésiter, chercher dans sa tête en levant les yeux au plafond.

— Je te suggère de baisser les yeux et de les fermer : ça t'aidera à sentir davantage… Bon, c'est bien. Maintenant vérifie dans ton cœur ce qui te fait le plus mal. Lentement, reprends contact avec chaque problème ou chaque personne et sens à quel point chacun est douloureux pour toi.

— Ça y est ! Le plus douloureux c'est ma séparation avec Mario. Je ne l'ai pas encore acceptée. Quand il m'a annoncé qu'il me quittait, j'ai cru mourir. Je ne l'ai vraiment pas vu venir. Comme il voyageait souvent pour son travail, je ne me suis jamais doutée qu'il me trompait. Par la suite, quand je l'ai su, j'ai commencé à prendre conscience de plein de petits indices que j'aurais dû voir. Je suppose que ce doit être comme ça pour beaucoup de femmes. Même si, lorsque j'avais mon commerce, une de mes employées faisait tout le contraire : elle passait son temps à douter de son mari, elle le surveillait sans cesse, convaincue qu'il la trompait. Elle a même engagé un détective pour le faire suivre et a finalement réalisé qu'elle avait tout imaginé. Pourquoi nous, les femmes, ne pouvons-nous pas voir les choses telles qu'elles sont ? Il me semble que les hommes sont plus réalistes. Est-ce vrai, selon toi ?

— Les hommes, comme les femmes, sont parfois réalistes, parfois non. Il est tout à fait normal et humain de ne pas vouloir voir la réalité quand nous souffrons. Il y a un autre livre que tu pourrais lire sur les blessures de l'âme qui t'aiderait à comprendre ce qui nous empêche d'être réalistes. Revenons au problème dont tu veux discuter aujourd'hui, celui de ta difficulté à accepter ta séparation de Mario. Qui as-tu accusé à ce moment-là, toi ou lui ?

— Quelle question ! C'est lui voyons ! Pourquoi me serais-je accusée alors que c'est lui qui m'a trompée ?

— Tu serais surprise de savoir combien de personnes croient qu'elles sont responsables quand leur conjoint les laisse, autant chez les femmes que chez les hommes. Tu sauras plus tard pourquoi j'ai besoin d'avoir ce renseignement. Alors, dis-moi de quoi as-tu accusé Mario ?

— D'être un lâche, un menteur, un hypocrite. Imagine-toi donc que ça faisait des mois qu'il la fréquentait et tout ce temps-là, il faisait semblant de rien.

— Comment as-tu vécu cette situation ? Qu'as-tu ressenti lorsque c'est arrivé, à part croire que tu allais en mourir ?

— Pour commencer je n'ai pas voulu le croire, j'ai voulu savoir s'il était bien sûr de sa décision, si cette relation était vraiment sérieuse. C'est alors qu'il m'a avoué qu'elle était enceinte. Tout de suite, j'ai su qu'elle l'avait manipulé et je lui ai dit qu'il se faisait avoir. Il s'est alors mis en colère, m'a dit que ça ne me regardait pas et que s'il se faisait avoir, c'est lui qui vivrait avec ça. *« Et moi, je ne suis pas concernée, non ? Je me fais prendre mon mari par une profiteuse et je suis censée ne rien dire ? »* lui ai-je dit. Puis, je me suis mise à pleurer sans pouvoir m'arrêter. J'ai ajouté : *« Tu aurais pu me préparer, être moins brutal. »* J'ai trouvé son attitude non seulement brutale, mais inacceptable et sans cœur. Il a essayé de m'expliquer qu'il n'était pas spécialiste de ce genre de situation et que ça ne servait à rien de faire une crise, qu'il en avait assez de mes emportements de toute façon.

— Donc, tu l'as accusé d'être lâche, menteur, hypocrite, sans cœur et brutal dans sa façon de t'annoncer la nouvelle. Mais je ne sais toujours pas comment tu t'es sentie dans cette situation. Tu me racontes ce qui s'est passé et ce que tu as pensé, mais tu ne me parles pas de ce que tu as ressenti. Peux-tu me le dire ?

Elle hésite, soupire plusieurs fois, fixe ses souliers et finit par me dire d'une voix enfantine :

— Je me suis sentie désemparée. J'ai vécu une peur panique de me retrouver toute seule. C'était comme si le plancher s'était dérobé sous mes pieds et que j'allais tomber dans un précipice, sans personne pour me sauver, m'aider à en sortir. Je me suis sentie si seule, abandonnée. Tu sais quoi ? Je viens de réaliser ce que ma mère a dû vivre quand papa l'a quittée. J'avais seize ans à l'époque et je savais que mon père la trompait. Quand il est parti, j'ai dit à maman qu'il était temps qu'elle pense à elle et qu'elle cesse de se faire avoir par papa. Je n'en pouvais plus de la voir complètement abattue, comme si sa vie venait de se terminer. Je remarquais qu'elle vieillissait très vite. Après l'avoir exhortée à maintes reprises à se prendre en main, j'ai fini par ne plus m'occuper d'elle, car ça me faisait trop mal de la voir aussi désespérément accrochée à papa. Ma sœur, qui a cinq ans de plus que moi, était déjà partie avec son copain. Elle me disait qu'elle ne serait jamais comme maman et me suggérait d'arrêter de m'en faire autant et de vivre ma vie…

... Moi aussi, je croyais bien ne pas être comme maman. J'étais tellement contente d'avoir épousé un homme qui ne ressemblait pas à papa. Comment se fait-il que j'aie été aussi aveugle ? J'ai fait exactement comme elle : je n'ai toujours pas retrouvé ma joie de vivre depuis que Mario est parti.

— Bravo ! Tu viens de faire un lien qui va beaucoup t'aider. Dis-moi, Rita, se peut-il que tu aies accusé ton père des mêmes choses dont tu as accusé Mario : d'être lâche, menteur, hypocrite, sans cœur et brutal dans sa façon de parler à ta mère ?

— Ma foi, c'est très juste. Je ne m'étais jamais arrêtée à ces termes, mais je sais que je lui en ai toujours voulu d'avoir fait souffrir maman. Oui, mon père était tout ça : lâche, menteur, hypocrite et très brutal. Il l'a été avec moi aussi.

— Maintenant, nous savons que ce que tu as vécu avec Mario vient du fait que tu n'as pas encore fait la paix avec ton papa. Ce que tu as vécu avec ta maman est autre chose. Le comportement qu'elle a adopté s'appelle un comportement de victime. On le reconnaît du fait que les gens se plaignent, ne se trouvent pas chanceux, attirent un malheur après l'autre et n'arrivent pas à trouver de solutions pour s'en sortir. Maintenant, est-ce que tu réalises que tu agis en victime toi aussi ?

— Je suis bien obligée de me rendre à l'évidence, mais je n'aime pas ça du tout. Je critique même souvent les gens qui se lamentent sans cesse. Je me dis qu'ils se plaignent le ventre plein, que s'ils avaient tous mes problèmes, ils auraient alors raison de s'apitoyer sur leur sort. Comment se fait-il que je n'aie jamais réalisé que je me plains ? Selon moi, je ne fais que parler de la réalité et non me lamenter.

— Ne sois pas aussi dure envers toi. Toutes les personnes qui adoptent un comportement de victime souffrent à cause de leur blessure d'abandon. Tu as toi-même dit que ta vie a pris un tournant plus difficile depuis que Mario est parti. Ta blessure d'abandon a été stimulée par cette situation et, malheureusement, tu es restée dans cette souffrance depuis. Je ne veux pas m'attarder sur les blessures aujourd'hui, car je veux travailler davantage sur le vrai problème et sur ce que tu veux dans la vie…

... Tu te demandes pourquoi, auparavant, tu n'as jamais remarqué que tu étais comme ta mère. C'est notre ego qui ne veut pas que nous voyions ce que nous critiquons chez les autres. Mais notre DIEU intérieur, qui est notre grand ami, s'applique à nous laisser savoir ce que nous essayons de nier. La vie est merveilleuse, elle s'occupe sans cesse d'attirer notre attention sur tout ce qui nous empêche d'être heureux. Sur le coup, ça fait mal de se rendre compte de ce que nous sommes réellement. Mais cette étape est nécessaire pour que nous devenions conscients de ce que nous ne voulons plus être et que nous nous dirigions enfin vers ce que nous voulons être…

... Donc, tu viens de découvrir que tu as la même attitude de victime que ta mère et que tu ne l'avais pas vu auparavant. Pour t'aider à découvrir ce que tu veux être au lieu de tenir un rôle de victime, je vais te poser d'autres questions. Le fait d'être séparée te crée quels nouveaux problèmes que tu n'avais pas du temps de ton mariage avec Mario ?

— Je ne supporte pas d'être seule. Je ne m'y habituerai jamais. David était avec moi au moment où nous nous sommes séparés, mais lui aussi m'a abandonnée. Il est parti de la maison aussitôt qu'il a commencé ses études universitaires. Il partageait un petit appartement avec ses copains et était si occupé avec ses études et un emploi de fin de semaine que je ne le voyais pas souvent. Son père a payé ses études, mais ne déboursait rien pour ses petites dépenses. Il s'est donc assumé en travaillant. J'en étais très fière et me disais qu'il ne deviendrait pas comme son père. Après ce que je viens de découvrir, j'espère qu'il ne reproduira pas ce que son père et son grand-père ont fait. Voilà une nouvelle inquiétude que je n'avais pas avant. Crois-tu qu'on puisse vivre une vie sans problème ? Ma sœur dit que oui. Elle est la seule que je connaisse qui ne se plaint jamais de rien.

— C'est utopique de croire qu'il y a des gens qui n'ont aucun problème. Cependant, ce qui les différencie, c'est la façon dont ils réagissent aux difficultés qui se présentent tout au long d'une vie. Je ne peux pas parler pour ta sœur, car je ne la connais pas, mais il y a de fortes chances qu'elle soit si concentrée à ne pas être comme sa mère, qu'elle nie les problèmes qui l'entourent. Les difficultés que nous attirons sont nécessaires pour nous aider à nous découvrir et à nous renforcer. Une personne peut vivre une épreuve dans la paix intérieure. Pour cela, elle doit observer tout ce qui se passe. Si elle nie le problème, elle le refoule, il ne disparaît pas pour autant. Au contraire, elle le nourrit à son insu en refusant de s'identifier au problème puis, un beau jour, celui-ci explose. Cependant, il se peut très bien que ta sœur soit capable d'être observatrice. Qui sait ? Juste avec quelques questions, je pourrais le savoir. Pour l'instant, parlons de toi et de ce que tu veux. Nous savons maintenant que ta plus grande difficulté est de te sentir seule. Que veux-tu alors ?

— C'est évident ! Je veux NE PLUS ÊTRE SEULE. Je veux rencontrer un homme en qui je peux avoir confiance. Après tout, je suis encore dans la fleur de l'âge. J'ai quarante-huit ans, il me semble qu'il est encore temps de refaire ma vie. Au début de ma séparation, j'allais danser avec une amie et j'ai rencontré quelques hommes. On m'en a aussi présenté à plusieurs reprises, mais aucune relation n'a duré. Je crois que j'avais trop peur de me faire échauder une autre fois. Parfois c'est moi qui ne voulais pas continuer la relation, parfois c'était eux. Maintenant, je n'ai même plus envie de sortir pour tenter de rencontrer un nouveau compagnon. Je voudrais qu'on vienne me chercher. Tu vas me dire que je rêve en couleur, mais c'est ainsi. Je veux quelqu'un dans ma vie, mais je n'ai plus envie de faire des efforts. Est-ce que c'est ça vieillir ? Suis-je comme maman ? Suis-je en train de vieillir rapidement comme elle ? Ah non ! Il faut que je fasse quelque chose. Je ne veux pas finir ma vie comme ma mère qui est décédée il y a deux ans et qui m'a toujours semblée malheureuse.

— Je dois t'interrompre, car tu ne réponds pas vraiment à ma question. Tu me dis ce que tu ne veux pas et non ce que tu veux véritablement. Ne t'en fais pas, beaucoup de personnes font la même chose. Ce qu'elles veulent est basé sur ce qu'elles ne veulent pas, c'est-à-dire sur leur peur. C'est pour cette raison que ce que tu veux dépend de quelqu'un d'autre. Un vrai JE VEUX doit dépendre seulement de toi. Veux-tu que je t'aide ? Tu peux vouloir plus d'une chose dans cette situation. Tu peux vouloir être bien même si tu es seule ou vouloir apprendre comment faire davantage confiance aux hommes. Tu peux vouloir découvrir des moyens pour voir le bon côté des choses plutôt qu'adopter une attitude de victime. Tu peux vouloir te trouver une occupation passionnante qui t'apporterait de la joie de vivre. Je viens de te proposer quatre choix différents, mais il peut y en avoir bien d'autres. Est-ce que cela t'aide à découvrir ce que tu veux ? Rien ne peut changer dans ta vie tant que tu ne prends pas une décision, que tu ne dis pas avec fermeté *VOILÀ CE QUE JE VEUX*.

— Je ne suis pas habituée à voir les choses ainsi. Juste à t'écouter, je me sens déjà mieux, j'ai plus d'énergie. Je n'avais jamais réalisé que c'était ainsi qu'il fallait procéder. Au fond, c'est ce que je voulais faire avec maman ; l'aider à trouver quelque chose qui la rendrait plus heureuse. J'imagine qu'elle aussi agissait comme moi. Nous étions si occupées à ne voir que ce que nous ne voulions pas, à refuser d'accepter ce qui nous était arrivé, que nous ne pouvions pas envisager les choses autrement. Ce qui me plaît le plus dans ce que tu as dit, c'est d'être bien même si je suis seule, mais ça me semble impossible et surtout, j'ai peur que si j'y arrive, je vais demeurer seule le reste de mes jours.

— T'entends-tu ? Dis-moi, si tu arrives à être bien seule, quelle différence cela fera si tu ne trouves pas de compagnon ? Tu parles ainsi parce que pour le moment tu n'arrives pas à être vraiment bien même si tu es seule. Te souviens-tu de ce que tu as lu dans le livre au sujet du lâcher-prise ?

— Oui. Ce qui m'a frappée, c'est lorsque tu dis que le lâcher-prise nous aide à passer à autre chose et souvent à faire arriver ce que nous voulons. Veux-tu dire que si je lâche prise sur le fait que je veux un nouveau compagnon, je vais en trouver un ? Ça me semble utopique. C'est comme si je disais que ça ne me fait ni chaud ni froid d'avoir un compagnon ou non. J'ai toujours cru que pour parvenir à quelque chose, il fallait y penser sans cesse.

— Je te rappelle que **lâcher prise** ne signifie pas **ne plus vouloir quelque chose**. Ça signifie plutôt **être bien même si on n'a pas le résultat désiré**. C'est faire entièrement confiance à ton Dieu intérieur qui sait exactement ce dont tu as besoin. Tu Lui fais part de ton souhait – dans ton cas, d'avoir un compagnon – et ensuite, le plus possible, tu vis ta vie dans la joie, en faisant confiance à l'Univers, en étant convaincue que si c'est ce dont tu as besoin, ça se produira. Assure-toi, de plus, que tes actions sont motivées par ce que tu désires et non par la peur. Si tu lâches vraiment prise, la joie fera partie de ta vie, que ton désir se réalise ou non. Je te rappelle que nos désirs viennent de notre mémoire, de nos corps émotionnel et mental, tandis que nos besoins répondent à notre plan de vie ; c'est ce dont notre âme a véritablement besoin de vivre et d'apprendre.

— Comment arrive-t-on à ce lâcher-prise ?

— Le moyen le plus rapide et le plus efficace est l'acceptation. Dans ton cas, tu dois faire la paix avec tes parents, car ce problème que tu vis depuis ta séparation semble toucher des blessures vécues avec ton père et ta mère.

— Faire la paix avec eux ? Maman est décédée et je n'ai aucune idée si papa est encore vivant ou non. Ma sœur et moi l'avons vu quelques fois après son départ, mais nous étions très mal à l'aise avec lui. La dernière fois que je l'ai rencontré, il m'a dit qu'il déménageait en Ontario, car il avait fait la connaissance d'une femme qui vivait là. Nous n'avons jamais eu d'autres nouvelles. J'avais vingt ans. Comment puis-je faire la paix avec eux ?

— Tu peux le faire sous forme de relaxation. Tu prends le temps de bien détendre ton corps – tu peux même le faire étendue dans ton bain – et les yeux fermés, tu t'imagines en leur présence. Il est préférable de faire cette démarche avec un de tes parents à la fois, car tu n'as pas vécu les mêmes choses avec chacun d'eux. Cette situation touche deux blessures différentes.

Je sors la feuille avec les sept étapes de la réconciliation[1] *et je prends le temps de lui expliquer comment procéder.*

— Il se peut que tu trouves difficile l'étape où tu dois te rappeler des situations où ton père a pu t'accuser des mêmes choses que toi. Tu te souviens m'avoir dit que tu l'as accusé d'être lâche, menteur, hypocrite, sans cœur et brutal dans sa façon de parler. Je te rappelle, comme tu l'as lu dans le livre, que ce que tu vis avec une autre personne est là pour te rappeler que tu t'accuses de la même chose, mais que tu ne veux pas le voir. Quand on accuse une autre personne, cette dernière nous accuse de la même chose et nous nous en accusons aussi. Prends le temps qu'il te faudra pour faire chacune des étapes.

---

1. Ces étapes se trouvent p. 285.

Je lui propose de revenir me voir dans deux semaines pour vérifier ce qu'elle vit suite à cet exercice.

— Je suis satisfaite de notre rencontre, mais je ne suis pas sûre que je vais y parvenir. C'est tellement nouveau pour moi ce genre de démarche. Cependant, je suis bien décidée à le faire ; je m'aperçois que je veux vraiment que ça change. Tu sembles tellement certaine que ta méthode de réconciliation est efficace que ça me donne le courage de la mettre en pratique. Lors de la prochaine visite, pourrons-nous parler d'un autre sujet qui me tient très à cœur ? J'ai fait faillite il y a sept ans et depuis, j'ai toujours des problèmes financiers.

— Oui, nous en parlerons. Ce serait une très bonne idée de relire le chapitre où j'explique les comportements d'une personne qui agit en victime. Cela facilitera notre prochain entretien. De plus, si tu peux lire le livre sur les BLESSURES, cela t'aidera à comprendre davantage les événements de ta vie.

— D'accord, mais je dois t'avouer que quand tu dis que j'agis en victime, je l'accepte difficilement. Je pense plutôt avoir ÉTÉ VICTIME des agissements des autres dans ma vie et que ce n'est pas ma faute… Bon, il est temps que je parte. Je vais faire comme tu me le demandes : je ferai la lecture que tu me proposes et nous en reparlerons. J'ai déjà pris beaucoup de ton temps aujourd'hui et je t'en remercie.

***

Me voilà à nouveau avec Rita dans mon bureau. Elle est triste.

— Tu ne sembles pas en forme. Veux-tu me raconter ?

— Comme tu me l'as dit, je me suis installée dans mon fauteuil préféré et je me suis facilement imaginée avec maman. J'ai noté qu'elle n'était pas vieille comme juste avant sa mort, mais qu'elle avait à peu près mon âge. Je lui ai parlé et tout s'est bien passé. Elle m'a même avoué qu'elle avait trouvé éprouvant que sa mère ait aussi été très malheureuse. Il a été facile pour nous deux de voir que nous vivions la même chose et qu'au fond, on ne savait pas comment faire autrement. J'avais pris le temps de lire le chapitre sur la victime et ça m'a vraiment aidé à comprendre, autant mon comportement que celui de maman. Pour terminer, nous nous sommes embrassées et j'étais tellement heureuse après cette détente que, dès le lendemain, je suis allée m'acheter une belle robe que j'avais vue la semaine dernière. Je ne pouvais imaginer qu'elle pouvait être pour moi. Et maintenant, je vais devoir trouver une occasion de la porter, ajoute-t-elle d'un ton joyeux.

Elle prend une bonne respiration et son regard redevient triste.

— Mais, avec papa, ça n'a pas marché du tout. Je n'arrivais même pas à le visualiser. Les quelques images que j'ai eues étaient floues. Pourquoi ne suis-je pas capable de faire la même chose avec lui ?

— Chère Rita, je vois que tu as de la difficulté à accepter de ne pas avoir ce que tu désires au moment où tu le veux, n'est-ce pas ? Voilà une bonne occasion pour mettre en pratique le lâcher-prise dont nous avons parlé l'autre jour. N'essaie même pas de comprendre ce qui se passe. Accepte tout simplement le fait que tu ne peux pas tout contrôler dans ta vie. Autrement, regarde ce qui t'arrive. Tu te sens toute triste, tu perds ta joie de vivre. L'Univers sait des choses que nous ne savons pas. Plus une personne veut contrôler sa vie, plus elle attire des situations qu'elle ne peut contrôler, justement pour lui apprendre à lâcher prise et à faire confiance à l'Univers...

... Reste en contact avec ta bonne intention de faire la paix avec ton papa. Comment et quand cela se passera, personne ne le sait. Tu as déjà posé un geste dans ce sens et il ne te reste qu'à continuer à agir. As-tu réessayé de communiquer avec lui par la suite ?

— Mais non, je me suis dit qu'avec lui, c'est impossible. Je ne suis pas surprise parce qu'avec les hommes on n'arrive jamais à faire ce qu'on veut. C'est l'histoire de ma vie.

J'éclate de rire et je lui dis, d'un ton espiègle :

— Pauvre Rita ! Comme la vie est difficile pour toi, hein ? Comme tu es malchanceuse !

Elle me regarde avec de grands yeux, ne sachant pas trop si elle doit se mettre en colère ou non. Soudain, son regard change et elle semble se souvenir de quelque chose.

— Je viens de comprendre pourquoi tu me dis ça. Tu mentionnes dans ton livre cette méthode que tu utilises pour aider les gens à devenir conscients de leur attitude de victime. Tu es donc en train de me dire que j'avais une attitude de victime ? Pourtant, je n'ai fait que mentionner ce que j'ai pensé.

— Rappelle-toi ce que tu viens de dire. Ne trouves-tu pas que tu te plaignais ?

— Mais c'est la vérité. Ne pas faire ce que je veux avec les hommes, c'est l'histoire de ma vie. Ça commence par mon père, ensuite mon mari puis mon fils et plein d'hommes que j'ai rencontrés depuis mon mari. Même ceux avec qui je travaille, je les trouve beaucoup plus difficiles à gérer que les femmes. Je ne peux tout de même pas mentir pour réussir à ne pas faire la victime !

— On peut parler d'une même situation de différentes façons. Par exemple, tu aurais pu me dire : « *Je me suis rendu compte qu'avec papa, ça n'a pas marché comme avec maman. Je me demande bien pourquoi j'ai toujours plus de difficultés à atteindre mes objectifs avec les hommes qu'avec les femmes. Il y a quelque chose que je ne comprends pas.* » Il y a une nette différence dans l'énergie qui se dégage d'une telle phrase par rapport à celle que tu as dite. La tienne ressemblait à une plainte…

... Mais tu sais, il est normal d'avoir de la difficulté à s'entendre soi-même. On détecte beaucoup plus vite une autre personne qui se plaint que soi-même. Tu sais quoi ? La plupart des gens ont une attitude de victime à divers degrés et dans différents domaines. Il s'agit seulement d'en devenir conscient pour ne pas laisser cette partie victime prendre le contrôle de notre vie. Alors pour ta démarche avec ton père, tu n'as qu'à faire une nouvelle tentative – disons au moins une fois par semaine – et je t'assure qu'à chaque fois, les images deviendront plus claires…

... Sais-tu pourquoi il est plus difficile d'effectuer les étapes de la réconciliation avec certaines personnes qu'avec d'autres ?... Non ? Eh bien, c'est parce que ce que tu as vécu avec ton père a touché une blessure plus profonde, ça t'a fait plus mal et le fait de vouloir retoucher à cette blessure te fait peur. Cette réaction est tout à fait normale et humaine. Le fait d'accepter que tu as des peurs et des blessures t'aidera à réaliser plus facilement ce que tu veux.

— En passant, puisque nous parlons des blessures, j'ai lu ton livre sur le sujet. Je l'ai trouvé à la fois passionnant et difficile. Je me suis reconnue dans plusieurs aspects et je n'ai pas apprécié. J'ai même l'impression d'avoir toutes les blessures, mais il est certain que je me suis surtout reconnue dans les blessures d'abandon et de trahison. Pourquoi est-ce si difficile de se connaître ? J'ai pris conscience de plusieurs aspects de moi que je ne voulais pas voir.

— Il est préférable que tu n'essaies pas de tout comprendre d'emblée. Tu peux relire le livre autant de fois qu'il le faudra et tu verras que peu à peu, ton ego lâchera prise et acceptera plus facilement tout ce que tu apprendras. L'ego a beaucoup de difficulté à accepter tout ce qui implique « prendre ses responsabilités ». Il préfère que tu continues à croire que lorsque tu souffres, c'est de la faute des autres et non à cause de tes blessures non guéries…

... Je peux te dire aussi que se réconcilier avec ses parents est toujours plus difficile qu'avec n'importe qui d'autre. Ce qui peut t'aider à faire ta démarche avec ton père est de le faire avec Mario, car il est venu réveiller la blessure que tu as vécue avec ton père. Voilà pour toi un beau projet à réaliser dans les semaines à venir. Tu n'as qu'à suivre les étapes de réconciliation et de pardon sur ta feuille. Prends le temps dont tu as besoin pour les premières étapes. Surtout, prends le temps de bien sentir ce que tu as vécu avec Mario en notant sur papier tout ce qui te vient à l'esprit et en n'oubliant pas de quoi tu l'as accusé. Selon moi, Mario te rencontrera volontiers quand tu seras prête, car il fait lui-même la même démarche. N'oublie surtout pas de lui demander à quel moment dans votre vie de couple il a pu t'accuser des mêmes choses que toi. Ce ne sera peut-être pas facile pour toi d'entendre ce qu'il te dira, mais tu verras à quel point vous vous sentirez mieux après cet échange…

... Faire la paix avec Mario t'aidera du même coup à faire la paix avec ton père. Tu verras combien ce sera plus facile ensuite avec ce dernier. Tu sais, Rita, ce qui est le plus important est de rester en contact avec ton intention, avec le but que tu veux atteindre. En ce qui te concerne, le plus difficile est déjà passé. Tu as l'intention sincère d'arriver à pardonner aux autres et à toi-même, c'est ce qui compte. Même s'il te faut une année pour y arriver, ce n'est pas grave. Tout doucement, ton cœur prendra le dessus sur ton ego et tu y parviendras. Comment te sens-tu à l'idée de rencontrer Mario et de partager ce que tu as vécu avec lui ?

— À t'écouter, ça semble tellement facile ! Je n'ai aucune idée si et quand je vais atteindre mon but, mais je suis bien décidée à agir. Il était temps que je me prenne en main, car je n'en pouvais plus d'être aussi malheureuse. Je suis vraiment contente d'avoir enfin un mode d'emploi, quelque chose de concret à faire qui ne peut que m'aider et de savoir que quoi que j'entreprenne, ça ne peut empirer ma vie. Ça ne peut que l'améliorer. Quel heureux hasard d'avoir rencontré Mario au moment où j'en avais vraiment besoin. J'espère que c'est le début d'une vie meilleure.

— Continue à penser ainsi et tu verras les belles conséquences que ça aura dans ta vie. Je te suggère cependant de dire *« Je SAIS que c'est le début d'une vie meilleure »*, au lieu de *« J'ESPÈRE »*. C'est beaucoup plus positif et ça donne plus de poids à ta démarche. Autre chose : tu crois que ta rencontre avec Mario est un hasard, mais en réalité, c'est toi qui l'as provoquée. Le hasard est ton DIEU intérieur à l'œuvre. Inconsciemment, tu as dû décider qu'il était temps que tu fasses quelque chose pour améliorer ta vie et tu as occasionné cette rencontre qui répondait à ton besoin. Tu as su profiter de cette aide qui s'est présentée dans ta vie. Si tu savais combien de fois nous recevons de tels coups de pouce et ne les utilisons pas ! Je te félicite. Toi, tu es tout de suite passée à l'action et bravo pour ta détermination. Il se peut cependant que tu aies des moments où tu douteras de ta capacité à arriver à tes fins, car la partie victime en toi essaiera de reprendre le dessus. Si cela t'arrive, donne-toi le droit de douter à ce moment-là en te le permettant pendant cinq bonnes minutes et ensuite reviens à ce que tu veux…

***

— Maintenant passons à l'autre sujet que tu voulais aborder, celui de ta vie professionnelle. Je vois dans ton dossier que tu travailles dans une boutique de vêtements pour dames. Tu as aussi mentionné que tu as fait faillite. Quels problèmes vis-tu en ce moment ?

— Après que David est parti de la maison, je me suis dit qu'il fallait que je travaille. J'ai donc trouvé un emploi dans une petite boutique de lingerie pour dames. Je travaillais pour une dame assez âgée et j'aimais bien travailler avec elle. Elle est tombée malade et m'a offert de me vendre sa boutique. Elle me demandait seulement un petit montant pour commencer et ensuite je devais la payer tous les mois. C'était une chance inespérée ! Maman m'a donné la somme initiale dont j'avais besoin en me disant que ce serait mon héritage. Je nageais dans le bonheur ! Mais peu à peu, je me suis aperçue que ça demandait beaucoup de travail. Je devais m'occuper de tout : des achats, de la comptabilité, de la jeune employée que j'ai dû engager, des rénovations de la boutique, de la compétition, de la publicité, etc. Enfin, il y avait toujours quelque chose à faire, j'étais de plus en plus fatiguée et j'ai commencé à ne plus aimer mon travail. C'était devenu une corvée de me lever le matin…

... J'avais beau demander de l'aide à Mario et à David, ils me disaient de vendre ce magasin si c'était une charge trop lourde pour moi. J'ai bien essayé de le vendre, mais je devais laisser paraître que ce magasin représentait beaucoup de travail et je faisais peur aux éventuels acquéreurs. Personne ne voulait m'aider. De plus, j'ai fait des erreurs de commandes en achetant trop de choses qui ne se revendaient pas bien et je me suis endettée envers la banque. Je n'arrivais plus à payer la dame qui m'a vendu la boutique et je me sentais très mal dans cette situation. J'ai dû faire faillite sur les conseils de mon comptable. Je me sens encore coupable face à cette dame qui a été très gentille avec moi. Lors de la faillite, elle n'a reçu qu'une partie du montant que je lui devais.

— Te souviens-tu de ce dont tu t'es accusée quand c'est arrivé ?

— De tous les noms, voyons ! De sans cœur, d'incapable, de lâche, d'égoïste, d'abandonner en faisant faillite. J'ai souvent pensé que si j'avais persévéré et trouvé quelqu'un qui aurait voulu s'associer avec moi, tout cela ne serait pas arrivé. Pendant au moins deux ans, je n'arrêtais pas de penser à toutes les solutions que j'aurais pu trouver. Je n'en dormais pas la nuit. Un jour, mon amie Nicole m'a dit que si je ne me libérais pas de cette obsession, j'en tomberais malade et cela n'arrangerait rien. Maintenant, j'y pense moins souvent…

... Après la faillite, je me suis trouvé un petit travail de serveuse au restaurant du coin, mais je n'y étais pas heureuse. Après que mon amie Nicole m'eut parlé de cette façon, j'ai décidé de changer d'occupation, étant assurée que ça m'aiderait. Quand j'ai trouvé un emploi dans un grand magasin de vêtements pour dames, je me suis dit que ça me rappellerait peut-être trop ma boutique, mais non, finalement, je m'y suis habituée et j'y suis demeurée. Mais les problèmes que je vis dans ce magasin sont différents. La patronne est bien gentille, mais seulement quand son mari Luc n'est pas là. Voilà un autre homme qui veut n'en faire qu'à sa tête et qui veut contrôler toutes les femmes. Nous sommes quatre commis à part la patronne et il semble prendre beaucoup de plaisir à nous prendre en défaut. J'aime bien mon travail, mais on ne sait jamais sur quel pied danser, car Luc peut arriver à n'importe quel moment. Il semble avoir plusieurs autres activités à part aider sa femme avec ce magasin. Il s'est attribué le titre d'« entrepreneur », mais mes collègues et moi l'avons baptisé le « preneur », ce qui lui convient beaucoup mieux…

... C'est lui qui nous donne notre salaire chaque semaine et si l'une d'entre nous a été performante au cours d'un mois et mérite un salaire beaucoup plus élevé, on dirait que ça lui crève le cœur de la payer. Nous recevons un salaire fixe chaque semaine et avons un quota de vente à atteindre, selon les jours travaillés. Lorsque nous dépassons ce quota, à la fin du mois, nous recevons 10 % des ventes additionnelles. Je trouve ce système très motivant. Je ne comprends pas le point de vue du patron. S'il doit payer une bonne commission à l'une de nous, c'est signe qu'elle a fait de très bonnes ventes, ce qui est avantageux pour le magasin. Pour ma part, je serais très heureuse de donner un gros chèque de commission à chaque employée tous les mois. Es-tu d'accord ?

— Je ne veux pas prendre de notre temps pour discuter de ce que ton patron fait. L'important dans tout ce que tu viens de me dire au sujet de ta vie professionnelle, c'est ce que tu vis. Revenons à la culpabilité que tu ressentais suite à la faillite. Dis-moi, quand tu as pris la décision de faire faillite, avais-tu l'intention de nuire à quelqu'un, principalement à cette vieille dame ?

— Au contraire, j'ai essayé de retarder cette décision le plus longtemps possible, mais je n'en pouvais plus. Je m'endettais toujours plus et j'avais l'impression de m'enfoncer dans un trou noir. J'avais de plus en plus de difficulté à prendre des décisions et quand je me décidais, je me remettais sans cesse en cause. Quel enfer ! Maintenant, je comprends davantage mes parents qui répétaient souvent qu'il est très dangereux de s'endetter, que ça ne peut que causer des problèmes. Ils ont dû vivre quelque chose de semblable. Je ne m'en souviens pas, mais ce n'est sûrement pas pour rien qu'ils me mettaient ainsi en garde.

— Tu vois, tu viens à nouveau de faire un lien avec tes parents. On peut se rendre compte, d'après ce que tu viens de dire, que tes parents et toi aviez tous la même croyance. Est-ce que tu vois maintenant pourquoi cela t'est arrivé ? PARCE QUE TU LE CROYAIS ! Nous créons sans cesse en fonction de ce que nous croyons. Tu désirais certainement réussir en affaires, mais tu croyais que s'endetter signifiait problèmes et danger et tu as donc fait faillite. Au moins, le bon côté de l'histoire c'est que tu prends conscience de ton grand pouvoir de créer. Maintenant, il ne te reste qu'à décider de réaliser ce que tu veux au lieu de ce que tu ne veux pas.

Mais à ce moment-là, tu ne savais pas que tu croyais que ENDETTEMENT = DANGER, PROBLÈMES. Est-ce que tu veux continuer à croire cela ?

— Tu as raison. Chaque fois que je me suis endettée, j'avais la peur au ventre. Mais je croyais que tout le monde vivait la même chose. Tu veux dire qu'il est possible de s'endetter sans avoir peur de ne pas arriver à rembourser ? Ça me semble difficile à croire. Comment une personne peut-elle être sûre de l'avenir ? Sûre qu'elle va trouver l'argent nécessaire pour payer sa dette ?

— Tu as certainement entendu l'expression que *nous créons notre avenir selon notre moment présent*, n'est-ce pas ? Oui ? Eh bien, voilà, c'est ainsi que nous créons notre futur. En fonction de la certitude que nous avons face à n'importe quelle situation. Tu vivais dans la certitude qu'il arriverait quelque chose de dangereux, c'est donc ce que tu as créé. Si tu avais été dans la certitude que tu trouverais le moyen de rembourser ta dette, c'est ce que tu aurais créé.

— Comment puis-je arriver à changer ce que je crois ?

— Il n'y a qu'un moyen et je te le répète : PAR L'ACCEPTATION. Tu dois commencer par accepter le fait que lorsque tu as décidé de faire faillite, tu écoutais tes besoins du moment et que tu n'avais aucune mauvaise intention. Accepte le fait que toutes les personnes sont limitées et que si l'une n'écoute et surtout n'accepte pas ses propres limites, elle se fait beaucoup de mal physiquement, mentalement et émotionnellement…

... Ensuite tu dois accepter que tes parents qui véhiculaient la peur du danger suite à un endettement, le faisaient en croyant sincèrement te protéger pour plus tard.

Eux non plus n'avaient pas l'intention de te nuire. C'est seulement après avoir accepté d'avoir cru à la même chose que tes parents, en étant convaincue que c'était pour ton bien, que tu pourras arriver à croire à autre chose. Comme tu es devenue consciente que cette croyance ne convient plus à tes besoins, tu peux maintenant décider de ce que tu veux véritablement. Tu n'as même pas besoin de remplacer cette croyance par une autre. Tu n'as qu'à demeurer en contact avec ce que tu veux et agir en conséquence…

... Peu à peu, à mesure que nous nous libérons de croyances qui ne sont plus utiles, nous nous dirigeons davantage vers le savoir, la certitude de ce que nous voulons. Voilà, c'est ainsi que tu peux arriver à changer ce que tu crois. Comment te sens-tu avec ce que tu viens d'entendre ? Est-ce possible pour toi de te donner le droit d'être humain et d'avoir des limites ?

— Oui, ça me fait beaucoup de bien. C'est comme si je me voyais sous un jour nouveau. Je me sentais tellement coupable que je ne pouvais pas imaginer autre chose. Mais, dis-moi, est-ce que ça va durer ou est-ce que je vais recommencer à me sentir coupable et à m'accuser comme je le faisais auparavant ?

— Ta question est très légitime. Quand on commence à faire des transformations pour le mieux, l'ego prend souvent le dessus et nous fait douter de cette nouvelle direction. C'est de la résistance de la part de l'ego, elle est tout à fait normale. L'ego ne pense qu'à une chose : se nourrir. Il a peur que si tu changes trop, il va manquer de nourriture et disparaître. Tu dois le rassurer en lui rappelant que c'est de ta vie dont il s'agit ; que tu as le droit de prendre toutes les décisions que tu veux ; que ce n'est pas ta responsabilité de le nourrir. Ta seule responsabilité est d'assumer les conséquences de tes décisions. Donc, ce n'est pas non plus sa responsabilité d'assumer les conséquences de ta nouvelle décision. Il n'a pas à s'inquiéter à ton sujet, car tu te sens prête maintenant à faire face à tes conséquences. Souviens-toi que ton ego n'a pas le pouvoir de décider pour toi, il n'y a que toi qui puisses le laisser décider. Dès qu'il te sent dans ta certitude, il se met de côté avec plaisir, ne se sentant plus responsable de toi…

... Si jamais l'ancienne culpabilité revient, tu sauras tout de suite que c'est cette croyance face aux dettes qui refait surface et tu pourras tout de suite te corriger en décidant ce que tu veux. Il est assez fréquent qu'une croyance revienne à la charge, mais elle se manifeste de moins en moins souvent et dure de moins en moins longtemps…

... Nous allons terminer cette entrevue avec l'autre problème dont tu parlais : celui de ta difficulté avec le patron de la boutique. Est-ce que tu réalises que quoi qu'il dise ou fasse, ce n'est pas ça qui te dérange, mais bien TA PERCEPTION qui est influencée par tes blessures ? C'est ce qui explique pourquoi certaines personnes te dérangent plus que d'autres. As-tu remarqué qu'une personne peut agir de la même façon qu'une autre, mais que ce même comportement te dérange davantage venant de l'une d'elles ? Donc ce n'est pas le comportement qui est dérangeant, mais bien ce que la personne ayant ce comportement vient réveiller en toi. Quelle blessure crois-tu est activée avec lui ?

— Je le trouve très injuste avec sa femme et nous toutes. Il se prend pour un autre et veut toujours décider de tout. Il veut surtout avoir le dernier mot et il est convaincu d'avoir raison. Même s'il se rend compte qu'il a tort, il est incapable de l'admettre. Je te le dis, ce genre d'homme vient vraiment me chercher. Je ne comprends pas comment Louise, ma patronne, arrive à le supporter. Je vois bien que ça l'irrite, mais elle dit qu'elle ne veut pas provoquer la dispute, donc elle préfère ne rien dire et fait semblant de lui donner raison. Chaque fois qu'elle le peut, elle en fait quand même à sa tête. Pour ça, elle doit souvent mentir et faire des choses en cachette. Elle nous dit qu'heureusement, lorsqu'ils sont seuls, c'est beaucoup mieux. Il essaie seulement de nous impressionner pour montrer que c'est lui le vrai patron.

— Tu ne m'as toujours pas dit laquelle de tes blessures est activée par lui.

— Ce doit être l'injustice puisque je le trouve très injuste.

— D'après ce que je viens d'entendre de ta description de cet homme, il semble que tu l'accuses et le juges beaucoup. Est-ce le cas ?

— Bien sûr, je l'accuse de tous les maux. Je ne suis pas la seule. Mes collègues de travail l'accusent toutes de la même chose. C'est lui le fautif. C'est à cause de son attitude arrogante et intransigeante que nous avons toutes de la difficulté.

— Je dois te dire que la réponse que tu viens de me donner vient de ton ego qui est blessé. Ce n'est pas la blessure d'injustice, mais bien la blessure de trahison qui est ravivée avec cet homme. Si c'était la blessure d'injustice qui était activée, ce serait toi que tu accuserais ou tu accuserais ta patronne de laisser son mari agir ainsi envers vous toutes.

— Hein ? Je ne peux pas croire que mes collègues ou moi pourrions-nous accuser nous-mêmes et encore moins accuser la pauvre Louise. Ça ne se peut sûrement pas. Es-tu sûre que c'est possible ?

— Tu me fais rire, tu sais. Tu devrais te voir. Quelle réaction ! C'est toujours ton ego qui est à l'œuvre et non ton cœur. Ne t'en fais pas, tu es comme bien d'autres. Quand nous sommes blessés et en réaction, c'est signe que notre ego a pris le dessus et que nous ne sommes plus nous-mêmes. L'ego doit toujours trouver un coupable, si ce n'est pas nous-mêmes que nous accusons, c'est l'autre personne. Il est impossible pour l'ego de rester dans l'observation. Il doit toujours colorer la situation de bien ou de mal et se nourrit ainsi. Plus notre réaction est forte, plus la blessure est profonde et douloureuse…

... Donc, en voyant la réaction que tu as avec ton patron, il est clair qu'il touche à une blessure de trahison importante. La façon de gérer ce que tu vis avec lui est la même que ce que je t'ai conseillé avec Mario. Sinon, rien ne changera et surtout tu risques de rester bloquée dans ce que tu vis présentement, en t'empêchant de t'ouvrir à de nouvelles expériences professionnelles. Voici une information qui peut t'aider quand tu feras tes étapes de réconciliation. La plupart du temps, lorsque nous vivons quelque chose de difficile dans notre vie professionnelle, on peut faire le lien avec notre vie scolaire ou tout ce qui concerne notre capacité d'apprentissage quand nous étions plus jeunes.

Nous terminons cette rencontre en révisant ce que Rita a retenu de ce qu'elle devra faire si elle veut améliorer sa vie professionnelle.

À RETENIR DE CE CHAPITRE

- L'entourage ne peut changer d'attitude à notre égard que si nous commençons à changer quelque chose en nous. Avant que notre attitude intérieure puisse changer, il est impératif que nous soyons conscients de l'attitude non bénéfique que nous entretenons.

- On reconnaît un comportement de victime du fait que les gens se plaignent, ne se trouvent pas chanceux, attirent un malheur après l'autre et n'arrivent pas à trouver de solutions pour s'en sortir.
- Notre ego ne veut pas que nous voyions ce que nous critiquons chez les autres. Mais notre DIEU intérieur, qui est notre grand ami, s'applique à nous laisser savoir ce que nous essayons de nier. La vie s'occupe sans cesse d'attirer notre attention sur tout ce qui nous empêche d'être heureux. Cette étape est nécessaire pour que nous devenions conscients de ce que nous ne voulons plus être et que nous nous dirigions vers ce que nous voulons être. Les difficultés que nous attirons sont nécessaires pour nous aider à nous découvrir et à nous renforcer.
- Nous pouvons vivre une épreuve dans la paix intérieure. Pour cela, nous devons observer tout ce qui se passe. Si nous nions le problème, nous le refoulons, il ne disparaît pas pour autant. Au contraire, nous le nourrissons à notre insu en refusant de nous identifier au problème puis, un beau jour, il explose.
- Rien ne peut changer dans notre vie tant que nous ne prenons pas une décision, que nous ne disons pas avec fermeté VOILÀ CE QUE JE VEUX. Un vrai JE VEUX doit dépendre seulement de soi.
- Lâcher prise ne signifie pas ne plus vouloir quelque chose. Ça signifie plutôt être bien même si nous n'avons pas le résultat désiré. C'est faire

entièrement confiance à notre DIEU intérieur qui sait exactement ce dont nous avons besoin.

- Nos désirs viennent de notre mémoire, de nos corps émotionnel et mental, tandis que nos besoins répondent à notre plan de vie ; c'est ce dont notre âme a véritablement besoin de vivre et d'apprendre.
- L'Univers sait des choses que nous ne savons pas. Plus une personne veut contrôler sa vie, plus elle attire des situations qu'elle ne peut contrôler, justement pour lui apprendre à lâcher prise et à faire confiance à l'Univers.
- Nous créons sans cesse notre avenir en fonction de ce que nous croyons et selon notre moment présent. Nous le créons également en fonction de la certitude que nous avons face à n'importe quelle situation. À mesure que nous nous libérons de croyances qui ne sont plus utiles, nous nous dirigeons davantage vers le savoir, la certitude de ce que nous voulons.
- Tous les humains sont limités et lorsqu'une personne n'écoute et surtout n'accepte pas ses limites, elle se fait beaucoup de mal physiquement, mentalement et émotionnellement.
- L'ego ne pense qu'à une chose : se nourrir. Il a peur que si nous changeons trop, il va manquer de nourriture et disparaître. Nous devons le rassurer en lui rappelant que c'est de notre vie dont il s'agit ; que nous avons le droit de prendre toutes les décisions que nous voulons ; que ce n'est pas notre responsabilité de le nourrir. Notre seule responsabilité est d'assumer les conséquences de nos décisions. Donc ce n'est pas, non plus, sa

responsabilité d'assumer les conséquences de notre nouvelle décision. Il n'a pas à s'inquiéter à notre sujet quand nous nous sentons prêts à faire face à aux conséquences. L'ego n'a pas le pouvoir de décider pour nous, c'est nous qui le laissons décider. Dès qu'il nous sent dans la certitude, il se met de côté avec plaisir, ne se sentant plus responsable de nous.

- Le hasard est notre DIEU intérieur à l'œuvre. Il attire à nous ce dont nous avons besoin.
- Quoi que l'autre dise ou fasse, ce n'est pas ça qui nous dérange, mais bien **notre perception** qui est influencée par nos blessures. C'est ce qui explique pourquoi certaines personnes nous dérangent plus que d'autres.
- L'ego doit toujours trouver un coupable, si ce n'est pas nous-mêmes que nous accusons, c'est l'autre personne. Il est impossible pour l'ego de rester dans l'observation. Il doit toujours colorer la situation de bien ou de mal et se nourrit ainsi.
- La plupart du temps, lorsque nous vivons quelque chose de difficile dans notre vie professionnelle, on peut faire le lien avec notre vie scolaire ou tout ce qui concerne notre capacité d'apprentissage quand nous étions plus jeunes.

CHAPITRE SEPT

Accepter la maladie

— Bonjour Anna, ça me fait plaisir de te revoir. Notre dernière rencontre a eu lieu il y a quelques semaines déjà. Que s'est-il passé depuis ?

— Pour commencer, Lise, je veux te remercier pour tes conseils à propos des tâches à la maison. J'attendais que plusieurs semaines s'écoulent avant de t'en parler, car je ne croyais pas que l'entente durerait. Le soir où nous sommes venus te consulter, Mario et moi, nous étions allés dîner au restaurant avant de venir ici et Sandra nous a dit qu'une amie venait la rejoindre pour préparer leur examen de math. À notre retour, vers vingt et une heures, elles étaient assises toutes les deux devant la télévision et chacune d'elles était en train de manger un gros sandwich et s'était servi un verre de cola…

... Sandra me dit : « *Vous arrivez plus tôt que je ne pensais. Nous venons de terminer nos révisions et nous avions faim. J'ai offert à ma copine de manger quelque chose avec moi. Et maman, me dit-elle au moment où je me dirigeais vers la cuisine, ne te fâche pas, je vais tout nettoyer plus tard…* » Horreur ! Tu aurais dû voir l'état de la cuisine ! C'était comme si une tornade était passée. Non seulement tous les ingrédients pour garnir leur gros sandwich traînaient sur le comptoir, mais aussi tout ce que Sandra avait utilisé pour préparer son dîner. Je ne peux pas croire qu'une seule personne puisse faire autant de dégâts. J'ai tout de suite senti la moutarde me monter au nez et je m'apprêtais à l'apostropher quand Mario m'a retenue et m'a chuchoté : *« Tu te souviens de ce que Lise nous a dit ce soir ? Que nous allons devoir nous asseoir tous les trois ensemble pour définir exactement les tâches de chacun d'entre nous et nos attentes respectives. Tu ne peux pas faire ça ce soir, tu es trop en colère. Je crois qu'il serait préférable que nous ayons tous la tête reposée pour nous parler. Qu'en dis-tu ? Viens, je vais t'aider à tout nettoyer car je la connais notre Sandra, elle dit plus tard mais ce « plus tard » est toujours remis à plus tard. On pourrait en reparler demain soir, hein ?... »*

... Juste le fait que Mario m'aide à ramasser était déjà quelque chose d'inhabituel. J'étais tellement contente que j'ai suivi son conseil. Le lendemain soir, nous avons procédé comme tu nous l'as conseillé, en donnant à Sandra le choix de décider si oui ou non elle voulait faire partie de la famille à tous les niveaux. Dans la journée, j'avais pris le temps d'établir une liste des choses à faire pour nous trois, quel que soit le choix de Sandra. Eh bien, je n'en suis pas encore revenue. Elle a dû sentir que j'avais lâché prise et que j'étais bien déterminée à ce que cette situation concernant les repas et la vaisselle se règle. Pour les autres tâches, ce fut assez facile de nous les partager à trois. Pour les repas, nous sommes convenus que celui qui fait le repas n'a rien à nettoyer par la suite, et ce sont les deux autres qui le font...

... Depuis, Sandra s'est aperçue qu'elle aime cuisiner. Un soir, je me suis fait jouer un tour : ils ont préparé un super repas à deux et voulaient me surprendre. Par la suite, ils m'ont dit que je devais tout nettoyer seule vu qu'ils avaient déjà fait leur part. Ça ne m'a pas frustrée. J'ai même été capable d'en rire en leur disant que ce n'était pas dans le contrat, mais que de temps à autre c'était acceptable...

... Je ne dis pas que c'est toujours parfait ; il arrive encore à Sandra de dire *« plus tard »* et je me suis aperçue que lorsque je me fâche, le plus tard est vraiment tard. Lorsque je lâche prise et que je me dis que ce n'est pas si grave que sa tâche ne soit pas faite tout de suite, elle le fait beaucoup plus rapidement. J'aime bien aussi les négociations que nous faisons quand l'un de nous veut se faire remplacer pour une tâche. Ça nous fait rire à chaque fois. Encore une fois, un gros merci Lise, car l'atmosphère dans la maison est bien meilleure...

... Maintenant, je veux partager avec toi comment ça s'est passé avec maman. Je lui ai parlé comme convenu et ça s'est déroulé beaucoup mieux que je ne le pensais. Je lui ai avoué que j'avais peur de devenir toujours plus grosse et que je croyais que j'avais peur d'être à son image physiquement, car je l'ai beaucoup accusée de se laisser aller. Je me suis alors empressée de lui avouer que ma vraie peur était beaucoup plus de perdre Mario, qu'il parte et trouve une autre femme plus belle et plus mince que moi. Elle est alors devenue toute rouge. J'ai su dès lors que je touchais à quelque chose qui la concernait. Je lui ai parlé de ce que tu nous apprends, qu'il est normal qu'une fille ait les mêmes peurs que celles de sa mère. Elle m'a regardée intensément ; elle était au bord des larmes. Je lui ai demandé si elle avait déjà eu cette peur...

... C'est alors que j'ai eu la surprise de ma vie. Elle m'a avoué que papa avait eu une maîtresse, qu'elle l'avait découvert et que, finalement, il se sentait tellement coupable qu'il a renoncé à sa maîtresse et a promis à maman de ne plus jamais recommencer. Elle croit qu'il a tenu sa promesse, mais elle a toujours eu des doutes. C'est pour ça qu'elle lui est si dévouée, pour qu'il ne la quitte pas…

... Je lui ai alors parlé de son poids et j'ai vérifié avec elle si à ce niveau-là aussi, elle avait de la difficulté à s'accepter. Elle a fini par acquiescer, mais comme elle est, semble-t-il, incapable de mincir, elle préfère ne plus y penser. Elle m'a avoué avoir essayé toutes sortes de produits et de barres santé pour maigrir, mais que rien n'a fonctionné. Elle se pesait tous les matins pour découvrir chaque fois que son poids changeait à peine sur la balance. Un jour, elle a décidé de jeter la balance à la poubelle et d'arrêter toutes ses tentatives. Elle a même changé les portes-miroir de la garde-robe de sa chambre, sous prétexte qu'elle avait envie de nouvelles portes en bois. Ainsi, elle ne voit plus que son visage dans les autres miroirs…

... C'est incroyable, n'est-ce pas, à quel point on peut ignorer qui sont nos parents ? Nous avons passé un dimanche après-midi ensemble et j'ai fait plusieurs découvertes. Ça nous a fait tellement de bien de nous parler ainsi de ce que nous vivions toutes les deux. C'était comme si nous n'étions plus mère et fille, mais plutôt deux amies de longue date. Si j'avais su qu'une telle conversation était possible avec maman, il y a longtemps que je l'aurais eue. Pourquoi avons-nous de la difficulté à nous ouvrir ainsi entre parent et enfant ? Pourquoi avons-nous aussi peur ?

— C'est à cause de l'éducation que nous avons reçue. Très jeunes, nous apprenons qu'une figure d'autorité est là pour nous critiquer, nous juger, nous reprendre sur tout ce que nous ne faisons pas correctement. Nous croyons que nos parents ou les adultes en général ne peuvent pas nous comprendre. Il y a de ce fait un grand écart entre les générations. Il y a le parent et l'enfant, le professeur et l'élève, le patron et l'employé, etc. Heureusement, avec l'ère du Verseau, c'est en train de changer. Maintenant, nous devons nous habituer aux nouveaux courants de pensée de cette époque nouvelle. Un de ces changements est d'accepter le fait que nous sommes tous égaux et que nous avons tous quelque chose à apprendre les uns des autres. Un parent peut faire une multitude de découvertes sur lui-même grâce à ses enfants, tout comme les enfants découvrent ce qu'ils ont à accepter grâce à leurs parents. Il en est ainsi dans tous les autres domaines…

... De plus, ta mère s'est ouverte à toi parce qu'elle n'a pas senti d'accusation de ta part. C'est le secret de la bonne communication. Dis-moi, as-tu été capable de parler à Mario de la même façon ? Tu devais lui parler de ta peur de grossir et surtout de ce qui est caché derrière cette peur.

— Oui, je l'ai fait le soir où j'ai parlé à maman. J'étais particulièrement encouragée par ce qui venait de se passer avec maman et je croyais que ça se passerait aussi bien avec lui. Mais ça n'a pas été le cas. Il m'écoutait poliment et je lui ai avoué ma peur de le perdre si je continuais à grossir ainsi. Il m'a répondu qu'il avait, lui aussi, de la difficulté à accepter que je devienne plus grosse chaque année et qu'il m'aimait mieux quand j'étais plus svelte. Je me suis mise à pleurer, je ne savais plus quoi dire, je croyais qu'il était en train de me dire qu'il me quitterait. Je vais te raconter comment la suite s'est passée pour que tu me dises quelle erreur j'ai commise. Il me semble que j'ai agi comme tu me l'avais conseillé, comme je l'ai fait avec maman…

... Quand il a vu que je continuais de pleurer, il s'est levé pour quitter la pièce.

... « C'est ça, sauve-toi, tu n'es qu'un lâche. Tu dis que tu m'aimes et ce n'est qu'aujourd'hui que tu me dis que tu vas me quitter si je continue de grossir. Pourquoi ne pouvais-tu pas m'en parler avant ?

— Je n'ai jamais dit que j'allais te quitter. C'est toi qui sautes aux conclusions. Ne me mets pas des paroles dans la bouche. J'ai dit que je te préférais plus svelte. Qu'y a-t-il de mal là-dedans ? Dis-moi, si je grossissais beaucoup, est-ce que ça te plairait ?

— Toi aussi tu as changé depuis que nous nous connaissons. Tu as perdu la moitié de tes beaux cheveux que j'aimais tant. Tu t'habilles souvent d'une façon que je n'apprécie pas. La peau de ton ventre et de tes cuisses est beaucoup plus molle qu'avant et tu as des bourrelets de chaque côté de la taille. Moi aussi, j'aurais préféré que tu ne changes pas. Ne crois-tu pas qu'il est utopique de croire que nous allons garder le même corps qu'à vingt ans ?

— Tu m'as dit il y a quelques minutes que tu avais des choses importantes à partager, mais je constate que tu cherches plutôt la dispute. Tu es bien partie pour me trouver plein de défauts. Nous sommes dimanche soir, je dois me lever très tôt demain matin et je n'ai vraiment pas envie de finir cette soirée par une dispute. Il serait préférable que nous parlions de tout ça une autre fois… »

... Sur ce, il a quitté la pièce pour aller regarder la télévision et je suis restée bouche bée. Ça ne s'est pas du tout passé comme je le voulais. Une semaine s'est écoulée depuis et je n'ai pas encore été capable de reprendre cette conversation. Si tu savais comme je m'en veux de lui avoir dit tout ça. L'atmosphère a été lourde toute la semaine. Je ne sais pas trop comment m'y prendre pour régler cette situation. J'ai même peur de lui parler ; je remets donc toujours au lendemain.

— As-tu une idée pourquoi la situation a mal tourné ? Te souviens-tu de ce dont nous avons parlé auparavant ? Que se cache-t-il derrière toutes les situations qui nous font vivre des émotions ?

— Maintenant que tu me le demandes, ça me revient. J'ai réagi aussi vivement en l'accusant à cause de ma blessure d'abandon ! Voilà où j'ai agi différemment avec lui. Je suis tombée dans l'accusation. Pourquoi ne m'en suis-je pas rendu compte tout de suite ? C'est pourtant tellement évident.

— Tu as raison. Ta douleur a débuté avec ta peur d'être abandonnée et, tout de suite après, lorsque tu as commencé à vivre de la colère et à l'accuser, tu es tombée dans ta blessure de trahison et dans un comportement de contrôle, donc accusateur. Si tu n'avais vécu que de l'abandon, tu aurais continué à pleurer ou à le supplier de ne pas te quitter. Est-ce que c'est clair maintenant ?

— Oui, mais pourquoi n'ai-je pas été affectée lorsque je discutais avec maman tandis que je suis rapidement tombée dans mes blessures quand j'ai voulu faire la même chose avec Mario ?... Tu n'as pas besoin de me répondre, je le sais ! Je suis toujours surprise de voir à quelle vitesse j'obtiens une réponse quand je me pose la bonne question. Je me sens accusée par Mario parce que je ne m'accepte pas moi-même. Qu'est-ce que je dois accepter au juste pour réussir à lui parler sans me mettre en colère et sans me sentir accusée ?

— Tu te souviens avoir rapidement déduit qu'il te quitterait si tu continuais à grossir ? Cette réaction est arrivée pour t'aider à prendre conscience que tu es persuadée qu'ÊTRE GROSSE = ÊTRE ABANDONNÉE. Voilà ce que tu dois accepter. Ce qui se passe en toi, c'est que tu t'en veux de grossir alors que tu es convaincue que c'est le meilleur moyen de perdre Mario. Voilà la première chose que tu n'acceptes pas. Cependant, en devenant plus consciente, il y a une autre chose que tu n'acceptes pas. Tu t'en veux de croire à quelque chose qui met un frein à ton bonheur et à ta liberté d'être ce que tu es à chaque instant. Tu vois, il était important pour toi de grossir afin que tu puisses prendre conscience de cette croyance et du fait qu'elle ne t'est plus utile. Elle te rend malheureuse plutôt qu'heureuse. Au plus profond de toi, tu sais que tu ne veux croire qu'à des notions qui t'amènent vers le bonheur…

... Donc, récapitulons. Tu crois qu'être grosse = être trompée et éventuellement être abandonnée par ton conjoint. C'est la même croyance que celle de ta mère. Je te rappelle que tu ne crois pas à cela parce que ta mère y a toujours cru, mais bien que cette croyance identique fut une des raisons pour lesquelles vous avez été attirées l'une envers l'autre. Puis, à un moment de ta vie, tu as décidé que tu ne serais pas comme ta mère. Le fait que ta mère, malgré son poids, soit encore avec son conjoint et vive dans la soumission plutôt que dans la joie, te pousse à croire que si tu ne veux pas finir comme elle, tu devras donner raison à ta croyance que Mario va te tromper et te laisser un jour. Ainsi, tu ne subiras pas le même sort que ta mère. Est-ce que ce que je viens de dire a du sens pour toi ?

Anna fait signe que oui, mais avec hésitation. Je lui donne un moment pour bien assimiler ce que je viens de dire et lui demande de répéter ce qu'elle a entendu.

— Je vois que tu as bien saisi ce que je viens de dire. Une situation comme celle-ci est difficile à vivre, car elle implique des croyances qui se contredisent. Que tu choisisses d'être comme ta mère ou non ne te rendra pas plus heureuse. Hélas, notre système de croyances ne sait pas que plus nous croyons à quelque chose, plus nous le provoquons. C'est pour ça que tu as grossi, car tu mettais l'emphase sur NE PAS GROSSIR et le subconscient ne comprend que les images qui accompagnent les pensées, donc, dans ton cas, l'image d'une personne grosse. Quelle puissance nous avons pour créer ! Ne trouves-tu pas ? Un jour viendra où tu seras tellement plus consciente de ce que tu veux vraiment que tu utiliseras cette puissance pour écouter tes besoins...

... Ce que tu dois arriver à faire dans cette vie-ci, c'est de te donner le droit de prendre du poids sans croire que tu seras obligatoirement abandonnée par ton conjoint. Sais-tu pourquoi notre ego continue de nous faire peur pour alimenter nos blessures ?... Non ? **Parce qu'il est convaincu que nous ne pouvons pas gérer la douleur vécue lorsqu'une blessure est activée, que nous pouvons même en mourir.** Dis-moi, crois-tu vraiment que si Mario te laissait, tu en mourrais ?

— Je n'en mourrais peut-être pas, mais je dois te dire que le cœur me fait mal juste à l'idée que ça pourrait arriver. Je ne sais pas comment je m'en sortirais. Pourquoi est-ce si difficile à envisager ? Je connais plein de femmes qui se sont retrouvées seules et, bien souvent, elles s'en sont très bien sorties. Elles n'en sont que plus fortes parfois. Pourquoi ne puis-je penser ainsi pour moi ?

— À cause de ce que tu es venue apprendre dans cette vie-ci. Plus tôt, tu m'as raconté ce que ta mère a vécu quand elle a découvert que ton père la trompait. Même si tu crois n'en avoir rien su quand tu étais jeune, tu as certainement capté la douleur et la peur intense d'être abandonnée que ta mère a ressenties. C'est tout à fait normal pour les enfants d'occulter une douleur de ce genre, car la plupart ne savent pas comment la gérer. C'est aussi certainement à cette occasion que ton ego a pris le dessus pour te protéger. Tu as dû décider, inconsciemment, que tu ferais tout pour que ça ne t'arrive jamais…

... Cette douleur a été ravivée, à ton insu, au moment où Mario a laissé sa femme pour t'épouser. Même si c'est Rita qui a été abandonnée par lui, ta peur a été ravivée quand même. Il est donc tout à fait normal que tu continues à entretenir la peur qu'il te quitte, sachant fort bien qu'il l'a déjà fait à quelqu'un d'autre. Tu vis donc la même chose que ta mère : tu restes aux aguets, tu doutes que ton bonheur puisse continuer avec ton conjoint…

... Voilà pourquoi le seul moyen d'arriver à guérir ta blessure d'abandon, c'est en étant capable d'envisager d'être abandonnée ou d'abandonner quelqu'un d'autre sans te juger ou sans juger l'autre. C'est savoir que des expériences d'abandon doivent être vécues par tous, en se souvenant que celui qui abandonne ne veut pas nécessairement faire du mal à l'autre, il est uniquement en train d'exprimer ses limites ou ses besoins. **Voilà la raison d'être de tout le monde : vivre toutes les expériences que nous attirons dans l'acceptation et sans jugement…**

... Lorsque tu pourras t'imaginer vivre un abandon sereinement et dans le moment présent, mais surtout en sachant que la vie continuerait pour toi, à ce moment-là seulement, ton ego acceptera de ne plus t'imposer toutes ses croyances. Entendons-nous bien ! Je ne suis pas en train de dire que si tu acceptes l'idée que tu pourrais gérer un abandon, Mario t'abandonnera automatiquement. Généralement, c'est le contraire qui se produit. Si tu n'entretiens plus la peur d'être abandonnée, en n'y mettant plus d'énergie et en demeurant en contact avec ce que tu veux vraiment, il y a de fortes chances pour que tu n'attires pas cette situation. Si, malgré tout, tu attires un abandon, ce sera justement pour te tester, pour que tu puisses découvrir que tu es véritablement capable de le gérer…

... Après avoir fait la paix avec un abandon éventuel, l'étape suivante est de remercier ton ego d'avoir voulu te protéger, tout en lui laissant savoir qu'il est vrai que tu ne veux pas être abandonnée, mais que si ça arrivait, tu saurais le gérer. Je t'assure que dès que ton ego te sentira dans ta certitude, il lâchera prise et te laissera vivre et être ce que tu es sans s'interposer. Tu vivras ce moment comme une grande libération ; tu sentiras un poids en moins sur tes épaules. Ça prend beaucoup d'énergie pour entretenir toutes ces croyances, c'est pour cela qu'au fur et à mesure que tu t'en libères, tu le vis comme un soulagement et tu as un regain d'énergie.

— À mesure que tu parles, je sens quelque chose se passer en moi. J'ai vraiment envie d'arriver à faire ce que tu dis. Mais dis-moi, si j'y parviens, est-ce que ça veut dire que je vais arrêter de grossir voire même mincir ?

— J'attendais cette question. Te voilà en train de vouloir contrôler les résultats. Tu sauras que tu as vraiment accepté cette croyance et ta peur de l'abandon quand tu pourras accepter toutes les éventualités possibles. Quand on veut tout contrôler, cela indique qu'on ne veut pas s'ouvrir à de nouvelles expériences dans notre vie, alors qu'elles sont nécessaires et souvent très bénéfiques. Veux-tu cesser de grossir parce que tu n'es pas sûre de garder ton Mario ? Si c'est le cas, c'est cette peur qui t'incite à contrôler la situation. Il est triste de constater que lorsque nous ne changeons pas notre attitude, nous finissons toujours par produire ce dont nous avons peur…

... Tu me diras que ta mère ne s'est pas attiré une séparation, un abandon, mais ce qu'elle vit est aussi, sinon plus, pénible que si ton père l'avait quittée. Elle vit l'expérience d'abandon dans sa tête plutôt que dans son monde physique. Est-ce mieux ou plus facile selon toi ? Elle est loin de vivre le bonheur auquel elle aspire. Elle continue d'entretenir sa peur de l'abandon et donc d'aggraver sa blessure plutôt que la guérir…

... Une chose est certaine : le fait que tu veuilles prendre en main la guérison de ta blessure d'abandon aura un effet très positif sur ce que vit ta mère. De plus, inconsciemment, ça va aider ta fille au niveau de ses relations futures. Ça aura aussi un effet sur la peur de l'abandon que Mario vit avec toi. Tu te souviens, n'est-ce pas, que lorsque nous vivons une peur avec quelqu'un, l'autre vit la même peur avec nous ? La seule différence c'est qu'il y en a toujours un qui est plus conscient de sa peur que l'autre. Avec ce qui vient d'être dit, te sens-tu plus apte à parler avec Mario ?

— Oui, je veux absolument y arriver. Il faut que je réussisse cette fois-ci. Je ne veux pas rater mon coup comme l'autre fois !

— Ah, que tu t'en demandes beaucoup ! Tu es comme la plupart des gens qui ne se donnent pas le droit de rater quoi que ce soit. Est-ce que tu trouverais normal d'exiger d'un jeune enfant qu'il sache monter à bicyclette du premier coup ? De ne pas lui permettre de tomber et de recommencer afin d'y arriver ? Eh bien, c'est ce que tu fais à l'instant. Donne-toi le droit de ne pas savoir comment t'y prendre. Tu ne l'as JAMAIS fait auparavant, tu es en train d'apprendre. Même s'il faut que tu t'y prennes à plusieurs reprises, ce qui compte c'est ton intention. Juste le fait de vouloir à tout prix y arriver, je peux te garantir qu'un jour, tu y parviendras. Sois plus patiente et tolérante envers toi-même et fais confiance à l'Univers qui est toujours là pour t'appuyer.

— Je comprends mieux ce que tu veux dire quand tu mentionnes à quel point la majorité des personnes ont de la difficulté avec l'acceptation. Ça en fait des choses à accepter, hein ?

— Oui, mais l'avantage de pratiquer l'acceptation est que ça devient de plus en plus facile et rapide. La pratique a le même effet, peu importe le domaine. Comme la notion d'acceptation ne nous a jamais été enseignée, il est normal et humain d'avoir de la difficulté à l'expérimenter. Le plus grand obstacle est notre ego qui a une peur bleue de disparaître s'il n'a plus de pouvoir sur nous. Je te répète ce dont il est primordial de se rappeler à propos de l'ego : **il y a deux choses importantes que l'ego vise sans cesse : se nourrir des croyances que nous continuons d'alimenter et savoir qu'il est vivant de par le pouvoir qu'il exerce sur nous. Il ne peut sentir ce pouvoir que par l'entremise du corps physique quand ce dernier vit des peurs et des émotions…**

... L'ego est une création de notre plan mental. Il ne peut donc pas savoir que ce qu'il croit ne répond pas aux besoins de notre être. L'ego est une excroissance du plan mental : il n'est pas naturel, comme toute excroissance dans le corps physique d'un individu. Nous lui avons donné notre pouvoir. C'est donc à nous de le reprendre en décidant ce que nous voulons pour nous…

***

— Maintenant que nous avons parcouru les résultats de tes interventions auprès de ta fille, de ta mère et de Mario, y a-t-il un sujet en particulier que tu veux traiter aujourd'hui ?

— Oui. Je suis inquiète au sujet de ce que le médecin m'a dit. Depuis un an, j'ai souvent mal aux seins, surtout le sein gauche, et ces derniers temps, ça a empiré. J'ai donc consulté mon médecin qui m'a renvoyée vers un spécialiste. Ce dernier m'a annoncé que j'ai des kystes assez gros et qu'il va devoir m'opérer. Je n'aime pas du tout l'idée d'une intervention sur les seins. J'ai tout de suite consulté ton livre sur les malaises pour y apprendre que c'est mon attitude de mère qui est à l'origine du problème. Je suis tout à fait d'accord avec ça. Je sais que je me fais beaucoup de souci pour ma fille et que je joue à la maman avec Mario aussi. Je m'inquiète même pour David, le fils de Mario, sa femme et leur petit garçon. Chaque fois que je vois Michelle fumer chez elle devant son enfant, je trouve épouvantable qu'une maman impose ça à son enfant. Comment peut-elle ignorer qu'elle est en train d'intoxiquer son mari et son enfant ? Mario fume, mais ne le fait jamais à l'intérieur de la maison. Je tiens à ce qu'il aille fumer dehors, ainsi il fume moins. J'aimerais qu'il arrête, car ce n'est pas bon pour sa santé. Comme tu peux le voir, je m'en fais pour tous ceux que j'aime. Est-ce que mon corps est en train de me dire que je ne dois plus m'intéresser à eux, que je dois arrêter de jouer à la maman ?

— Lorsque tu fais un décodage pour connaître la cause d'un malaise physique, tu le fais pour trois raisons. La première, c'est pour devenir consciente de ce que tu veux vraiment être dans ta vie, une façon d'être qui répond à ton plan de vie. La deuxième, c'est pour découvrir la croyance que tu entretiens qui est nuisible pour toi, c'est-à-dire la croyance qui t'amène dans la direction contraire à ce que tu veux être. Et la troisième raison, c'est de t'aider à devenir consciente que tu n'acceptes pas ce que tu es à ce moment-là. Nous allons donc prendre quelques minutes ensemble pour t'aider à faire un décodage plus détaillé.

Je sors la feuille de décodage[1] *pour inscrire les réponses d'Anna concernant son problème aux seins.*

— Selon les réponses que tu viens de me donner, ton problème aux seins t'empêche d'avoir l'esprit en paix, de bien dormir et surtout d'être libre et heureuse. Nous savons donc que tu veux être libre et heureuse. Ce que tu veux répond aux besoins profonds de ton être. Maintenant, nous savons que tu ne réponds pas à ton besoin, car tu continues à croire qu'**être libre et heureuse en tant que maman signifie être égoïste et sans cœur**...

... Nous arrivons à la partie la plus importante du décodage, celle de l'ACCEPTATION. Ton corps continuera de t'envoyer des messages tant et aussi longtemps

1. Les étapes pour le décodage métaphysique se trouvent à la fin du livre *Ton corps dit : « Aime-toi ! »* de Lise Bourbeau.

qu'il ne sentira pas cette acceptation. Tu te souviens, n'est-ce pas, que **tu ne peux arriver à ce que tu veux tant et aussi longtemps que tu n'accepteras pas ce que tu ne veux pas ?**

— Tu veux dire que je dois accepter d'être une mère égoïste et sans cœur ? Mais je ne peux pas, ce n'est pas dans ma nature.

— Revenons en arrière. Tu viens de me dire que tu veux être libre et heureuse, pas vrai ? Ensuite, tu ajoutes que tu crois qu'être ainsi signifie être égoïste et sans cœur. Donc, vois-tu pourquoi tu dois accepter ce que tu crois afin d'arriver à ce que tu veux ? Sais-tu pourquoi il est si difficile pour toi d'accepter d'être égoïste et sans cœur ?

— C'est simple, si je suis ainsi, personne ne m'aimera, les gens de mon entourage diront que je ne pense qu'à moi et que je ne les aime pas. Tu dis bien que nous récoltons ce que nous semons, donc si je suis égoïste et que je n'aime personne, c'est ce que je vais récolter en retour. Ça ne m'intéresse pas du tout. N'y a-t-il pas un autre moyen d'arriver à utiliser le message que mon corps me donne ?

— Ah, ce que l'ego peut être puissant ! Te rends-tu compte que ce n'est pas ton cœur qui parle, mais bien ton ego qui ne veut pas que tu deviennes libre et heureuse ? Pourquoi ? Toujours pour les mêmes deux raisons : il croit que tu ne pourras pas accepter de passer pour une personne égoïste et sans cœur. Il veut donc te protéger et que tu continues à vivre des émotions pour savoir qu'il existe à travers tes peurs et tes inquiétudes. Te rends-tu compte que t'inquiéter pour tous ceux que tu aimes, comme tu le fais en ce moment, n'est pas de l'amour véritable ? De plus, le fait de ne pas écouter ton besoin d'être libre et heureuse m'indique que tu ne t'aimes pas véritablement. Donc, comment peux-tu récolter de l'amour véritable alors que tu n'en sèmes pas ? Tu t'attends à en recevoir des autres alors que ce n'est pas ce que tu leur donnes, pas plus qu'à toi-même.

— Je continue de penser qu'il me serait impossible d'être égoïste : je serais tellement mal que je ne serais pas plus heureuse et libre. Comment m'en sortir ?

— Je vois bien qu'être égoïste semble être une attitude particulièrement inacceptable pour toi. Je suis certaine que c'est parce que tu en as une mauvaise définition. Te souviens-tu de ce que je vous ai dit, à Mario et à toi, dès votre première visite quand nous avons parlé d'égoïsme ?

— Je ne me rappelle pas vraiment. Je me souviens seulement avoir été surprise de ta définition. Je suppose que je ne l'ai pas enregistrée parce qu'elle ne me convenait pas. Peux-tu me la redonner ?

— D'accord. Mais auparavant, je veux que tu prennes le temps de vérifier en toi ce que tu te rappelles. Tu t'en souviens peut-être plus que tu ne veux bien l'admettre et c'est ton ego qui t'embrouille les idées.

— Pour moi, être égoïste c'est ne pas m'en faire quand les autres sont malheureux ou ont besoin d'aide. C'est penser à moi en premier. Je trouve cela très capricieux. Après tout, si on ne peut compter sur ceux qui nous aiment quand on a des problèmes, qui va nous aider ?

— Ta définition est très semblable à celle de la plupart des gens. Maintenant, dis-moi ce que j'ai dit de différent par rapport à ta définition.

— Ah oui ! Ça me revient. Tu as donné une définition qui semblait être tout à fait contraire à la mienne et c'est surtout de ça dont je me souviens. Je ne pourrais pas te la redire par contre.

— Alors je répète. Tu crois qu'**être égoïste** c'est passer soi-même en premier, avant les autres alors que la vraie définition **c'est vouloir que l'autre s'occupe de mes besoins avant les siens**. Tu sais ce que ça veut dire, n'est-ce pas ? C'est généralement la personne qui traite l'autre d'égoïste qui l'est. C'est ironique, ne trouves-tu pas ? Je vais ajouter quelque chose qui va peut-être te surprendre. Beaucoup de gens comme toi veulent améliorer la vie de ceux qu'ils aiment par peur d'être égoïstes s'ils ne le font pas, alors que les êtres aimés préféreraient, et de loin, qu'ils se mêlent de leurs affaires. Crois-tu vraiment que tous tes proches apprécient que tu t'inquiètes pour eux à ce point ?

— Tu as bien raison. Tu ne peux savoir combien de fois je me suis fait dire d'arrêter de m'inquiéter, de m'occuper de mon propre bonheur. Tous m'ont dit qu'ils étaient capables de prendre leur vie en main. Enfin, je commence à comprendre ce que tu veux dire par accepter d'être égoïste. Tu veux dire que lorsque je vais croire que je suis égoïste, en réalité je vais davantage être dans l'amour véritable et je vais surtout être capable d'être bien même si leur vie ne me semble pas si heureuse. Pourquoi n'apprenons-nous pas ces choses-là quand nous sommes jeunes ? Ça devrait faire partie de la matière enseignée à l'école, ne trouves-tu pas ?

— Je crois plutôt que cet enseignement doit venir des parents. L'école nous prépare davantage pour notre vie professionnelle et nos parents doivent nous préparer pour notre vie personnelle. Mais comment pouvons-nous demander à nos parents de nous enseigner ces notions alors qu'eux-mêmes ne les ont jamais apprises ? Il y a maintenant une grande ouverture dans le monde et c'est très encourageant. Toutes ces nouvelles notions disponibles sous une multitude de formes, outilleront mieux les futurs adultes pour faire face à n'importe quelle situation, tant personnelle que professionnelle. Réalises-tu la différence que ça fera avec ta fille, par exemple lorsque tu lui enseigneras l'amour véritable et surtout lorsque tu en seras un exemple plutôt que de lui donner un modèle de peur d'être égoïste ?...

... Voilà donc ce que ton corps te dit avec ton problème aux seins. Est-ce que c'est plus clair pour toi maintenant ?

— Oui, assurément. Cependant, je ne sais pas à quel point je pourrai changer. Est-ce que je vais guérir seulement quand je vais arrêter de m'inquiéter ?

— Non. Ton corps ne te dit pas de changer radicalement de comportement, mais de te permettre d'être parfois égoïste et sans cœur. Tu sauras que tu t'es acceptée quand tu pourras être bien les fois où tu penseras à toi et à ton bonheur, même si ceux que tu aimes sont malheureux, et que tu seras bien aussi les fois où tu décideras d'aider ceux qui ont besoin d'aide. Ton offre d'aide sera faite par amour et non motivée par la peur d'être égoïste si tu ne te dévoues pas. S'ils refusent ton aide, tu pourras quand même être bien. Donne-toi le droit de prendre le temps nécessaire pour y arriver. Ton corps, entendant un message différent provenant de ta nouvelle attitude intérieure, ne sentira plus le besoin d'attirer ton attention pour t'aider à écouter tes besoins...

... Je te suggère d'attendre au moins trois mois avant de prendre une décision finale au sujet de l'opération. À ce moment-là, il serait bon de demander à ton médecin de faire une nouvelle radiographie. Tu peux lui dire que tu es en train de faire un travail personnel sur toi et que tu te sens bien avec ta décision. Rien ne t'empêche dans l'intervalle de suivre ses conseils s'il te suggère un médicament ou un traitement. Tu peux aussi choisir d'utiliser une médecine alternative si c'est ce que tu préfères. Quoi que tu fasses, fais-le par amour pour toi et non par peur…

... C'est toi qui as mentionné que tu ne voulais pas te faire opérer, mais, tu sais, j'ai souvent rencontré des femmes comme toi qui ont fait un bon travail sur elles-mêmes tout en choisissant de se faire opérer pour en avoir le cœur net. Cela n'empêche pas le fait qu'elles aient bien compris le message de leur corps et qu'elles soient beaucoup plus assurées qu'un message du même genre ne se reproduira plus et surtout que leur état ne s'aggravera pas. Un décodage de ce genre est un excellent moyen pour prévenir des maladies plus graves.

À RETENIR DE CE CHAPITRE

- Avec l'ère du Verseau, nous devons accepter le fait que tous les humains sont égaux et que nous avons tous quelque chose à apprendre les uns des autres, que ce soit dans une relation parents et enfants, professeurs et étudiants, patrons et employés, etc.
- Quand on se pose la bonne question, la réponse vient rapidement.
- Après être devenu conscient d'une croyance, il est normal de nous en vouloir de croire à quelque chose qui met un frein à notre bonheur et à notre liberté d'être ce que nous voulons être à chaque instant.

- L'ego est convaincu que l'être humain ne pourra pas gérer la douleur vécue lorsque sa blessure est activée, qu'il pourrait même en mourir.
- Pour guérir une blessure, nous devons être capables d'envisager qu'une autre personne puisse nous faire vivre l'expérience de cette blessure ou que nous puissions la faire vivre à autrui, sans se juger ou sans juger l'autre. C'est savoir que lorsque cela arrive, celui qui, par son comportement active la blessure d'une autre personne, ne veut pas nécessairement lui faire du mal. Il est juste en train d'exprimer ses limites ou ses besoins. **Voilà la raison d'être à tous : vivre toutes les expériences que nous attirons dans l'acceptation, sans jugement…**
- Après avoir accepté l'éventualité de vivre une blessure dans l'acceptation, l'étape suivante est de remercier notre ego d'avoir voulu nous protéger, tout en lui laissant savoir qu'il est vrai que nous ne voulons pas nécessairement vivre cette blessure, mais que si cela arrivait, nous saurions le gérer. Dès que notre ego nous sent dans notre certitude, il lâche prise et nous laisse vivre et être sans intervenir. Nous sentons alors un poids en moins sur nos épaules, un grand regain d'énergie.
- Il est triste de constater que lorsque nous ne changeons pas notre attitude, nous finissons toujours par produire ce dont nous avons peur.
- Une personne doit se permettre de ne pas atteindre l'acceptation véritable et de ne pas pouvoir exprimer ce qu'elle ressent à ceux avec qui sa blessure a été activée la première fois. Elle doit être plus patiente et tolérante envers elle-même et faire

confiance à l'Univers qui est toujours là pour l'appuyer.

- Il y a deux choses importantes que l'ego vise sans cesse : se nourrir des croyances que nous continuons d'alimenter et savoir qu'il est vivant de par le pouvoir qu'il exerce sur nous. Il ne peut sentir ce pouvoir que par l'entremise du corps physique de l'être humain quand ce dernier vit des peurs et des émotions. L'ego est une création de notre plan mental, donc il ne peut pas savoir que ce qu'il croit ne répond pas aux besoins de notre être. L'ego est une excroissance du plan mental, il n'est pas naturel, comme toute excroissance dans le corps physique d'un individu. Nous lui avons donné notre pouvoir, c'est donc à nous de le reprendre en décidant ce que nous voulons pour nous.
- Un décodage pour connaître la cause d'un malaise physique se fait pour trois raisons. La première, c'est pour devenir conscients de ce que nous voulons vraiment être dans notre vie, une façon d'être qui répond à notre plan de vie. La deuxième, c'est pour découvrir la croyance que nous entretenons qui est nuisible pour nous, c'est-à-dire la croyance qui nous amène dans la direction contraire à ce que nous voulons être. Et la troisième raison, la plus importante, c'est pour nous aider à devenir conscients que nous ne nous acceptons pas dans ce que nous sommes à ce moment-là. Nous devons nous souvenir que nous ne pouvons arriver à ce que nous voulons tant et aussi longtemps que nous n'accepterons pas ce que nous ne voulons pas.
- Nous ne pouvons récolter de l'amour véritable quand nous n'en semons pas. Nous ne pouvons

nous attendre à en recevoir des autres quand ce n'est pas ce que nous leur donnons, pas plus qu'à nous-mêmes.

- La plupart des gens croient qu'être égoïste, c'est passer soi-même en premier, avant les autres, alors que la vraie définition c'est vouloir que l'autre s'occupe de nos besoins avant les siens. C'est en général la personne qui traite l'autre d'être égoïste qui l'est.
- Tout enseignement qui concerne l'amour véritable doit venir en tout premier des parents ou de ceux qui jouent le rôle de parents. L'école nous prépare davantage pour notre vie professionnelle et nos parents doivent nous préparer pour notre vie personnelle. Comme la plupart des parents n'ont pas appris les notions d'amour véritable, il est difficile pour eux de transmettre cet enseignement. Voilà pourquoi il est devenu urgent pour tous d'apprendre cet enseignement.
- La guérison d'un malaise physique n'est pas automatique lorsque nous en avons compris la cause intérieure. Cette guérison est possible seulement lorsque nous nous permettons d'être ce que nous voulons être ainsi que ce que nous ne voulons pas être, quand il n'y a plus de jugement ni de peurs.

CHAPITRE HUIT

Accepter la vieillesse et la mort

— Bonjour, Anna. Bonjour, Mario. Anna, j'ai senti l'urgence dans ta voix quand tu m'as appelée au téléphone pour que vous puissiez me rencontrer le plus rapidement possible. Que se passe-t-il ? Qu'a-t-il pu vous arriver depuis un mois pour que vous ayez l'air si triste, tous les deux ?

Mario s'empresse de me répondre avant même d'avoir fini d'enlever son manteau :

— Lise, tu ne pourras pas croire ce qui nous arrive, et en plus la même semaine ! Je me demande ce que nous avons fait au bon Dieu pour qu'il nous éprouve à ce point... Le fils de ma sœur Louisette s'est suicidé la semaine dernière, puis, le lendemain, nous apprenions que le père d'Anna s'est cassé une jambe et qu'il ne pourra plus retourner sur le marché du travail à cause de l'état de ses os. Il paraît que ses os sont très usés, comme s'ils avaient vieilli trop vite. Le médecin a dit que, bien qu'il n'ait que soixante-quatre ans, il a les os d'une personne de plus de quatre-vingts ans...

— Bon, prenez le temps de vous asseoir, de bien respirer et prenez un verre d'eau. C'est toujours une très bonne idée de boire beaucoup d'eau lorsque nous vivons des émotions. Ça calme.

— Je vais te parler de mon neveu qui s'est suicidé et ensuite Anna te parlera de son père. Ma sœur Louisette était dans tous ses états lorsqu'elle m'a appelé pour m'annoncer en pleurant qu'elle avait trouvé son fils pendu dans sa chambre. Il n'avait que dix-huit ans ! Selon moi, jamais elle ne s'en remettra. Tu imagines ? Découvrir son propre fils pendu ; les policiers qui envahissent la maison ; l'enquête criminelle qui s'ensuit ; les interrogatoires interminables qu'elle et son mari doivent subir ! J'ai encore de la difficulté à le croire. Elle m'a appelé le lendemain, après que son fils eut été transporté chez le coroner pour une autopsie. Anna et moi nous sommes empressés d'aller chez elle, même si elle habite à quatre heures de route de chez nous…

... J'ai eu l'impression qu'elle avait vieilli de dix ans depuis la dernière fois que je l'ai vue, il y a à peine trois semaines. Elle a toujours été ma sœur préférée, mais je ne savais pas quoi faire pour l'aider. Pourquoi une telle chose lui arrive-t-elle ? Je sais que d'autres parents ont sûrement vécu la même chose, mais quand c'est dans la famille, ce n'est pas pareil. Sapristi ! que la vie est dure parfois ! Mon beau-frère, lui, m'inquiète encore plus. Il reste assis, fixe le mur et ne veut parler à personne. Il est comme un zombie. Il ne mange pas et ne pleure même pas. Il me semble que s'il piquait une bonne crise, ça lui ferait du bien. Ma sœur, au contraire, ne fait que pleurer. Pourquoi la vie est-elle aussi difficile ?

— Je suis désolée d'entendre une aussi triste nouvelle. Ce n'est jamais facile d'apprendre le décès d'un proche, encore moins un décès de ce genre ! C'est tout à fait normal que ce soit un choc pour toute la famille. Est-ce que les parents avaient déjà entendu leur fils parler de suicide ?

— Non, c'est pour ça que c'est un si grand choc. Mon neveu, Luc, a toujours été un garçon timide, effacé, très peu démonstratif. Il réussissait bien à l'école. Il avait arrêté ses études depuis un an, ne sachant pas trop dans quelle voie se diriger. Il disait qu'une année sabbatique lui ferait du bien. Il avait du talent dans tout et aurait pu faire une belle carrière dans plusieurs domaines, surtout en informatique. Il avait trouvé un emploi dans un entrepôt. Il ne parlait pas vraiment de son travail ; il disait seulement que c'était convenable pour le moment et que ça lui permettait de payer ses dépenses…

... Il vivait encore chez ses parents. À la maison, il passait presque tout son temps dans sa chambre devant son ordinateur. Il sortait de temps à autre, mais avait peu d'amis. Louisette m'a même avoué qu'elle se demandait parfois si son fils n'était pas homosexuel vu qu'il n'avait encore jamais fréquenté une fille assidûment, mais elle n'osait pas lui en parler. Je dois avouer qu'il était difficile de bavarder avec mon neveu car il répondait en général par un oui, par un non, ou d'une façon très évasive. Mon beau-frère, lui, avait beaucoup de difficulté à accepter son fils car il aurait voulu avoir un garçon sportif, sociable. Il aurait aimé jouer au golf et faire du ski avec lui, mais il n'arrivait pas à l'approcher. Je crois qu'il se sent terriblement coupable de sa mort et c'est pour ça qu'en ce moment, il est dans un état aussi pitoyable.

— Dis-moi, Mario, pourquoi me dis-tu qu'il t'arrive, À TOI, quelque chose de si épouvantable, que

Dieu est en train de t'éprouver ? Je sais que le fait que quelqu'un d'aussi jeune choisisse de mourir de cette façon n'est pas une chose facile à accepter, mais en quoi cela affecte-t-il ta vie ?

— Quelle question ! Vraiment Lise, tu me surprends. Ça affecte la vie de tous ceux qui le connaissaient. C'est normal, non ?

— Je ne veux pas parler des autres. Le but de notre rencontre est de vous aider tous les deux, Anna et toi, à passer au travers de cette situation difficile. N'est-ce pas la raison pour laquelle vous vouliez me voir ? Oui ? C'est bien ça ? Alors, pour y arriver, je dois savoir en quoi cette situation est dérangeante pour vous deux, en quoi elle affecte votre vie.

— Disons que je ne sais pas quoi faire pour aider Louisette qui a bien besoin d'un coup de main. Je ne peux pas rester chez moi à ne rien faire alors qu'elle souffre tant. D'un autre côté, je ne peux pas toujours être à ses côtés.

— Si je comprends bien, ce qui est le plus difficile, c'est de voir ta sœur souffrir et de ne pas savoir quoi faire. Te sens-tu impuissant ou égoïste si tu ne trouves pas un moyen pour l'aider ?... Oui ? Alors, supposons que tu ne réussisses pas à l'aider, de quoi as-tu peur pour toi ?

— Je n'ai pas peur pour moi, j'ai peur pour elle. J'ai peur qu'elle tombe malade, qu'elle fasse une dépression. À la façon dont son mari agit, j'ai peur pour la survie de leur couple. Je ne te l'ai pas dit, mais c'était leur fils unique, c'est donc encore pire pour eux. Ils se retrouvent tous les deux seuls avec leur peine. Comment vont-ils s'en sortir ?

— Tu crois avoir peur pour elle et pour son couple, mais en réalité, nous avons toujours peur pour nous-mêmes et non pour les autres. C'est notre ego qui essaie de nous faire croire que nous avons peur pour l'autre. Je vous ai parlé de ça au cours d'une visite précédente, alors qu'Anna me parlait de sa peur pour Sandra. Voyez-vous combien l'ego résiste et que, de ce fait, nous avons de la difficulté à enregistrer toutes ces notions nouvelles ? Accepter que nous ayons peur seulement pour nous-mêmes signifie que nous prenons notre responsabilité et non celle des autres…

... Tout ce qui concerne la loi de la responsabilité semble être ce qu'il y a de plus difficile à accepter pour l'ego. Donc, ne vous en faites pas, je suis habituée d'avoir à répéter ces notions plusieurs fois. Sur le coup, nous croyons les avoir bien saisies, mais nous les oublions rapidement pour revenir à nos anciennes croyances. La conséquence la plus nuisible de croire que nous avons peur pour quelqu'un d'autre est de nous garder dans les émotions – surtout dans la culpabilité – tant et aussi longtemps que l'autre ne décide pas de faire quelque chose pour changer sa vie. Ainsi, nous nous mettons à la merci des autres. Je reviens à ma question, Mario. De quoi as-tu peur pour toi si ta sœur tombe malade ou éprouve des difficultés de couple suite au suicide de son fils ?

Mario regarde par terre, soupire longuement, et me dit d'une voix basse et lentement :

— Si ça arrivait, j'aurais beaucoup de difficulté à rendre visite à ma sœur en sachant que je mène une vie agréable, en fait une vie qui va de mieux en mieux maintenant… J'aurais donc peur qu'elle me traite de sans cœur, de poule mouillée, qu'elle me reproche de ne pas l'aider.

— Crois-tu vraiment que tu es une personne sans cœur ? De plus, est-ce que ta sœur s'attend vraiment à ce que ce soit toi qui règles ses problèmes ? Est-ce qu'elle t'a demandé de l'aide ?

— Non. Elle ne cesse de se lamenter, de dire que la vie est injuste et qu'elle ne comprend pas pourquoi elle doit subir cette épreuve. Elle se demande comment il se fait que personne ne se soit douté que leur fils était si malheureux. En y réfléchissant, je réalise que je l'ai appelée tous les jours depuis une semaine et qu'elle ne m'a pas demandé de l'aide.

— Rien ne t'empêche de partager avec elle ce que tu ressens, de lui dire que tu voudrais bien l'aider, mais que tu ne sais pas comment et que tu te sens impuissant. Tu peux lui suggérer de se faire aider dans le privé. Je connais plusieurs personnes qui pourraient les aider, les conseiller elle et son mari. Souviens-toi, Mario, que tant et aussi longtemps qu'une personne ne demande pas de l'aide, il ne sert à rien de lui imposer la forme d'aide que nous croyons être la bonne pour elle. Toutefois, si elle demande de l'aide et que sa requête est au-delà de nos capacités, nous devons le lui avouer et l'accompagner, si possible, pour trouver la personne qui pourrait lui apporter le soutien nécessaire. Il est normal que ta sœur et son mari soient en état de choc. Après quelques semaines, il sera beaucoup plus facile de leur parler…

... La meilleure aide que tu puisses leur apporter en ce moment est de leur dire qu'il est tout à fait normal et humain de trouver la vie injuste et même d'accuser Dieu. Ils doivent aussi se donner le droit de se poser des questions sur la décision de leur fils. Un jour, ils réaliseront qu'ils ne sont pas responsables des décisions des autres et qu'ils ont agi au meilleur de leurs connaissances avec leur fils. Tu peux aussi avouer à Louisette ta difficulté d'être bien en ce moment lorsque tu vois quelqu'un, que tu aimes beaucoup, être malheureux et que tu ne sais pas comment gérer cela. Il se peut même que tu aies de la difficulté à aller la voir souvent. Donne-toi le droit, pour l'instant, d'avoir des limites et en les lui partageant, tu verras que la gestion de ces limites deviendra plus facile. Il arrive même fréquemment que dès que nous nous donnons le droit d'avoir des limites, celles-ci se transforment rapidement et nous réalisons que nos limites ne sont pas aussi importantes qu'avant…

... Malheureusement, il n'existe pas d'école qui explique aux futurs parents quoi faire dans toutes les situations qu'ils pourraient vivre avec un enfant. Généralement, tous les parents sur Terre répètent ce qu'ils ont appris de leurs propres parents, apprennent de leurs expériences et finissent par s'assagir. C'est ainsi que, de génération en génération, le monde évolue. Toi aussi, tu dois accepter que ce suicide t'a pris au dépourvu et t'a mis en contact avec l'impuissance que tu ressens dans certaines situations où tu voudrais aider ceux que tu aimes. Nous vivons tous de l'impuissance à un moment donné de notre vie. C'est ça être humain. Crois-tu sincèrement que ta sœur serait moins malheureuse si tu devenais malheureux à ton tour parce que tu ne peux pas l'aider ?

— Mais non. Louisette m'aime tellement que je suis sûr qu'elle ne veut pas que je sois malheureux. Je me rends compte que c'est moi qui imagine tout ça. J'ai compris ce que je dois faire. Merci Lise, ça m'éclaire.

— Et toi, Anna, comment as-tu vécu cette triste nouvelle ?

— Moi, pas du tout comme Mario. Je ne me sens pas obligée d'aider ma belle-sœur que j'aime beaucoup d'ailleurs. Tout de suite, je lui ai dit que je me sentais bien gauche, que je ne savais pas trop quoi faire ou dire qui pourrait l'aider, mais que si elle avait besoin de quoi que ce soit, de ne pas hésiter à me le demander. Je me sens plus à l'aise pour lui offrir une aide physique que psychologique. Je lui ai donc offert de retourner la visiter la semaine prochaine pour l'aider à faire son ménage et lui cuisiner plein de petits plats à congeler. Elle m'a remerciée avec un triste sourire et j'ai vu dans son regard qu'elle appréciait mon offre…

... Ce que je trouve le plus difficile dans cette situation, c'est d'imaginer que ça aurait pu arriver à ma fille. À cette idée, le cœur me fait mal et j'ai de la difficulté à respirer. Je me suis empressée d'en parler à Sandra et je lui ai demandé si elle avait déjà pensé au suicide. Elle m'a tout de suite rassurée en me disant que non, qu'elle n'aurait jamais ce courage-là. COURAGE, drôle de mot pour qualifier un suicide, n'est-ce pas ? Eh oui ! Elle dit que quelqu'un qui pense à se suicider doit avoir beaucoup de courage pour passer à l'action. Il paraît que deux de ses amies lui en ont parlé : l'une a pensé à se trancher les veines du poignet, l'autre à avaler le contenu d'un flacon de pilules, mais qu'elles n'ont pas eu le courage de le faire. J'imagine que c'est vrai, ça ne doit pas être une chose facile à faire. J'ai lu sur Internet qu'il y a un nombre toujours grandissant de jeunes qui se suicident, et ce, non seulement au Québec, mais dans plusieurs pays. Sais-tu pourquoi ?

— Personne ne peut véritablement deviner pourquoi quelqu'un prend une telle décision. De toute façon, ça ne nous concerne pas vraiment. Chaque âme a une raison très précise pour être sur Terre et si elle décide que son plan de vie lui semble trop difficile à atteindre dans cette vie-ci et qu'elle préfère revenir dans un autre corps, dans une autre vie pour reprendre ce même plan de vie, qui sommes-nous pour dire que cette âme n'a pas le droit de le faire ? Cela s'appelle le grand respect de la vie. J'ai appris que très souvent, le suicide d'une personne aidait beaucoup à l'évolution de ses proches…

... Une chose est certaine, lorsqu'une personne trouve très difficile la mort de quelqu'un de cher, c'est que cette personne doit apprendre le détachement. Nous sommes tenus de comprendre, une fois pour toutes, que personne ne nous appartient ; ni les enfants, ni les conjoints, ni les amis, ni les parents. Nous sommes tous des âmes qui ont choisi de faire un bout de chemin ensemble pour apprendre l'amour véritable, pour apprendre l'acceptation…

... Dans le cas de Louisette et de son mari, tous les deux doivent apprendre à accepter le fait que leur fils ne leur appartenait pas et que cette âme avait des raisons personnelles pour terminer sa vie à dix-huit ans et surtout, de cette façon. Il se peut qu'il leur faille un certain temps pour arriver à cette acceptation mais, vous savez, Anna et Mario, on peut se donner le droit de ne pas pouvoir accepter maintenant. Pour parvenir à nous donner le droit, nous devons toujours nous rappeler que nous ne sommes pas en train de dire que nous sommes d'accord avec le choix de l'autre. Louisette et son mari peuvent ne jamais être d'accord avec le choix de leur fils, ne jamais vraiment comprendre ce qui l'a incité à prendre cette décision et surtout à passer à l'action, mais en même temps accepter que leur fils avait ses raisons personnelles et qu'elles lui appartiennent. Elles n'appartiennent pas à ses parents…

... Je suis bien consciente que ce genre d'acceptation n'est pas facile à faire, mais c'est une grande victoire pour l'âme quand une personne y arrive. Lorsque nous arrivons à cette acceptation totale, c'est une consolation de savoir que nous ne souffrirons plus jamais d'une situation semblable si elle venait à se répéter. Comment vous sentez-vous tous les deux, maintenant que je vous ai rappelé l'importance de l'acceptation afin de moins souffrir ?

— Beaucoup mieux, disent-ils en même temps.

Ils se regardent et je peux voir le soulagement dans leurs regards.

***

Anna se tourne vers moi et ajoute :

— Est-ce que je peux te parler de papa maintenant ? Je ne peux pas accepter de le voir vieillir comme ça. Il souffre de plus en plus d'arthrose. Juste le fait d'apprendre que ses os sont très friables, si usés et si vieux, c'est comme si soudainement il avait lui- même quatre-vingts ans. Je trouve plus difficile de voir vieillir mes parents que de penser qu'ils vont mourir un jour. La mort pour moi est naturelle et je sais qu'un jour mes parents mourront. Par contre, les voir vieillir ainsi, voir leur corps se rider de plus en plus, voir leurs capacités physiques toujours plus réduites, ça c'est difficile.

— Tu me parles de la vieillesse de ton papa ou de tes deux parents ?

— Je suis allée leur rendre visite trois fois au cours de la dernière semaine et le fait que papa ait une jambe dans le plâtre, qu'il soit en fauteuil roulant – il ne veut pas s'habituer aux béquilles – m'a permis de prendre le temps de les regarder tous les deux et de réaliser qu'ils ont beaucoup vieilli depuis un an. On dirait que je ne voulais pas le voir avant. Maman qui, malgré son surpoids, bougeait toujours vite, se déplace plus lentement maintenant. Elle a même de la difficulté à se lever de sa chaise…

... Que va-t-elle devenir avec papa en fauteuil roulant ? Elle me dit de ne pas m'inquiéter, qu'il n'est question que de deux mois dans le plâtre, mais je m'en fais quand même. On dirait que leur peau s'est tellement amollie que tout tombe ; elle n'a plus le même éclat qu'avant. Leurs cheveux aussi sont très clairsemés. De plus, je me suis aperçue que maman rapetisse. Elle a quelques centimètres de moins qu'avant. Son médecin lui a dit qu'il était normal pour une femme de son âge de souffrir d'ostéoporose. Est-ce possible que la vieillesse arrive aussi vite ou est-ce moi qui n'ai pas voulu le voir auparavant ?

— Il est fort possible que tu n'aies pas voulu le voir. C'est tout à fait normal. Est-ce que les gens peuvent vieillir très vite ? C'est différent pour chacun. Il y a des personnes qui prennent un coup de vieux tandis que d'autres ont quatre-vingts ans, mais paraissent en avoir soixante. Le facteur de la vieillesse est très influencé par le moral des gens. Il a été prouvé que lorsqu'une personne a de multiples activités physiques et intellectuelles, qu'elle a des buts, des projets, elle demeure jeune beaucoup plus longtemps. S'est-il passé quelque chose de différent dans la vie de ton père récemment, avant qu'il tombe et se fracture la jambe ?

— Je sais que son anniversaire sera fêté le mois prochain et qu'il aura soixante-cinq ans. Il plaisantait souvent en disant qu'à cet âge il ferait partie du troisième âge, qu'il recevrait enfin de l'argent du gouvernement, qu'après tout ce qu'il leur avait donné, il était temps qu'il en récupère un peu. Penses-tu que ça peut avoir un lien avec son accident ?

— Un accident attire notre attention sur une culpabilité que nous entretenons. Il nous aide à devenir conscients de cette culpabilité et du fait que nous nous condamnons tellement que nous voulons nous punir. Tu sais ce qui arrive à une personne qui est déclarée coupable suite à un procès : elle doit payer le prix, soit en argent ou en passant un certain temps en prison. Nous faisons la même chose lorsque nous nous déclarons coupables : nous nous assurons de payer le prix. Dans le cas d'un accident, il faut s'attarder sur la partie du corps qui est blessée pour découvrir dans quel domaine cette culpabilité est vécue…

... Dans le cas de ton père, c'est sa jambe qui est blessée et cela l'empêche de continuer à aller au travail. Comme les jambes sont nécessaires pour aller de l'avant dans la vie, nous pouvons en déduire qu'il se sent coupable face à son avenir et face à sa performance au travail. Il est certain que si j'avais ton père devant moi, je pourrais lui poser des questions pour vérifier ma déduction. Mais en général, le corps parle d'une façon si claire que je crois qu'il me confirmerait ce que je viens de dire.

— Tu as raison, Lise. Maintenant que tu en parles, je me souviens l'avoir souvent entendu dire des choses comme : *« Les petits jeunes au travail ont sûrement hâte que je parte ; je vois dans leurs yeux qu'ils me trouvent lent. »* ou *« Ce n'est pas drôle de vieillir, hein ? Le corps ne veut plus suivre comme avant. »* ou *« Ce n'est pas parce que j'oublie des choses ou que je ne suis plus aussi attentif que je ne peux plus travailler. Je devrais être encore bon pour plusieurs années. Après tout, je ne commets pas d'erreurs graves. Je voudrais bien les voir à mon âge ; ils font déjà des erreurs et ils sont bien plus jeunes que moi. »*

... Il est vrai qu'il a maintenant des tâches moins exigeantes. Il travaille dans un grand garage où il s'occupait de toutes les commandes et du matériel du garage. Il y a cinq ans, il a été muté au comptoir avec deux autres commis et il doit répondre au téléphone. C'est ça ! Je viens de comprendre ! C'est sûrement depuis ce temps-là qu'il a commencé à vieillir. Son patron, qui l'apprécie pour ses trente-deux années de dévouement à la compagnie, ne lui a pas dit clairement qu'il veut que papa prenne sa retraite à soixante-cinq ans, mais il le lui a laissé sous-entendre à quelques reprises. Mon père nous en a justement glissé un mot la semaine passée. Son patron lui en avait encore parlé et il lui avait répondu qu'il se sentait encore en forme pour travailler. C'est comme si son patron n'était pas capable de prendre la décision de le congédier, il voudrait que ça vienne de papa. Eh bien ! L'Univers s'en est chargé, n'est-ce pas ? Avec l'accident, ça vient tout régler. Crois-tu que je pourrais expliquer cela à papa ?

— Est-ce que tu te sens à l'aise à l'idée de lui en parler ? Est-ce ce que tu veux ? Oui ? Alors voici ce que je te suggère. Tu peux lui expliquer ce que tu as appris au sujet de la signification des malaises, des maladies et des accidents et lui demander s'il est intéressé d'entendre une interprétation de son accident. S'il est ouvert, ça pourrait sûrement l'aider. S'il n'est pas intéressé, il ne faut surtout pas insister. L'important c'est que tu te sentes bien face à ce qui lui arrive et que tu puisses l'accepter. Ainsi, tu pourras l'aider à s'accepter lui-même. Je suis toujours émerveillée de constater l'effet sur une autre personne lorsque nous l'acceptons véritablement. Ce travail se fait dans l'invisible, même si l'autre personne est inconsciente de ne pas s'accepter. Ton papa est inconscient de sa difficulté à accepter de vieillir, mais le fait que tu puisses y arriver est une aide précieuse pour lui…

... Par contre, rien ne t'empêche, si l'occasion se présente, de lui dire que le fait de prendre sa retraite ne signifie pas l'arrêt de tout ce qui est stimulant dans sa vie. Ça signifie plutôt un changement d'activité. Il peut en profiter pour faire des choses qu'il n'avait pas le temps de faire auparavant, prendre des cours de musique, de dessin, de bricolage, de jardinage, de golf, peu importe. Le moyen idéal pour le faire parler est de lui poser des questions. Tu peux lui demander ce qui lui ferait plaisir ou ce qu'il aurait voulu faire depuis longtemps et n'avait pas le temps de faire à cause de son travail....

... Maintenant, revenons à toi. Sais-tu pourquoi il est si difficile pour toi de voir tes parents vieillir ? Ce que ça éveille en toi ?

— Je trouve que c'est injuste de finir nos jours avec des capacités diminuées, tant physiques que mentales. Après avoir travaillé toute notre vie, avoir fait beaucoup de sacrifices, dans la dernière partie de notre vie, alors que nous avons moins de responsabilités, nous ne pouvons pas vraiment jouir de la vie. C'est ça que je trouve difficile. Juste le fait de penser que ça va m'arriver à mon tour me décourage.

— Tu es certaine que c'est la seule chose qui te dérange ?

Anna retient sa respiration, me regarde intensément et tout à coup, je vois son cou qui rougit de plus en plus. Elle jette un coup d'œil à Mario, hésite, puis ses yeux se remplissent de larmes. Elle finit par prendre une bonne respiration et ajoute :

— Ouf ! Je trouve difficile de dire ce qui vient de monter en moi suite à ta question, Lise. Doublement difficile parce que Mario est présent. Bon, je vais vous le dire. Je m'aperçois que Mario a douze ans de moins que papa et que dans peu de temps ce sera à son tour de penser à la retraite. Je me demande comment je vais vivre cela, de le voir vieillir avant moi. Je n'ai jamais voulu en parler auparavant avec Mario. Il est arrivé à quelques reprises que mon amie Lucie me demande si j'y ai pensé vu nos quatorze ans de différence. Lorsque Mario aura soixante-dix ans, j'en aurai cinquante-six. J'ai toujours changé de sujet rapidement en lui disant que j'aimais tellement Mario que le fait qu'il vieillisse plus vite que moi n'affecterait pas du tout mon amour pour lui. Je réalise que je vais devoir y faire face et arriver à être bien avec moi-même, car je ne veux pas vivre avec Mario ce que je vis en ce moment en voyant mon père vieillir. De plus, si jamais Mario, comme papa, était obligé de prendre sa retraite à l'âge de soixante-cinq ans par exemple, je n'aurais que cinquante et un ans. Que se passera-t-il si je veux continuer à travailler plusieurs années ? Comment bien gérer une telle situation ?

Pendant qu'Anna partage ce qu'elle vit, Mario est très mal à l'aise, il bouge sans cesse. Finalement, il sort une cigarette de son paquet et me demande s'il peut s'absenter pour aller fumer dehors. Anna dit qu'elle va en profiter pour aller aux toilettes. Je leur demande donc d'être revenus dans mon bureau dans dix minutes et j'en profite pour retourner quelques appels.

***

À leur retour, Anna a les yeux rouges et Mario est très nerveux. Il a de la difficulté à me regarder dans les yeux.

— Veux-tu partager ce que tu vis Mario, suite à ce qu'Anna vient de nous confier ?

— Je suis encore en état de choc. Elle m'a si souvent dit, durant les premières années de notre mariage, à quel point elle aimait être avec un homme mûr et qu'elle n'aurait jamais pu vivre avec un homme de son âge. Je dois avouer que j'ai alors pensé à la différence d'âge et comment ça serait lorsque je serais plus vieux. Je sais qu'après soixante ans cette différence est plus marquée que lorsque nous sommes jeunes, mais je me suis toujours dit que si c'était l'inverse, même si Anna était plus ridée ou moins capable que moi, cela ne m'empêcherait pas de l'aimer autant. J'ai toujours cru que ce serait la même chose de sa part. Mais ce n'est pas ce que je viens d'entendre !

— Peux-tu me dire ce que tu viens d'entendre de la part d'Anna ?

— Elle a dit qu'elle trouverait cela très difficile de me voir vieillir plus vite et qu'elle ne pourrait pas l'accepter, comme elle le fait avec son père dans le moment.

— Je n'ai malheureusement pas d'enregistrement de ce qu'Anna a dit il y a quelques instants, mais je peux t'assurer que ce n'est pas ce qu'elle a dit. Le fait que tu aies entendu à ta façon ce qu'elle a dit est quelque chose qui arrive fréquemment. Si tu savais combien de fois nous écoutons avec notre ego au lieu d'écouter avec notre cœur. Écouter avec l'ego signifie que les choses que tu entends sont filtrées à travers tes propres peurs et croyances. C'est comme si tu portais des lunettes rouges et que tu regardais la nature. Tout changerait de couleur et tu serais convaincu que ce que tu vois est la réalité, alors que ce seraient tes lunettes qui fausseraient la réalité. Il serait d'autant plus facile de croire que tu vois la réalité, car tu ne verrais même plus le rouge dans tes lunettes…

... Notre ego fait la même chose. Il contribue à fausser la réalité, car il ne peut fonctionner qu'avec les choses apprises par le passé et il est convaincu de voir la réalité présente. Il ne peut vivre l'instant présent. Un jour nous serons tellement conscients que nous saurons tout de suite si c'est notre ego ou notre cœur qui a pris le dessus et pourrons rectifier rapidement la situation lorsque ce sera l'ego qui brouillera nos perceptions…

... Se peut-il alors, Mario, que tu aies la même peur que celle d'Anna et de ses parents ? La peur de vieillir et de ne plus être le même homme, donc le risque que les autres n'acceptent pas de te voir ainsi ? Je te pose cette question, car c'est ce que tu as entendu Anna dire alors qu'elle nous a confié qu'elle veut faire face à la situation pour ne pas la revivre ainsi avec toi, pour être capable d'accepter le fait que tu vas vieillir quelques années avant elle.

— Je n'ai vraiment pas l'impression d'avoir cette peur. Tout ce que je sais, c'est que ça me fait de la peine de penser qu'Anna puisse ne pas aimer que je vieillisse plus vite qu'elle. J'ai surtout peur qu'elle m'aime moins et qu'elle décide de trouver un homme plus jeune.

— Ce que j'entends, c'est que lorsqu'un conjoint devient trop vieux avant l'autre, il est possible que ce dernier le quitte. Voilà une croyance que tu entretiens. Je ne te demanderai pas d'où elle vient, mais le fait que tu le mentionnes indique que tu y crois. Il est donc normal que tu aies peur de vieillir trop vite. Tu te souviens, n'est-ce pas, que plus on a peur, plus cette peur se manifeste ? Te souviens-tu de plus que pour que la peur cesse de s'amplifier, il faut commencer par accepter d'avoir cette peur ?

— Je dois bien admettre que j'ai peur. Pourquoi est-ce si difficile de voir toutes nos peurs ?... Ah ! J'ai ma réponse : parce que ça convient à notre ego de ne pas voir nos peurs. Je ne m'attendais pas à découvrir tout ça en venant te voir pour les deux mauvaises nouvelles de cette semaine. Je croyais plutôt que tu nous dirais comment aider ma sœur et mon beau-père. Est-ce toujours ainsi ? Chaque événement qui nous touche est là pour nous aider à nous découvrir ? Pas toujours facile, n'est-ce pas ? Surtout quand nous sommes seuls et qu'il n'y a pas quelqu'un comme toi pour nous le rappeler. Anna et moi étions si touchés par le drame de nos proches que nous n'aurions pas pensé à faire ce travail sur nous. On ne peut tout de même pas venir te voir à chaque chose qui nous arrive, il me semble.

— Tu as raison, Mario. Chaque événement perturbateur dans notre vie est là pour nous faire avancer, pour nous aider à devenir conscients de quelque chose que nous devons apprendre à accepter dans notre vie. Par contre, il y a souvent des situations où il nous est impossible de faire le travail de conscientisation tout de suite. Ne t'inquiète pas, l'Univers s'occupe toujours de nous. Il s'arrange pour attirer à nouveau à nous les situations et les personnes dont nous avons besoin pour devenir conscients de cette non-acceptation…

... Alors, revenons à la peur de vieillir. Pouvez-vous me dire, Anna et Mario, ce qu'il faut faire pour que les autres acceptent les changements qui se produisent en nous avec l'âge ?

— Oui, je sais, de répondre Anna, c'est toujours la même chose, n'est-ce pas ? Quand nous nous acceptons nous-mêmes, les autres nous acceptent. Mais, pour ma part, je n'ai pas l'occasion de m'accepter car je ne me trouve pas encore vieille. Comment y arriver alors ?

— Tu es certaine que ça ne t'arrive jamais de dire que si tu avais vingt ans, tu pourrais faire telle ou telle chose ou de souhaiter avoir encore un beau corps ferme et mince ?

— Oui, tu as raison, ça m'arrive mais pas souvent. Il est sûr que lorsque je regarde le beau corps de ma fille et de ses amies, ça me fait vivre un peu de nostalgie.

— Eh bien ! Voilà l'occasion de commencer à accepter qu'au fil des années, ton corps physique, ton corps émotionnel et ton corps mental se transforment sans cesse. Il y a des changements qui te feront plaisir, d'autres moins. En général, les plus agréables sont ceux qui se font dans nos corps émotionnel et mental. Les personnes qui apprennent avec les années à devenir plus sages, moins émotives, moins stressées, contribuent à améliorer ces deux corps. Donc, au lieu de regarder uniquement l'usure et les transformations physiques, prendre conscience des beaux changements au-delà du physique peut contribuer à atteindre l'acceptation voulue…

... De plus, Anna, tu as une occasion de t'exercer avec tes parents en ce moment. Plus tu les accepteras, MÊME SI TU N'ES PAS D'ACCORD, plus tu t'accepteras. Par la suite, dans les années à venir, ce qui vous arrivera, à Mario et à toi, sera très différent. Vous pourrez vivre la dernière partie de votre vie d'une façon beaucoup plus sereine…

... L'acceptation d'arriver à un moment de votre vie où vous devrez changer d'activité – ce que certains appellent une retraite – est aussi très importante. J'ai observé qu'un trop grand nombre de personnes ont des problèmes quand arrive ce moment. J'ai pu constater que certaines personnes se suicidaient quand elles étaient MISES, FORCÉES à la retraite et que d'autres se retrouvaient avec un problème de santé aussitôt qu'elles PRENAIENT leur retraite. C'est comme si elles n'avaient pas le droit de franchir ce passage dans la joie. Voilà pourquoi il est impératif que vous commenciez tout de suite à accepter que vous êtes humains et que vous allez prendre de l'âge comme tout le monde.

— Et si nous acceptons tous les deux de vieillir, est-ce que ça veut dire que nous vieillirons moins vite ? me demande alors Anna.

— Tant que vous voulez contrôler les résultats, cela veut dire qu'il n'y a pas encore d'acceptation. Te rends-tu compte, Anna, que si tu dis que tu acceptes le vieillissement, vieillir ne devrait donc pas te déranger ? Tu sauras que tu es arrivée à l'acceptation quand tu te sentiras bien à l'idée de demeurer jeune très longtemps ou non. Je peux par contre t'assurer que le fait d'accepter une situation aide en général à vivre ce que nous voulons dans cette situation…

... Prenons l'exemple de l'enfant qui apprend à maîtriser une bicyclette. Ce qu'il veut, c'est arriver à le faire le plus vite possible. Par contre, si à chaque fois qu'il tombe, il se fâche, donne des coups de pied à sa bicyclette et s'en veut de ne pas y arriver, ça lui prendra beaucoup plus de temps pour réussir. S'il se donne le droit de tomber en se disant qu'il n'est pas d'accord, que ce n'est pas ce qu'il veut, mais que ça fait partie de l'apprentissage, il arrivera à son but beaucoup plus vite. Il en est ainsi pour toute expérience…

***

... Il y a autre chose que la plupart de nous ont de la difficulté à accepter : c'est l'idée de mourir. Je vais profiter du sujet de la consultation d'aujourd'hui pour en dire quelques mots. Comment vous sentez-vous à l'idée que vous mourrez un jour ?

— Je n'ai pas l'impression, répond aussitôt Anna, que j'ai peur de mourir. J'ai plus peur de vieillir et surtout d'être malade et d'être à la charge de quelqu'un d'autre. L'idée de mourir quand je serai vieille ne me dérange pas, mais je ne voudrais pas mourir maintenant alors que ma fille est si jeune. J'aurais peur qu'elle vive cela très mal. Aussi, je dois avouer que si j'apprenais que Mario devait mourir d'ici quelques mois, ça me ferait vraiment peur. Je suis contente que tu nous poses cette question, Lise, car je m'aperçois que ce n'est pas un sujet dont on parle, ni chez nous, ni ailleurs. On dirait que c'est un sujet tabou. Je ne sais même pas si Mario a peur de mourir.

Elle se tourne vers lui, émue. Elle attend qu'il prenne la parole. Il hésite quelques instants, se tort les mains nerveusement et finit par dire :

— Oui, j'ai peur de la mort. Je n'osais pas en parler, mais j'y ai pensé très souvent depuis quelques mois. Est-ce que ça se peut que ce soit parce que Sandra a quatorze ans et que j'avais quatorze ans quand papa est décédé ? Et maintenant, avec le suicide de mon neveu, ça ne m'aide pas du tout. Moi aussi je ne voudrais pas mourir maintenant, car je suis trop jeune et je trouverais cela très injuste de partir alors que je viens de décider de me prendre en main et que j'envisage l'avenir sous un meilleur jour.

— Supposons que tu apprennes qu'il te reste trois mois à vivre, qu'est-ce qui te ferait le plus peur ?

— C'est de laisser Anna et les enfants. Juste l'idée de ne plus les revoir m'angoisse. Même si j'ai de très bonnes assurances qui les aideraient à vivre à l'aise financièrement, l'idée qu'Anna et Sandra soient seules me fait peur. Pour David, je me sens bien, je sais qu'il est capable de gérer sa vie sans moi…

... De plus, j'ai peur de ce qui se passera pour moi lorsque je serai mort. Je ne suis toujours pas convaincu du fait que la vie continue après la mort. Tout ça est très nouveau pour moi. Anna a raison de dire que nous ne parlons pas assez de ce sujet. Finalement, je ne sais pas ce qui me fait le plus peur. Tout ce que je sais, c'est que je l'accepterais très difficilement si on m'annonçait une telle nouvelle. Tu peux être sûre que je ferais tout en mon pouvoir pour ne pas mourir, quitte à dépenser toutes mes économies pour trouver le médecin qui pourrait me guérir.

— Ce que j'entends, Anna, c'est que tu as surtout peur pour ta fille, ce qui est normal pour toutes les mamans. Et toi, Mario, tu sembles avoir la même peur : tu t'inquiètes pour ceux que tu aimes. Quand vous réussirez à appliquer la loi de la responsabilité dans votre vie, des peurs de ce genre ne vous habiteront plus. Il vous faut juste du temps pour que ce soit naturel pour vous de ne plus vous sentir responsables pour les autres…

... Vous avez raison de dire qu'il est très important que les gens prennent plus de temps pour exprimer ce qu'ils éprouvent au sujet de la mort. Ce serait tellement plus facile lorsqu'un décès imprévu arriverait. Tout ce que je peux vous dire, c'est que je crois qu'il est impossible que la vie s'arrête au moment où notre corps physique meurt…

... Vous avez sûrement appris, vous aussi, que l'âme est immortelle. Cela signifie qu'au moment de la mort, notre âme quitte ce corps pour retourner dans le monde de l'âme et faire le point sur ce qu'elle vient d'expérimenter dans cette vie. Elle se prépare ainsi à vivre d'autres vies en s'appuyant sur ce qu'elle a appris dans la vie précédente, ce qu'elle apprend avec ses guides dans le monde de l'âme et ainsi, la vie continue. Tu parlais d'injustice un peu plus tôt, Mario. Moi aussi j'aime bien que la vie soit juste et le fait que la vie s'arrête après la mort du corps physique serait la plus grande injustice sur la Terre, selon moi. J'aime bien l'idée qu'il n'existe que la justice divine et le fait que notre âme continue à vivre avec des centaines et peut-être des milliers de corps différents, jusqu'à ce qu'elle parvienne à vivre dans l'amour inconditionnel sur Terre. Je trouve ça très rassurant et juste. Ça nous motive pour nous prendre en main le plus tôt possible et ainsi éviter de revenir bien des fois.

— Tu ne trouves pas cela injuste, dit Mario, que quelqu'un meure jeune, comme mon neveu par exemple ou un père ou une mère de famille qui ont des enfants en bas âge ? Pourquoi y a-t-il des gens qui ne demandent qu'à mourir et qui ne meurent pas et d'autres qui décèdent très jeunes sans le vouloir ?

— Je te comprends, Mario. Je sais que ça semble vraiment injuste, mais quand nous parlons d'injustice, nous nous limitons à la vision matérielle des choses. Quand nous optons pour une vision spirituelle, nous avons une vue beaucoup plus large, comme si on regardait une route d'en haut : on peut voir d'où elle vient et où elle va, s'il y a des obstacles sur cette route, etc. Quand une personne meurt trop jeune ou trop soudainement selon notre point de vue, il faut se rappeler que nous ne connaissons pas le plan de vie de cette âme. Elle avait fini de faire ce qu'elle avait à faire dans ce corps et cet environnement et elle est retournée dans le monde de l'âme pour continuer son chemin de vie dans un autre contexte. Cette âme a peut-être décidé de mettre un terme à cette vie-ci même si son plan de vie n'était pas complété en se disant qu'elle le compléterait dans une autre vie quand elle serait plus apte à y faire face…

... C'est comme si un étudiant à l'université décidait de prendre une année sabbatique avant de terminer ses études. Sa décision lui appartient et ça ne concerne personne d'autre que lui, car il sera le seul à assumer les conséquences de sa décision. Il en est ainsi des gens qui meurent même si leur décision est la plupart du temps inconsciente. Voilà une merveilleuse occasion d'apprendre à accepter une situation même si on ne la comprend pas et même si nous ne sommes pas d'accord. C'est le seul moyen pour arriver à vivre la mort de ceux que nous aimons ainsi que la nôtre dans la paix et le calme. Est-ce que tu te sens mieux, Mario, à l'idée qu'en réalité tu ne meurs jamais, que la vie continue ?

— Vu de cette façon, il est vrai que ça me semble plus juste. J'ai même pensé, pendant que je t'écoutais, que ça me donnait encore plus envie de me prendre en main, sachant que ce ne sera pas seulement pour cette vie-ci, mais pour les autres à venir.

— En effet, tu as raison Mario. Tout ce que tu fais, tu le fais pour toi, dans cette vie-ci et pour toutes les vies à venir.

— Ah ! ce que j'aurais aimé savoir tout ça bien avant, ajoute Mario. Pourquoi n'apprenons-nous pas à l'école toutes ces notions que tu nous enseignes ?

— Anna m'a posé la même question lors d'une visite précédente. Je suis d'accord avec l'idée que ce sera merveilleux quand les enfants apprendront toutes ces notions spirituelles dès leur jeune âge. Mais, comme je l'ai déjà mentionné à Anna, les professeurs ne sont pas formés pour donner cet enseignement ; ça ne fait pas partie de leurs tâches, à l'exception des enseignants spécialisés dans cette matière. Il y a par contre de plus en plus de professeurs qui passent de beaux messages spirituels aux élèves dès qu'ils le peuvent. C'est un plus à ce que les parents font, car ce sont les parents ou les grands-parents qui doivent enseigner ces notions aux enfants. Pouvez-vous imaginer quand cela se passera, combien d'émotions, de peurs et de culpabilités seront évitées ? Mais les parents ne pourront enseigner véritablement ces notions à leurs enfants qu'au moment où ils les appliqueront dans leur propre vie. S'ils les enseignent sans les mettre en pratique, les enfants ne pourront y adhérer. L'exemple est le meilleur professeur.

Mario et Anna me regardent en hochant la tête en signe d'approbation. Puis ils se regardent et se sourient. Mario prend la main d'Anna et en la serrant bien fort, me dit :

— Ah, que ça fait du bien de se parler ainsi et de comprendre pourquoi il nous arrive toutes sortes d'expériences dans notre vie ! Pourquoi est-ce si facile avec toi, Lise ?

— N'oublie pas que ça fait vingt-cinq ans que je mets en pratique ce travail d'introspection. Depuis le temps que nous travaillons ensemble, commencez-vous à comprendre la méthode que j'utilise ?

— Une chose est certaine, me répond rapidement Mario, nous avons remarqué – et nous en avons parlé à quelques reprises – que tu utilises deux techniques à chacune de nos rencontres. Je ne sais pas si c'est ce que tu veux dire par « méthode ». Voilà, la première c'est que tu as le don de nous ramener au problème quand nous dévions sur autre chose. Tu ne nous laisses pas nous éparpiller dans tous les sens. La deuxième chose que nous avons remarquée, ce sont toutes les questions que tu nous poses. C'est grâce à ça si aujourd'hui nous sommes arrivés avec des problèmes concernant notre famille et que, tout doucement, nous avons découvert des peurs et des croyances qui nous appartiennent.

— Bravo, vous avez un bon sens de l'observation. Vous avez repéré l'aspect le plus important de ma méthode : rester avec le problème initial et poser le plus de questions possible. Avez-vous remarqué qu'à chaque fois que vous êtes venus me voir, grâce aux questions posées, vous avez fini par trouver quel était le vrai problème ? Au tout début, vous ne parliez pas du vrai problème, mais bien d'une situation désagréable que vous viviez. Prenons aujourd'hui, par exemple. Mario, tu croyais que ton problème était Dieu qui t'éprouvait par le biais de ton neveu qui s'est suicidé. Ensuite, tu te sentais impuissant à aider ta sœur et ton beau-frère, puis tu te sentais mal à l'idée que ta vie aille de mieux en mieux alors que la leur empirait. Tu as finalement découvert que ton vrai problème est la peur d'être sans cœur à cause de ton manque de compréhension de la loi de responsabilité. Tu te croyais responsable d'arranger la vie de ta sœur et de ton beau-frère, d'amoindrir leur douleur, ce que personne ne peut faire.

— Et moi, d'enchérir Anna, au début, je croyais que mon problème était l'accident de papa et le fait de le voir vieillir aussi vite. Ensuite, j'ai découvert que, moi aussi, j'ai peur de la vieillesse et de ne pas être bien avec le fait que Mario vieillisse beaucoup plus vite que moi. wow ! Je vais dire comme toi, quelle différence ça fait quand on se pose les bonnes questions : ça permet d'aller vraiment au fond des choses.

— Je suis contente que vous voyiez l'utilité de toutes ces questions. C'est justement parce que nous n'avons pas identifié le problème véritable que rien ne se règle dans la vie et que nous revivons sans cesse les mêmes situations. Ce n'est pas la situation qui peut nous aider à trouver la solution. C'est seulement quand nous avons trouvé le vrai problème dans une situation donnée que nous pouvons le régler. Poser des questions est une bonne habitude, tout aussi importante au quotidien que dans une situation spécifique de résolution de problèmes. Vous auriez intérêt à l'utiliser quotidiennement, tant dans votre vie personnelle que professionnelle. Si vous saviez la différence que ça fait dans une relation lorsque les personnes concernées savent écouter. Il ne peut y avoir une bonne communication sans une bonne écoute...

... Quand une personne veut, tout de suite, trouver une solution au problème de l'autre, elle n'écoute pas cette dernière. Elle n'écoute que son ego qui croit avoir la solution toute faite pour l'autre. Cette mauvaise habitude est excellente pour bien nourrir l'ego. Avez-vous remarqué à quel point les personnes qui croient avoir la réponse à tout et la solution à tous les problèmes ont un gros ego ? Ça peut devenir désagréable à un point tel que plus personne n'a envie de leur adresser la parole. Une bonne communication est un outil formidable pour arriver à l'amour véritable rapidement ; elle aide à avoir d'excellentes relations…

... Revenons au début de cette entrevue. Pouvez-vous imaginer si, après avoir entendu ce que tu vivais avec ta sœur, Mario, et toi, Anna, avec ton père, j'avais tout de suite commencé à vous dire quoi faire et quoi leur dire plutôt qu'aller dans la direction que j'ai prise ? Qu'y aurait-il eu de différent par rapport à maintenant ?

— Hum ! me répond Anna, je sais que je ne me sentirais pas aussi bien que maintenant. Je ne peux pas trop te dire pourquoi, mais je suis sûre que je ne sentirais pas cette paix qui m'habite. Je partirais avec une directive à suivre et j'aurais peur de ne pas y arriver. Mario, est-ce ainsi pour toi ?

— Je suis d'accord avec toi, Anna. Ce qui me vient aussi à l'esprit, c'est que je serais parti d'ici en continuant à vouloir aider ceux que j'aime et à me sentir mal à chaque fois qu'ils ne seraient pas heureux. Au moins, maintenant je sais que je ne suis pas obligé de FAIRE quelque chose pour ma sœur, que je dois seulement prendre conscience que tout ça vient d'une croyance et qu'éventuellement, j'arriverai à ne plus y croire. Je suis heureux de savoir que toutes ces situations désagréables ont un bon côté. Elles nous aident à découvrir que nous ne nous aimons pas assez. Tout ce que nous avons à faire dans ce bas monde, c'est nous aimer et nous verrons les gens et les événements extérieurs sans lunettes colorées. J'ai bien apprécié cet exemple, Lise. Quand je vais vivre une émotion, je vais me souvenir d'enlever mes lunettes.

— Merci beaucoup pour votre beau témoignage tous les deux. Maintenant, revenons aux questions que je pose. Je vous répète que savoir poser des questions est le secret d'une bonne communication. Je n'ai encore jamais rencontré quelqu'un qui ait eu la chance d'apprendre ce secret en bas âge. On nous a même appris le contraire, à arrêter de poser autant de questions. Nous avons plutôt appris à répondre à tout ce que nous entendons, à donner notre opinion ou des conseils sans avoir vérifié si c'est ce que l'autre attend de nous…

... Anna, prenons l'exemple de ton père que tu veux aider. Je sais que tu as plein de bons conseils pour lui, profite donc de cette occasion pour lui donner ces conseils sous forme de questions, suggestives si nécessaire. Par exemple, au lieu de lui dire qu'il n'est pas obligé de s'avouer qu'il prend sa retraite et qu'il se prépare plutôt à changer d'activités, tu pourrais lui dire : *« Tu sais papa, il est vrai que tu es à un âge où beaucoup prennent leur retraite. Comment te sens-tu à l'idée de te dire que tu es rendu à un moment de ta vie où il est temps de changer d'activités plutôt que de te dire que tu es obligé de prendre ta retraite ? Est-ce que tu vois la différence ? »* Ensuite, quelle que soit sa réponse, qu'il soit d'accord ou non avec ce que tu viens de dire, pose-lui une autre question. Je t'assure que c'est une façon de communiquer qui est très respectueuse de l'autre…

... Je vous suggère de vous exercer ensemble et de le faire avec Sandra au moins une fois par jour puis de partager à la fin de la journée comment vous vous êtes sentis en vous posant des questions de la sorte.

— J'ai un peu de difficulté avec ça, Lise, car quand maman me pose plein de questions, j'ai l'impression qu'elle veut tout savoir de moi, je la trouve même très indiscrète parfois. Ce que je mange, où je vais, ce qui se passe dans mon couple, ça ne la regarde pas. Elle veut même savoir si je fais des économies pour mes vieux jours. Tu es sûre que poser des questions est toujours une bonne idée ?

— Tu as raison, Anna, il faut savoir faire la différence entre les questions motivées par un désir de contrôle et la peur et les questions motivées par la responsabilité et l'acceptation. Lorsqu'il y a du contrôle, on sent dans les questions de l'autre que celui-ci a des attentes et qu'il n'est pas prêt à accepter n'importe quelle réponse. C'est pour ça que ce genre de questions dérange et même énerve les autres. Par contre, si tu es dans l'acceptation avec ton père, il sentira que tu es bien quelles que soient les réponses qu'il te donnera et que ton seul intérêt est de l'aider à trouver ses propres réponses…

... La plus grande difficulté dans la communication est de rester neutre quand une autre personne parle de ses problèmes. Ce qui est le plus surprenant, c'est le fait qu'il est très rare qu'une personne demande de l'aide véritable quand elle parle de ses problèmes et que, malgré cela, la première chose que répond son interlocuteur, c'est de donner des conseils ou son avis.

— Oui, je sais ce que tu veux dire, interrompt Mario. Si j'ai le malheur de dire à Anna que je suis fatigué, elle rétorque que je n'ai qu'à me reposer ou qu'elle est encore bien plus fatiguée que moi, qu'elle a eu une très grosse journée. Dès qu'elle me répond ainsi, je n'ai qu'une envie, c'est de sortir de la pièce et de ne plus rien dire. Maintenant, je comprends ce que tu veux dire, ça me contrarie parce que je ne lui ai pas demandé de faire des commentaires. Alors, que devrait dire Anna si ça se reproduit ?

— Je vais te laisser répondre, Anna. Comme je viens de dire qu'il vaut toujours mieux revenir avec une question, as-tu une idée de quelle question serait appropriée dans ce cas ?

— Est-ce que je pourrais lui demander s'il veut se reposer ou s'il croit qu'il est moins fatigué que moi ?

Mario et moi pouffons de rire en même temps.

— Crois-tu vraiment que tu te sentirais mieux avec ça, Mario ? Non ? Pourquoi pas ?

— En réalité elle me dit la même chose. Je ne comprendrais même pas pourquoi elle me pose de telles questions ? Je ne sais pas trop comment l'expliquer, mais je sais que je ne me sentirais pas mieux.

— Est-ce qu'il est possible que tu aies senti qu'elle ne se souciait pas vraiment que tu trouves des réponses pour toi, mais qu'elle était plutôt en train de passer ses propres messages ? De toute façon, quand nos questions ne sont pas basées sur l'acceptation de l'autre, ce dernier nous le fait sentir. Il réagit à nos questions. C'est un bon moyen pour réaliser que nous devons poser des questions différentes, surtout des questions qui sont basées sur l'autre plutôt que sur nous. Comment te sentirais-tu, Mario, si Anna te disait : *« Dis-moi, Mario, est-ce que tu me parles de ta fatigue parce que tu veux me parler de ce qui t'a fatigué aujourd'hui ou dis-tu ça seulement pour me faire savoir que tu es fatigué ? »*

— Ah oui ! Là je me sentirais beaucoup mieux. Il est vrai que parfois, lorsque je parle, c'est comme si je pensais tout haut. Je ne cherche surtout pas son opinion ou une réponse. Puis, d'autres fois, oui, ça me ferait du bien de parler de ce qui me tracasse. Ouf ! Que ça a l'air simple, ici, dans ton bureau. Y a-t-il vraiment des gens qui arrivent toujours à bien communiquer de cette façon ?

— Je peux te dire que ça nécessite beaucoup de pratique. Ça fait au moins quinze ans que j'enseigne ce type de communication et moi-même, je n'y arrive pas toujours. Parfois l'ego est si rapide qu'il prend le dessus et je me rends compte après coup que j'ai sauté aux conclusions avec quelqu'un en ayant oublié de lui poser des questions. Cette difficulté arrive à tout le monde. Ce n'est pas parce qu'on sait quelque chose qu'on est capable de le mettre en pratique tout le temps. Prenez un professeur de ski par exemple. Croyez-vous qu'il ne tombe jamais en skiant ? Il tombe, mais au moins il sait pourquoi il est tombé et comment se relever…

... Ce sera ainsi pour vous deux : vous vous apercevrez que vous avez oublié de poser des questions et vous saurez y revenir si nécessaire. Le plus important est de vous donner le droit de ne pas être capable d'appliquer tout ce que vous apprenez à chaque instant dans votre vie. En vous acceptant, vous verrez que ça arrivera de moins en moins souvent et vous ne vivrez plus d'émotions – culpabilité ou colère – quand ça se produira. Vous pouvez même réussir à en rire quand vous vous rendrez compte que c'est votre ego qui a pris le dessus.

— Merci, me dit Mario. Ça m'encourage et je vais me sentir moins coupable si je n'arrive pas à faire tout ce que je voudrais faire.

— Moi aussi, je te remercie, dit Anna. J'espère qu'un jour j'arriverai à être moins exigeante envers moi-même. Aussitôt que je me rends compte que quelque chose serait mieux pour moi, j'ai l'habitude de me promettre qu'à l'avenir c'est ce que je vais faire. Ensuite je m'en veux de ne pas tenir ma promesse, je me traite de tous les noms et je finis par revenir à mes vieilles habitudes. Après ce que tu viens de dire, je crois que je vais plutôt noter ce que je veux à mesure que je le découvre et juste relire ma liste aussi souvent que possible pour ne pas l'oublier tout en me disant que je ne peux pas tout faire et tout changer d'un coup. C'est une bonne idée, n'est-ce pas ?

— Bravo, tous les deux. Je vois que vous êtes bien décidés à vous prendre en main. Avant de nous quitter, avez-vous une autre question ?

— Je ne sais pas si tu peux me répondre, dit aussitôt Anna, mais ça fait longtemps que je veux te demander si tu peux me donner une explication au sujet du chiffre quatorze qui revient aussi souvent dans notre vie. Est-ce normal ? Devons-nous faire quelque chose à ce sujet ?

— Est-ce que tu veux comprendre ce phénomène parce qu'il t'inquiète ou parce que tu es tout simplement curieuse ?

— Je dirais les deux. Non, en réalité, je crois que c'est plus parce que ça m'inquiète. Il s'est souvent produit des événements malencontreux associés à ce chiffre. Est-ce que je peux faire quelque chose pour que ça cesse ?

— Te voilà encore en train de vouloir contrôler, chère Anna. Je te comprends par contre, car lorsque nous croyons que nous sommes à la merci de quelque chose que nous ne pouvons maîtriser, nous nous sentons si impuissants qu'en général nous voulons l'arrêter. Ta réaction est tout à fait normale et humaine…

... Je vais te donner l'explication que je connais. Il arrive fréquemment que des situations associées à un chiffre, à une couleur ou à une date se répètent. Ça peut même être une odeur ou un endroit. Ce phénomène se produit en général quand il arrive une situation vécue très fortement au plan émotif et que nous l'enregistrons dans notre mémoire simultanément avec une chose ou une personne. Je peux te donner quelques exemples…

... Un petit garçon de quatre ans est dans un escalier et aperçoit un homme tout de noir vêtu annoncer à sa mère que son mari – le papa du petit garçon – est mort accidentellement. Il voit la réaction de sa mère qui se met à hurler, à frapper le monsieur et à crier que ce n'est pas vrai, qu'il doit faire erreur. L'homme en noir devient très ferme avec la maman et finit par la secouer pour la ramener à la raison. Finalement, la maman s'évanouit et le petit garçon se sauve dans sa chambre pour aller se cacher. J'ai connu cet enfant quand il était adulte. Il avait environ quarante-cinq ans et angoissait chaque fois qu'il voyait un homme habillé tout en noir et ce, même dans un film. Il ne savait pas pourquoi. Il a dû faire une régression pour découvrir ce qui lui était arrivé à quatre ans, car il avait occulté le fait qu'il était présent. Il avait associé l'habit noir avec mauvaise nouvelle et perdre un être cher…

... Un autre garçon a quinze ans quand son papa décède. Il est l'aîné de cinq enfants. Il doit arrêter ses études pour trouver du travail et aider sa maman. Il a beaucoup travaillé pour que la famille demeure ensemble, car il y avait toujours la menace qu'on place les enfants dans différentes familles si la mère n'arrivait pas à les nourrir et à les vêtir. Au moment où je l'ai connu, il avait quarante-quatre ans, était marié depuis dix-huit ans et il avait très bien réussi dans sa vie professionnelle. Il possédait son propre commerce et il était vraiment heureux dans sa vie. Aussitôt que son fils a atteint l'âge de quinze ans, il est tombé gravement malade. Les médecins ont eu beau passer plusieurs examens, ils n'ont pas trouvé ce qu'il avait. C'est à ce moment-là qu'il a fait connaissance avec mes méthodes et suite à un décodage et à de nombreuses questions lors d'une consultation privée, il a réalisé qu'il avait associé le décès de son père avec l'âge de quinze ans. Sa maladie n'était en réalité qu'une manifestation de la grande douleur vécue lors du décès de son père qu'il n'a pu se permettre de vivre et sentir vu qu'il était si occupé à devenir l'homme de la famille. Il a dû faire son deuil et se permettre de souffrir du décès de son père en plus de lui pardonner du fait qu'il n'a pas pu poursuivre les études qu'il aurait voulu entreprendre ni vivre sa vie d'adolescent…

... J'ai connu plusieurs cas où les gens deviennent malades lorsqu'ils atteignent l'âge qu'avait leur parent du même sexe quand ce dernier est décédé. Surtout quand ce décès a été soudain et qu'il n'est pas accepté. C'est très fréquent d'en vouloir au parent qui décède lorsque nous ne sommes pas encore autonomes…

... Plus nous devenons conscients, plus nous nous rendons compte à quel point nous avons fait des associations depuis que nous sommes très jeunes et même dans d'autres vies. Lorsque ces phénomènes d'association se produisent, cela signifie que le premier incident, qui a été très marquant, n'a pas été accepté. Nous avons très peur de le voir se manifester à nouveau. Dans votre cas à tous les deux, il est fort probable qu'il vous est arrivé quelque chose de très marquant soit le quatorze d'un mois ou à l'âge de quatorze ans et que vous ayez décidé que c'est un chiffre qui apporte des malheurs ou des problèmes. Vous n'avez même pas besoin de découvrir à quel moment cet incident a pu vous arriver. Ça peut même être dans une autre vie ou quand vous étiez très jeunes tous les deux. Voilà une partie de ce qui vous a attirés l'un vers l'autre. C'est toujours ce qui se passe à l'intérieur de nous qui est l'aimant qui attire une autre personne dans notre vie. Nous nous aidons ainsi à découvrir et à gérer ce qui nous empêche d'être bien…

... Pour répondre à ta question, Anna, je serais d'avis de ne rien FAIRE à ce sujet, mais plutôt ACCEPTER que vous avez pris la décision que le chiffre quatorze était à surveiller, qu'à un moment vous aviez de bonnes raisons de le faire car cela s'est avéré vrai une fois. Il n'est pas nécessaire que ce soit encore vrai. Vous n'avez même pas besoin de découvrir à quel moment vous avez pris cette décision. Acceptez seulement que cette croyance a été présente dans votre vie pendant un certain temps et que vous passez maintenant à autre chose. Si jamais vous vous souvenez de l'incident marquant associé au chiffre quatorze, il ne vous restera qu'à accepter ce qui n'a pas été accepté lors de cet incident…

... Avez-vous remarqué combien de fois j'ai souligné l'importance de l'acceptation, l'importance de dire oui à une situation sans la juger ou sans vous juger ?

Tous les deux acquiescent.

— Savez-vous pourquoi ?

— Parce que tu as peur que nous n'en ayons pas bien saisi l'importance et tu veux t'assurer que c'est fait, me répond tout de suite Mario.

— Je n'appellerais pas cela de la peur, mais oui, je veux surtout m'assurer qu'il n'y aura plus de résistance de la part de votre ego. Vous vous souvenez que l'ego ne se nourrit que de votre mémoire. Donc, il ne peut accepter une nouvelle notion. Par contre, à force de se faire répéter quelque chose de nouveau, on finit par le mémoriser, puis on l'expérimente pour l'intégrer encore mieux. Plus la mémoire assimile un nouveau concept, plus l'ego s'habitue et y résiste de moins en moins…

... Vous savez, je suis convaincue que vous n'avez pas vécu des problèmes seulement en association avec le chiffre quatorze. Il vous en est sûrement arrivé à d'autres dates et à d'autres âges. Le fait de croire inconsciemment au pouvoir du chiffre quatorze, vous vous rendez compte que vous l'avez fait coïncider souvent avec une épreuve, surtout toi, n'est-ce pas, Anna ? Il vaut mieux, pour vous deux, ne plus vous attarder à cela et la croyance diminuera peu à peu. Est-ce que cela répond à ta question, Anna ?

— Oui, merci beaucoup. Je ne réalisais pas à quel point on peut ainsi associer un événement avec autre chose. Tes exemples m'ont bien aidée, Lise.

À RETENIR DE CE CHAPITRE

- Nous avons toujours peur pour nous et non pour les autres. C'est notre ego qui essaie de nous faire croire que nous avons peur pour l'autre. Accepter que nous avons peur seulement pour nous-mêmes signifie que nous prenons notre responsabilité et non celle des autres. Tout ce qui concerne la loi de la responsabilité semble être ce qu'il y a de plus difficile à accepter pour l'ego. Il faut se le dire et se le faire dire plusieurs fois afin de bien intégrer cette notion. Sur le coup, nous croyons l'avoir bien saisie, mais nous l'oublions rapidement pour retourner à nos anciennes croyances. La conséquence la plus nuisible de croire que nous avons peur pour quelqu'un d'autre est de nous garder dans les émotions – surtout dans la culpabilité – tant et aussi longtemps que l'autre ne décide pas de faire quelque chose pour changer sa vie. Ainsi, nous nous mettons à la merci des autres.
- Tant qu'une personne ne demande pas d'aide, il ne sert à rien de lui imposer la forme d'aide que nous

croyons être la bonne pour elle. Ensuite, quand elle demande de l'aide, si ce que cette personne demande est au-delà de nos capacités, nous devons le lui avouer et l'aider, si possible, à trouver la personne qui pourrait lui apporter le soutien nécessaire. Dès que nous nous donnons le droit d'avoir des limites, celles-ci se transforment rapidement et nous réalisons que nos limites ne sont pas aussi importantes qu'avant.

- Chaque âme a une raison très précise pour être sur Terre et si elle décide que son plan de vie lui semble trop difficile à atteindre dans cette vie-ci et qu'elle préfère revenir avec un autre corps, dans une autre vie pour reprendre ce même plan de vie, qui sommes-nous pour dire que cette âme n'a pas le droit de le faire ? Cela s'appelle le grand respect de la vie.
- En général, le suicide d'une personne aide beaucoup à faire évoluer ses proches. Lorsqu'une personne trouve très difficile la mort de quelqu'un de cher, c'est que cette personne doit apprendre le détachement. Nous sommes tenus de comprendre, une fois pour toutes, que personne ne nous appartient, que tous les membres de notre famille sont des âmes qui ont décidé de faire un bout de chemin ensemble pour apprendre l'amour véritable, l'acceptation.
- Il est très encourageant de se rappeler que lorsque nous arrivons à une complète acceptation, nous ne souffrirons plus jamais d'une situation semblable même si elle venait à se répéter.
- Un accident attire notre attention sur une culpabilité que nous entretenons. Il nous aide à devenir

conscients de cette culpabilité et du fait que nous nous condamnons tellement que nous voulons nous punir, que nous croyons devoir payer un prix.

- Nous écoutons presque toujours avec notre ego au lieu d'écouter avec notre cœur. Écouter avec l'ego signifie que les choses que nous entendons sont filtrées à travers nos propres peurs et croyances. C'est comme regarder la nature en portant des lunettes rouges. Tout change de couleur et nous sommes convaincus que ce que nous voyons est la réalité, alors que ce sont nos lunettes qui faussent la réalité. Il est d'autant plus facile de croire que nous voyons la réalité, car nous ne voyons même plus le rouge dans nos lunettes. Notre ego fait la même chose. Il contribue à fausser la réalité, car il ne peut fonctionner qu'avec les choses apprises par le passé et il est convaincu de voir la réalité présente. Il ne peut vivre l'instant présent. Un jour l'humain sera tellement conscient qu'il saura tout de suite si c'est son ego ou son cœur qui a pris le dessus et pourra rectifier rapidement la situation lorsque ce sera l'ego qui brouillera ses perceptions.
- Chaque événement perturbateur dans notre vie est là pour nous faire avancer, pour nous aider à devenir conscients de quelque chose que nous devons apprendre à accepter dans notre vie. Si nous ne pouvons le faire maintenant, l'Univers s'arrangera pour attirer à nouveau à nous les situations et les personnes dont nous avons besoin pour devenir conscients de cette difficulté à accepter.
- L'âme est immortelle. Cela signifie qu'au moment de la mort, elle quitte le corps pour retourner dans

le monde de l'âme et faire le point sur ce qu'elle vient d'expérimenter dans cette vie-ci. Elle se prépare ainsi à vivre d'autres vies en s'appuyant sur ce qu'elle a appris dans la vie précédente, ce qu'elle apprend avec ses guides dans le monde de l'âme et ainsi, la vie continue. Si la vie s'arrêtait après la mort du corps physique, ce serait une grande injustice sur la Terre. C'est très rassurant de savoir qu'il n'y a que la justice divine grâce à laquelle l'âme continue à vivre avec des centaines et peut-être des milliers de corps différents, jusqu'à ce qu'elle parvienne à vivre dans l'amour inconditionnel sur Terre. Ça nous motive à nous prendre en main le plus tôt possible et ainsi éviter de revenir bien des fois.

- Quand nous parlons d'injustice, nous nous limitons à la vision matérielle des choses. Quand nous optons pour une vision spirituelle, nous avons une vue beaucoup plus large, comme si on regardait une route d'en haut : on peut voir d'où elle vient et où elle va, s'il y a des obstacles sur cette route, etc. Quand une personne meurt trop jeune ou trop soudainement à notre avis, il est bon de se rappeler que nous ne connaissons pas le plan de vie de cette âme. Elle avait fini de faire ce qu'elle avait à faire dans ce corps et cet environnement et elle retourne dans le monde de l'âme pour continuer son chemin de vie dans un autre contexte. Cette âme a peut-être décidé de mettre un terme à cette vie-ci, même si son plan de vie n'est pas complété, en se disant qu'elle le compléterait dans une autre vie quand elle serait plus apte à y faire face. C'est comme si un étudiant à l'université décidait de prendre une année sabbatique avant de terminer ses études. Sa décision lui appartient et ça ne concerne personne d'autre que lui, car il sera le seul à assumer les conséquences de sa décision. Il en est ainsi des gens qui meurent même si leur décision est la plupart du temps inconsciente. Voilà une merveilleuse occasion d'apprendre à accepter une situation même si on ne la comprend pas et même si nous ne sommes pas d'accord. C'est le seul moyen pour arriver à vivre la mort de ceux que nous aimons ainsi que la nôtre dans la paix et le calme.

- Les professeurs ne sont pas formés pour enseigner les notions spirituelles aux enfants. Ça ne fait pas partie de leurs tâches, à l'exception des enseignants spécialisés dans cette matière. Il y a, par contre, de plus en plus de professeurs qui passent de beaux messages spirituels aux élèves dès qu'ils le peuvent. C'est un plus à ce que les parents font, car ce sont les parents ou les grands-parents qui doivent enseigner ces notions aux enfants. Les parents ne peuvent les enseigner véritablement à leurs enfants qu'au moment où ils les appliquent dans leur propre vie. S'ils les enseignent et ne les mettent pas en pratique eux-mêmes, les enfants ne peuvent y adhérer. L'exemple est le meilleur professeur.
- Un moyen très rapide et efficace pour résoudre une situation désagréable est de rester avec le problème initial, ne pas dévier sur d'autres sujets et poser plusieurs questions pour découvrir le vrai problème derrière la situation. Rares sont les gens qui parlent du vrai problème ; ils commencent par parler de la situation difficile.

- Poser des questions est une bonne habitude tout aussi importante au quotidien que dans une situation spécifique de résolution de problèmes. Il y a une nette différence dans une relation lorsque les personnes concernées savent écouter. Il ne peut y avoir une bonne communication sans une bonne écoute. Quand une personne veut, tout de suite, trouver une solution au problème de l'autre, sans que l'autre lui ait demandé son opinion ou de l'aide, elle n'écoute pas cette dernière. Elle n'écoute que son ego qui croit avoir une solution toute faite pour l'autre. Cette mauvaise habitude est excellente pour bien nourrir l'ego. Les personnes qui croient avoir la réponse à tout et la solution à tous les problèmes ont en général un gros ego. Ça peut devenir désagréable à un point tel que plus personne n'a envie de leur adresser la parole. Une bonne communication est un outil formidable pour arriver à l'amour véritable rapidement ; elle aide à avoir d'excellentes relations.
- Il faut savoir faire la différence entre les questions motivées par un désir de contrôle et la peur et les questions motivées par la responsabilité et l'acceptation. Lorsqu'il y a du contrôle, on sent dans les questions de l'autre que celui-ci a des attentes et qu'il n'est pas prêt à accepter n'importe quelle réponse. C'est pour ça que ce genre de question dérange et même énerve les autres. Par contre, quand l'autre est dans l'acceptation, on sent que quelles que soient les réponses que nous donnons, il est bien avec ça ; on sent surtout que son seul intérêt est de nous aider à trouver nos propres réponses. La plus grande difficulté dans la communication est de rester neutre quand une autre personne parle de

ses problèmes. Ce qui est le plus surprenant, c'est le fait qu'il est très rare qu'une personne demande de l'aide véritable quand elle parle de ses problèmes et que, malgré cela, la première chose que dit l'autre, c'est de lui donner des conseils ou son avis.

- Ce n'est pas parce qu'on sait quelque chose qu'on est capable de le mettre en pratique tout le temps. Le plus important est de nous donner le droit de ne pas être capable d'appliquer tout ce que nous apprenons à chaque instant de notre vie. En nous acceptant, nous verrons que ça arrivera de moins en moins souvent et que nous ne vivrons plus d'émotions – culpabilité ou colère – quand ça se produira. Nous pourrons même réussir à en rire quand nous nous rendrons compte que c'est notre ego qui a pris le dessus. L'ego ne se nourrit que de notre mémoire. Donc, il ne peut accepter une nouvelle notion. Par contre, à force de se faire répéter quelque chose de nouveau, on finit par le mémoriser, puis on l'expérimente pour l'intégrer encore mieux. Plus la mémoire assimile un nouveau concept, plus l'ego s'habitue et y résiste de moins en moins.
- Plus nous devenons conscients, plus nous nous rendons compte à quel point nous avons fait des associations depuis que nous sommes très jeunes et même dans d'autres vies. Lorsque ces phénomènes d'association se produisent, cela signifie que le premier incident, qui a été très marquant, n'a pas été accepté. Nous avons donc très peur de le voir se manifester à nouveau.

CHAPITRE NEUF

Accepter les blessures

Sandra arrive à mon bureau et je lui fais signe de s'asseoir le temps que je finisse un appel téléphonique. Je peux observer qu'elle est très jolie avec son visage rond. Elle n'est pas grosse, mais elle est potelée et très agréable à regarder. Je vois qu'elle sait très bien se maquiller et qu'elle dissimule efficacement les boutons sur son visage. Elle est mal à l'aise, elle ne sait pas trop comment s'asseoir avec sa jupe trop courte qui ne cesse de remonter. Elle se lève, tire sur sa jupe, se rassoit. Elle n'ose même pas regarder autour d'elle. Je me hâte de terminer la conversation téléphonique.

— Bonjour, Sandra. Je suis heureuse de faire ta connaissance. Ta mère m'avait dit que tu hésitais à venir me voir comme elle te l'a suggéré. Je vois que tu as changé d'idée.

— Oui. Je me suis rendu compte que je ne voulais pas venir parce que je ne veux plus que ma mère se mêle de ma vie. J'ai enfin compris qu'elle voulait m'aider. De plus, je ne peux plus supporter ce problème de peau et je suis bien décidée à le régler. Ce qui se passe entre maman et moi depuis quelques semaines m'a donné confiance en vous. Auparavant, je me moquais de maman quand, pour m'aider, elle me montrait votre livre sur les malaises et les maladies. Puis, peu à peu, quand elle a cessé de vouloir me l'imposer, je l'ai souvent feuilleté. Pour mon problème de boutons, votre livre dit des choses qui me concernent, mais, même si j'ai tout lu, les boutons sont toujours là. Il y a certainement quelque chose que je n'ai pas compris. Je dois avouer que j'ai encore de la difficulté à croire qu'un malaise – encore plus une maladie – ne soit pas vraiment un problème qui a son origine dans notre corps physique, mais plutôt dans les corps émotionnel et mental.

— Qu'as-tu fait jusqu'à maintenant pour régler ce problème ?

— J'ai consulté un dermatologue qui m'a dit qu'il était normal d'avoir des boutons au moment de la puberté. Il m'a donné des crèmes et des onguents à appliquer sur la peau deux fois par jour. Ça n'a rien donné. Lors d'une visite chez notre médecin de famille pour un autre problème, il m'a suggéré des tranquillisants, à faible dose, car, selon lui, c'est souvent le stress qui cause ça. Je les ai pris pendant quelques semaines, mais ça n'a rien changé. J'ai donc arrêté de prendre ces comprimés. Je continue à acheter tout ce que je peux trouver en pharmacie qui pourrait m'aider. Parfois, ça s'atténue de moitié et je suis tout heureuse à la pensée que j'ai enfin trouvé le remède miracle, mais non, quelques jours plus tard, ça revient en force…

... J'ai même essayé d'éliminer de ma diète toutes sortes d'aliments, comme les tomates, les jus, les pâtisseries en croyant qu'ils pouvaient être la cause de mon problème. Comme rien n'a fonctionné, je me suis dit qu'il est peut-être vrai que je dois en chercher la cause au-delà du physique.

Nous prenons quelques minutes pour faire le décodage[1] *habituel qui permet de trouver la cause d'un malaise.*

— D'après tes réponses, je comprends que ce qui te dérange de ce problème, c'est ton apparence physique : ces boutons t'écœurent, te font honte et tu dois sans cesse trouver un moyen de les cacher. Ils t'empêchent de te montrer au naturel et tu es très mal à l'aise quand quelqu'un te regarde de trop près. C'est encore plus difficile pour toi quand c'est un garçon que tu aimes particulièrement, car tu ne veux pas qu'il s'approche de toi et qu'il voie l'épaisseur du maquillage que tu as dû appliquer pour cacher tes boutons. Parmi tout ce que je viens d'énoncer, qu'est-ce qui te dérange le plus ?

— C'est le fait que j'éloigne les garçons. Ils ne comprennent pas pourquoi je me sauve quand ils m'approchent trop et ils finissent par ne plus s'intéresser à moi. Toutes mes amies ont un petit copain, sauf moi.

— Tu m'as aussi dit que ce problème t'empêchait d'être naturelle, d'être toi-même, d'être désirée par un garçon, d'être belle. Lequel parmi tous ces états d'*ÊTRE* est le plus important ?

— Euh… ils le sont tous. Disons que c'est *être désirée par un garçon.*

— Les réponses que tu viens de me donner m'indiquent qu'en ce moment tu as un grand besoin dans ta vie d'être naturelle, d'être toi-même, d'être belle et surtout d'ÊTRE DÉSIRÉE PAR UN GARÇON. Sommes-nous d'accord jusque-là ?

1. Voir note 1, p. 175.

Elle acquiesce et je sens qu'elle est remuée. Elle a les larmes aux yeux, elle se recroqueville sur elle-même, se fait toute petite en serrant ses deux mains entre ses genoux. Elle me regarde avec des yeux tristes.

— Ta mère m'a dit que ce problème de peau a débuté dans les mois qui ont suivi tes premières menstruations. Que s'est-il passé à ce moment-là qui te faisait honte, que tu devais cacher et qui t'empêchait d'être toi-même, naturelle et belle ?

Elle commence à tousser et court chercher de l'eau aux toilettes. Elle ne voit pas qu'il y a un pichet d'eau et un verre pour elle sur la petite table à côté de son fauteuil. Elle est sûrement trop préoccupée par son problème. Je la laisse aller, sentant qu'elle a besoin de s'isoler. Elle revient au bout de deux minutes, plus apaisée, en s'excusant.

— Ne t'en fais pas. C'est très fréquent de s'étouffer, comme tu viens de le faire, quand on touche quelque chose d'important à l'intérieur de soi. C'est quelque chose qui veut refaire surface, mais que nous bloquons inconsciemment. Peux-tu me dire ce que tu as ressenti au moment où tu t'es étouffée ?

— Je ne sais pas. C'est comme si j'avais eu trop de salive et que je ne pouvais plus avaler.

— Ferme les yeux et regarde ce qui se passe en toi après ce que je vais te dire… Est-ce possible que ta première menstruation soit venue te confirmer que tu es une femme ?

Une fois de plus, Sandra se recroqueville sur elle-même. Elle ouvre ses yeux rougis par les larmes et me répond :

— Oui, je sens que vous touchez quelque chose d'important. Maman a souvent dit qu'elle aurait voulu un garçon, mais qu'elle était bien heureuse même si j'étais une fille. Je n'y ai jamais vraiment porté attention. Par contre, j'ai souvent pensé que mon père m'aurait aimée davantage si j'avais été un garçon. Je ne sais pas pourquoi j'ai pensé ça puisqu'il ne me l'a jamais dit. Mais, dites-moi pourquoi je ne m'habille pas en garçon si je ne voulais pas être une femme ? Mes idées s'embrouillent.

— Se peut-il que tu t'habilles de la façon la plus sexy possible pour faire réagir ton père ? Lorsque nous n'acceptons pas une situation quelconque, nous pouvons réagir aux deux extrêmes. C'est ce qui fait qu'une personne n'est pas elle-même : elle est en réaction.

— Si je comprends bien, madame Bourbeau, vous êtes en train de me dire que je ferais exprès de m'habiller de manière sexy pour faire réagir mon père ? Je n'ai jamais pensé à ça. Est-ce ainsi pour toutes les filles qui s'habillent sexy ?

— Pas nécessairement. Chacune a ses propres raisons. Pour certaines, ça peut même les aider à être vraiment elles-mêmes. Si elles le sont et s'acceptent, leur entourage ne les critique pas.

— Cependant, je ne comprends pas comment il se fait que c'est ma mère qui semble la plus affectée par mon comportement. Elle m'en parle beaucoup plus souvent que mon père. En même temps, je réalise que mon père ne me regarde plus de la même façon. C'est ça, j'ai trouvé ! Il me regarde comme un homme regarde une femme. Croyez-vous que ça pourrait être ça qui dérange ma mère, qu'elle serait jalouse ?

— Tout est possible. Il va falloir que tu vérifies tes hypothèses, car il n'est jamais bon de sauter aux conclusions. Le plus important pour toi est de reconnaître que le comportement de ta mère attire ton attention sur le fait que tu ne t'acceptes pas toi-même. Étant donné qu'elle est ta mère et qu'elle est du même sexe que toi, elle doit le ressentir plus intensément que ton père. Tu sais comme moi que les hommes sont des experts quand il s'agit de camoufler leurs émotions. C'est ce qu'ils ont appris. C'est pour ça qu'il est plus difficile de savoir vraiment ce qu'ils vivent…

... Commences-tu à voir le lien avec tes boutons ? Tu aurais voulu cacher, aux autres et à toi-même, que tu es une femme en croyant qu'ainsi tu serais aimée davantage. Comme le corps physique est le reflet de ce qui se passe à l'intérieur de soi, sa façon de refléter ta honte et ta peur d'être une femme désirée a été de faire apparaître des boutons. Tu m'as dit plus tôt que les boutons dans ton dos t'empêchaient de te mettre en maillot de bain l'été ; c'est une autre façon de cacher ta féminité. Vois-tu la dualité en toi ? Tu fais tout pour ne pas être désirée et en même temps, tu fais tout pour l'être en soulignant les parties de toi que tu aimes, comme tes seins et ta belle petite taille par exemple…

Elle me regarde, hoche de la tête, et je vois dans ses yeux songeurs qu'elle est en train de placer plusieurs choses en elle.

— Revenons à ce que tu veux vraiment. Peux-tu me répéter ce que tu m'as dit un peu plus tôt ? Que veux-tu ÊTRE ?

— Je veux être moi-même… naturelle… belle… et désirée par les garçons.

— Tu sais ce que tu veux vraiment, mais à cause de tes boutons, tu n'y arrives pas. Est-ce clair pour toi que c'est ton ego qui te joue des tours en ce moment ? Il veut te faire croire que c'est À CAUSE de tes boutons que tu ne peux pas écouter tes besoins. En réalité, tes boutons ne sont là que pour attirer ton attention sur une croyance que ton ego entretient. Tes boutons sont comme une sonnette d'alarme qui résonne pour avertir le passager d'une voiture qu'il a oublié d'attacher sa ceinture. La sonnette d'alarme n'est pas le problème, elle est l'élément nécessaire pour prendre conscience de quelque chose. Vois-tu la grande intelligence du corps humain ? Il est un instrument extraordinaire qui nous permet de devenir conscients de ce que nous ne voulons pas voir aux plans émotionnel et mental. Je te rappelle que tout message dans le corps physique est un APPEL AU SECOURS DE TON ÊTRE pour t'indiquer qu'il y a un aspect de toi que tu n'acceptes pas. Quelle chance nous avons d'avoir un outil aussi remarquable avec nous, et ce, durant toute notre vie, ne trouves-tu pas ?

— Oui, je comprends mieux maintenant ce que l'expression « le corps nous parle sans cesse » veut dire. Que va-t-il m'arriver ? Est-ce que mes boutons vont disparaître maintenant que nous avons fait le lien avec ma peur d'être une femme ?

— Tu veux aller trop vite. Pour savoir exactement ce que tu dois accepter, il y a une autre étape à franchir. Il y a une partie de ton ego qui croit fermement que si tu oses être toi-même, naturelle, belle et surtout désirée par les garçons, il pourrait t'arriver quelque chose de désagréable, de difficile à gérer par toi. Nous avons vu jusqu'à maintenant que tu crois que si tu avais été un garçon, tu aurais été plus aimée. De plus, nous avons vu que tu as peur que ta mère soit jalouse de toi. Mais pour savoir ce qui se cache véritablement derrière tout ça, il est nécessaire que tu répondes à la question suivante. Que peut-il t'arriver de désagréable si tu te permettais maintenant d'être belle, toi-même, naturelle et en plus désirée par les garçons ?

— J'ai peur que mon père réagisse plus vivement que maman et qu'il m'empêche totalement de sortir et d'avoir des amis. J'ai peur aussi de devenir comme plusieurs filles à l'école qui se laissent faire par les garçons. Pour le moment, je ne suis pas comme elles, mais je dis à mes amies que c'est parce que j'ai honte de ma peau, ça me donne une excuse. J'ai des désirs moi aussi, surtout quand les garçons me plaisent. Je ne sais pas à quel point je pourrais freiner les élans d'un garçon, comme Paul que je trouve bien beau avec ses yeux langoureux. Il y a autre chose. Si je n'ai plus d'excuses, je devrai me comporter comme mes amies si je veux continuer à être acceptée par elles. C'est sûr aussi que ce serait la guerre avec maman. Comme vous le voyez, j'ai plusieurs peurs, n'est-ce pas ?

— Et si toutes tes peurs se manifestaient, de quoi te jugerais-tu ? De quoi aurais-tu peur que les autres te jugent ?

— D'être une dévergondée, une putain, une fille facile.

— Est-ce que tu te rends compte qu'au moment où nous nous parlons, il y a peut-être déjà plusieurs personnes qui te jugent pour ce que tu viens de dire ?

À ces mots, elle rougit jusqu'aux oreilles et se cache la bouche. Elle ne dit rien, elle semble avoir le souffle coupé.

— Tu sais ce qui me fait dire ça, n'est-ce pas ? C'est à cause de la façon dont tu t'habilles : la jupe très courte, le ventre à l'air, un décolleté plongeant et beaucoup de maquillage. Et à la façon dont tu maquilles tes yeux, tu sais vraiment les mettre en valeur. Pourtant, nous savons toutes les deux que tu n'es pas une putain, loin de là...

... Ce que je veux te faire réaliser c'est que, de peur d'être jugée de putain et de fille facile, tu ne t'es pas permis d'être toi-même, d'être naturelle et tu as tout fait pour que les garçons ne te désirent pas alors que c'est ce que tu veux. Maintenant que tu te rends compte qu'il est fort possible que tu sois quand même jugée de cela, ne crois-tu pas qu'il serait préférable que tu sois toi-même, une fille belle, désirable et que tu vives l'expérience de découvrir si vraiment toutes tes peurs sont fondées et si elles se manifesteront ?

Elle me regarde intensément et peu à peu, ses yeux commencent à sourire. Elle semble être en train de placer quelque chose en elle.

— Faisons un petit exercice ensemble. Décris-moi pour commencer ce que serait une Sandra naturelle, belle, désirable. Supposons que demain tu te lèves et que tu sois réellement toi-même, comment serais-tu ?

— Pour commencer, je mettrais moins de maquillage, j'appliquerais la lotion qui aide à assécher et à masquer un peu les boutons, c'est tout. Je me maquillerais quand même, mais pas autant. Je trouve que c'est beaucoup de travail de faire ça tous les jours. Je porterais plus souvent des pantalons au lieu des petites jupes courtes. Je ne serais pas toujours aux aguets pour voir si quelqu'un me regarde de trop près. Si un garçon m'approchait, j'oublierais mes problèmes de peau et je lui parlerais naturellement sans imaginer qu'il ne pense qu'au sexe. Je dirais à mes amies que je n'ai pas envie de coucher avec n'importe qui juste pour être populaire. wow ! Je n'ai jamais pensé à tout ça. Je n'en reviens pas de tout ce que je suis en train de dire.

— Bravo ! Tu as affirmé plus tôt que tu en avais vraiment assez de tes boutons. Je me rends compte que ce que tu étais en train de dire, c'est que tu en as vraiment assez de te laisser contrôler par tes peurs et que tu es prête à être toi-même… Continuons l'exercice… Regardons ensemble quelles sont les probabilités que tes peurs se manifestent si tu es tout ce que tu viens de décrire… J'ai noté sur ce papier les peurs que tu as mentionnées plus tôt et maintenant il te reste à noter à côté de chaque peur, sur une échelle de un à dix, la probabilité qu'elle se manifeste.

Elle s'applique à bien lire la liste. Elle est très concentrée et au fur et à mesure qu'elle la parcourt, je la vois sourire de plus en plus. Elle me montre les chiffres qu'elle a notés.

— Super ! Tu as fait du bon travail ! Je vois que tu as des deux ou trois sur dix partout, à l'exception de ta peur – que tu as cotée cinq – de ne pas être capable d'arrêter Paul s'il te faisait des avances. Comment te sens-tu maintenant ?

— Beaucoup mieux. Je suis étonnée à quel point on peut s'inventer des peurs et qu'elles n'arriveront peut-être jamais. Maman m'a parlé de ces choses-là à quelques reprises, mais je ne l'écoutais pas vraiment. J'étais trop occupée à être sur la défensive. Je crois qu'à partir de maintenant, avec l'expérience que nous vivons à la maison depuis quelque temps et avec ce que j'ai appris aujourd'hui, nous parlerons plus souvent de ces choses-là.

— Sandra, résumons ce que nous avons fait aujourd'hui : la cause véritable de ton problème de peau était le fait de croire qu'être toi-même, belle, désirable et naturelle équivalait à être une fille facile, une putain. En général, une croyance de ce genre vient de très loin et est entretenue par tous les membres de la famille incluant la nouvelle famille créée par un mariage. Pour arriver à ne plus croire à une chose qui nous nuit, la première étape est de réaliser que ta famille et toi y avez cru en pensant vous protéger pour ne pas devenir une personne condamnable – dans ton cas, une putain. Je te suggère, aussitôt que tu en auras l'occasion, de vérifier auprès de ton père et de ta mère s'ils ont la même croyance. D'après ce qu'ils m'ont dit il y a quelques semaines, je suis à peu près sûre que oui. J'ai pu constater des milliers de fois à quel point tous les membres d'une famille sont attirés les uns vers les autres à cause de leurs croyances identiques. La beauté du travail que tu es en train d'accomplir sur cette croyance est que tu aideras directement ton père et ta mère à réaliser la même chose. De plus, ce travail va vous aider à guérir vos blessures. Est-ce que ta maman t'a parlé des blessures ?

— Oui, je l'ai entendue en parler et elle m'a même suggéré de lire le livre que papa et elle ont bien aimé. Croyez-vous que ça m'aiderait ?

— Oui, j'en suis certaine. Pour ton problème de peau, je te suggère de lire plus d'une fois les chapitres sur les blessures de rejet et d'humiliation. Ça va t'apporter des éléments additionnels à ce que nous venons de faire ensemble…

... De plus, avant que tu repartes chez toi, je veux que tu comprennes bien que ce n'est pas parce que tu viens de mettre le doigt sur une croyance qu'elle va disparaître complètement. Tes boutons t'indiqueront le degré d'acceptation que tu auras atteint. Chaque fois qu'une peur refera surface – tu appliques une bonne couche de fond de teint pour cacher tes boutons par exemple – pense que t'accepter veut dire te donner le droit d'avoir cette peur et ne pas t'en vouloir. Quand ton corps te parle, il ne te dit pas de changer ton comportement d'une façon radicale, il t'aide à découvrir ce que tu veux être. Il veut surtout t'aider à t'accepter telle que tu es à ce moment-là, même si ce n'est pas encore tout à fait ce que tu veux être. Savais-tu que **tu**

ne peux pas arriver à être ce que tu veux être tant et aussi longtemps que tu ne t'es pas acceptée dans ce que tu ne veux pas être ?

... Prends le temps de noter cette phrase sur la feuille où j'ai dressé la liste de tes peurs et les résumés que nous avons faits… Tu sais que tu as atteint ton but quand tu ne te juges plus dans les situations où tu n'es pas ce que tu veux être et que tu ne juges plus ceux que tu rencontres qui sont ainsi. Peu à peu, tu deviendras ce que tu veux être, et même si tu ne l'es pas toujours, tu seras quand même bien. As-tu des questions ?

— Pas pour le moment. Je suis encore sous le choc de tout ce que je viens de découvrir. Je vais avoir besoin de réfléchir à tout ça. Je crois que je vais noter toutes mes réflexions pendant le trajet du retour. J'ai une heure d'autobus à faire, ça me donnera le temps.

— Est-ce que tu me permets d'attirer ton attention sur un autre point ?... Oui ? Eh bien, se peut-il que tu aies jugé ta mère d'être une putain parce qu'elle est devenue la maîtresse d'un homme marié et qu'elle était enceinte avant de se marier ? Tu n'as pas besoin de me répondre maintenant. Normalement, lorsqu'une personne a peur d'être d'une certaine manière, c'est qu'elle a jugé quelqu'un d'être ainsi. Si ça s'avère vrai pour toi, il y aura un processus de réconciliation à faire et ta mère peut très bien t'expliquer comment y arriver. Je dois revoir tes parents, alors n'hésite pas à me donner de tes nouvelles par leur intermédiaire.

***

Cher lecteur, tu as pu remarquer dans les exemples cités depuis le début de ce livre que toutes les blessures sont à la base des souffrances humaines.

Nous avons vu que Sandra a des problèmes de peau à cause de deux blessures : le rejet et l'humiliation. Elle a les mêmes blessures que celles de sa mère. En plus des caractéristiques physiques des blessures, la blessure de rejet est identifiée par le fait qu'Anna ne voulait pas avoir de fille, rejetant la femme en elle et rejetant sa propre mère. Sandra vit la même chose, elle se rejette et ne veut pas être comme sa mère. Il est très fréquent d'exprimer ce rejet avec des boutons, ce qui est un excellent moyen pour que les autres nous rejettent, nous reflétant ainsi notre propre rejet.

La blessure d'humiliation est apparente du fait que Sandra a peur d'être une putain, qu'elle a honte de ses désirs sexuels. Comme nous agissons en fonction de nos peurs, il est normal que Sandra ait des comportements de putain, même si elle semble avoir très peur d'être jugée ainsi. C'est la même chose pour toutes les blessures. Plus on souffre de rejet, plus on se rejette. Plus on souffre d'abandon, plus on s'abandonne, on se laisse tomber ou on laisse tomber nos projets. Plus on souffre d'humiliation, plus on agit pour s'humilier, s'abaisser, avoir honte. Quand on souffre de trahison, on se trahit soi-même, on ne garde pas notre parole, on ne prend pas notre responsabilité. Et plus on souffre d'injustice, plus on est injuste envers soi-même. On ne respecte pas nos limites, on s'en demande beaucoup trop.

Notre ego est si fort qu'il ne veut pas reconnaître que nous souffrons à cause des croyances que nous entretenons pour éviter de sentir nos blessures. Il s'évertue donc à accuser les autres de nous faire subir les blessures qui sont les nôtres. Nous ne voyons pas que ce que nous attirons des autres est tout simplement un reflet de ce que nous nous faisons nous-mêmes.

Comment arriver à accepter tes blessures ? Premièrement, en acceptant le fait que tu les as créées au fil de tes incarnations. Comme nous sommes des êtres évolués, ce qui signifie que nous avons vécu de nombreuses autres vies, nous avons peu à peu développé des peurs causées par la crainte de revivre certaines blessures.

La peur est un sentiment nécessaire pour l'humain – pour tout le règne animal. Le pouvoir de choisir de l'être humain est apparu sur cette planète en même temps que le développement des corps mental et émotionnel. Nous avons commencé à choisir de croire que la peur n'était pas bonne, car elle nous faisait souffrir et nous devions l'éviter à tout prix. En réalité, elle est nécessaire pour nous avertir d'un danger véritable au plan physique et au plan émotionnel, la peur nous aide à découvrir des façons de penser qui ne sont pas bénéfiques pour nous. Il y a des gens qui nient toutes leurs peurs ; ils se font croire qu'ils n'ont jamais peur.

Imaginons la première fois qu'une âme vit l'expérience de naître d'une maman qui ne désire pas avoir d'enfant. Cette âme a le choix de se dire que sa maman a le droit de ne pas désirer d'enfant pour le moment, mais que les circonstances ont fait qu'elle est tombée enceinte. De plus, le fait que la maman n'a pas perdu ou avorté ce bébé est un signe qu'elle devait désirer inconsciemment cet enfant. Donc l'âme accepte bien le désir de la maman sans se sentir blessée. Cependant, l'âme peut choisir une autre réaction. Elle peut se dire que sa maman ne la désire pas, ne s'occupera pas d'elle, ce qui lui fait vivre du rejet. Elle imagine toutes sortes de scénarios et elle commence à développer de la peur. Comme la peur est une forme de pensée qui a sa propre volonté de vivre, plus elle deviendra active et nourrie, plus elle se manifestera. Cette âme est en train de développer la blessure de rejet. Elle devra donc revenir sur cette planète tant et aussi longtemps qu'elle ne sera pas guérie de cette blessure. Il y a de fortes chances qu'elle vive plusieurs incarnations en attirant à elle diverses situations de rejet avant de commencer à renverser le processus de création de la blessure.

Il en est ainsi pour toutes les blessures. En lisant l'histoire des peuples, on peut remarquer à quel point ces cinq blessures sont présentes dans toutes les civilisations. Nous avons la chance de vivre à une époque où nous recevons beaucoup d'aide pour prendre conscience de tout ce qui a entraîné l'involution de l'humain plutôt que son évolution. Il ne tient qu'à chacun de nous d'utiliser les innombrables moyens à notre portée.

***

La guérison des blessures ne peut se faire que par l'ACCEPTATION. Il ne suffit pas de savoir que tu souffres de telle ou telle blessure. Tu dois surtout être attentif aux situations où une blessure est activée. Je rappelle qu'une blessure est activée lorsque nous croyons blesser une personne, lorsque nous nous sentons blessés par autrui ou lorsque nous nous blessons personnellement et que cela se fait dans le jugement, la non-acceptation de soi ou de l'autre. Le jugement et la non-acceptation accentuent la peur que la blessure soit ravivée. Plus la peur s'intensifie, plus la blessure grossit. C'est comme si on infectait une blessure physique plutôt que de la guérir. Cette blessure s'aggraverait de plus en plus, ferait de plus en plus mal et nous empêcherait d'accomplir une foule de choses dans notre vie. Il en est ainsi des blessures de l'âme.

Prenons l'exemple d'Anna. Elle se rejette lorsqu'elle croit que sa fille préférerait vivre avec son père plutôt qu'avec elle. Elle rejette sa fille en n'acceptant pas sa façon d'être sexy. Elle rejette sa mère en la traitant d'injuste. Sandra la rejette en ne voulant pas être comme elle. Chacune de ces situations n'est pas acceptée. Soit qu'Anna s'en veuille d'être ainsi, soit qu'elle en veuille à sa mère ou à sa fille.

Anna sera dans l'acceptation de sa blessure quand elle se donnera le droit de dire à Sandra qu'elle n'est pas capable d'accepter un certain comportement ou une attitude, qu'elle préférerait être d'accord avec tout ce que sa fille veut faire, mais que pour le moment, cela lui est impossible. Nous accepter veut dire que nous nous permettons d'être ce que nous ne voulons pas être, qu'il est possible que l'autre n'aime pas notre façon d'agir et se sente blessé à cause de notre comportement, mais que c'est ainsi pour le moment.

Je ne te dis pas de commencer à rejeter, abandonner, humilier, trahir ou être injuste avec les autres d'une façon consciente et volontaire en te disant que *C'est leur problème s'ils souffrent à cause de moi.* Je propose plutôt de te donner le droit de PEUT-ÊTRE blesser une autre personne en écoutant tes propres besoins. Si cela se produisait, dis-toi que ce n'était pas ton intention d'être blessant au départ, mais qu'il est possible qu'une autre personne le vive ainsi. D'ailleurs, il y a autant de probabilités que l'autre ne se sente pas blessé. Tu vas découvrir que plus tu te donnes le droit d'être ce que tu veux être, plus les autres vont t'en donner le droit. Ils comprendront que ton intention était d'écouter tes besoins ou tes limites du moment et non de les faire souffrir.

Dans toutes les situations rapportées depuis le début de ce livre, on a pu s'apercevoir qu'il est très rare qu'une personne agisse avec l'intention véritable de faire souffrir l'autre. Si jamais cela se produit (par exemple si tu as vécu plusieurs injustices avec la même personne et que tu décides un jour de te venger et de lui faire mal en retour), dis-toi qu'au plus profond de toi, tu n'es pas une personne méchante, tu es plutôt souffrante. Quand quelqu'un décide de se venger, c'est sa blessure qui est ravivée à un point tel que son ego prend totalement le contrôle et décide de faire souffrir l'autre, croyant ainsi moins souffrir lui-même. Lorsque nous sommes bien centrés, nous savons que cette solution amène encore plus de souffrances, mais, malheureusement, lorsque la blessure est trop profonde et que notre ego prend le dessus, ce dernier ne connaît pas les conséquences que cette action aura sur nous.

Lorsqu'une blessure est activée et que nous ne sommes plus nous-mêmes parce qu'à ce moment-là, nous portons un masque pour nous protéger, l'attitude idéale à adopter est de nous recentrer le plus rapidement possible en observant que nous avons un comportement influencé par la partie qui souffre. C'est comme si nous sortions de nous-mêmes et que nous observions nos gestes, nos paroles, nos pensées. On peut se dire : *Je suis vraiment en colère en ce moment, je suis en train de crier et d'accuser l'autre. Eh bien, voilà ce que je suis pour l'instant. J'ai dépassé les limites de mon endurance et je me suis laissé envahir par la partie qui souffre en moi. Ce n'est pas ma préférence, mais voilà ce que je suis en ce moment.* Ou dans une situation de grande tristesse : *Je sais qu'en ce moment je me sens vraiment seul, que je souffre et que je voudrais avoir la présence ou le soutien de quelqu'un d'autre. C'est ma blessure d'abandon qui est la cause de cette souffrance. Je suis humain, cette blessure n'est pas encore guérie, donc je ne peux qu'observer ce que je vis.*

Cette réflexion se fait très rapidement et devient de plus en plus facile avec de la pratique. Le seul fait de réaliser que nous sommes en train de crier et d'accuser, de pleurer, de nous plaindre ou de nous ennuyer signifie que nous venons de nous centrer et que nous sommes dans l'observation. Ce n'est qu'une question de secondes, suite à cette observation, pour que notre comportement change, s'apaise. Nous commençons même à respirer plus profondément. Le fait de pouvoir nous donner le droit d'avoir des blessures et que celles-ci nous fassent souffrir nous permet de donner aux autres le droit d'avoir aussi des blessures réactives comme les nôtres.

Ce n'est pas du tout comme du déni qui est de se faire croire que la situation ne nous dérange pas ou de se contrôler fortement pour ne pas être jugé. Une réaction de ce genre nourrit la blessure et l'aggrave. L'acceptation, ou l'observation, telle que décrite plus haut a l'effet d'un baume sur la blessure et contribue à la guérir peu à peu.

Un facteur très important dont il faut se souvenir, c'est qu'il est impossible d'agir, de penser ou de parler d'une façon qui plaise à tout le monde. Nous sommes tous différents ; il est donc impératif de réaliser qu'il est probable que le fait de se permettre d'être ce que nous sommes à chaque instant ne plaise pas nécessairement à tout le monde, que ce soit négatif ou positif. Le fait d'accepter que nous ne pouvons répondre aux attentes des autres nous aide grandement à réaliser que les autres ne peuvent pas répondre aux nôtres.

Quand tu te rendras compte que ta blessure s'active de moins en moins souvent et que la douleur vécue est toujours moins forte avec les années, tu sauras que tu es en voie de guérison.

Les questions suivantes me sont souvent posées : *Combien de temps faut-il pour guérir les blessures complètement ? Qu'arrive-t-il quand toutes les blessures sont guéries ? Avons-nous un corps parfait ?* Je travaille avec les blessures depuis quinze ans et je n'ai encore rencontré personne qui ne souffre plus d'aucune blessure. Je te suggère plutôt de te demander si tu souffres moins souvent et si ta vie s'améliore chaque année. Si tu peux répondre oui à ces questions, tu sauras que tu es sur la bonne voie. Quand nous aspirons seulement au résultat final, nous sommes dans le contrôle. **Il vaut mieux être bien tout au long de notre voyage sur Terre plutôt qu'attendre d'être arrivés pour être bien**. De plus, comment sais-tu que ce qui te semble « être arrivé » est bien ce dont tu as besoin. La vie est toujours remplie de belles surprises et je suis convaincue qu'au fur et à mesure que nous découvrons des forces, des talents et des nouveautés, d'autres trésors du même genre sont au stade de la création. L'évolution ne s'arrête jamais ; il y a toujours place à l'amélioration dans notre vie.

À RETENIR DE LA PREMIÈRE PARTIE DE CE CHAPITRE

- Notre ego nous joue des tours chaque fois qu'il veut nous faire croire que c'est À CAUSE de notre problème physique – malaise ou maladie – que nous ne pouvons écouter nos besoins. En réalité, le problème n'est là que pour attirer notre attention sur une croyance que notre ego entretient. Le problème physique est comme une sonnette d'alarme qui résonne pour avertir le passager d'une voiture qu'il a oublié d'attacher sa ceinture. La sonnette d'alarme n'est pas le problème ; elle est l'élément nécessaire pour prendre conscience de quelque chose. Le corps humain est d'une grande intelligence. Il est un instrument extraordinaire, un merveilleux outil, qui nous permet de devenir conscients de ce que nous ne voulons pas voir aux plans émotionnel et mental. Tout message dans le corps physique est un APPEL AU SECOURS DE NOTRE ÊTRE pour nous indiquer qu'il y a un aspect de soi que nous n'acceptons pas.

- Lorsque nous identifions la croyance qui a causé un blocage important dans notre vie, nous pouvons présumer que cette croyance est entretenue par tous les membres de la famille, incluant la nouvelle famille créée par le mariage. Pour arriver à ne plus croire à une chose qui nous nuit, la première étape est de réaliser que toute notre famille et nous-mêmes y avons cru en étant convaincus que nous nous protégions pour ne pas devenir une personne condamnable. Dès que nous en avons l'occasion, il est suggéré de vérifier auprès des autres membres de la famille s'ils ont la même croyance. Tous les membres d'une famille sont attirés les uns vers les autres à cause de leurs croyances identiques.
- Ce n'est pas parce que nous venons de mettre le doigt sur une croyance que celle-ci, ainsi que le malaise physique, vont disparaître complètement.

Le malaise est là pour nous indiquer le degré d'acceptation que nous aurons atteint. Chaque fois qu'une peur associée à la croyance refait surface, la seule chose à faire est de l'accepter, c'est-à-dire se donner le droit d'avoir cette peur et ne pas s'en vouloir.

- Quand notre corps nous parle, il ne nous dit pas de changer notre comportement d'une façon radicale, il veut nous aider à découvrir ce que nous voulons être et surtout nous aider à nous accepter tels que nous sommes à ce moment-là, même si ce n'est pas encore tout à fait ce que nous voulons être. **Nous ne pouvons arriver à être ce que nous voulons être tant et aussi longtemps que nous ne nous sommes pas acceptés dans ce que nous ne voulons pas être.** Nous savons que nous avons atteint notre but quand nous ne nous jugeons plus dans les situations où nous ne sommes pas ce que nous voulons être et que nous ne jugeons plus ceux que nous rencontrons qui sont ainsi. Peu à peu, nous devenons ce que nous voulons être, et même si nous ne le sommes pas toujours, nous sommes quand même bien.

CHAPITRE DIX

Accepter l'état de la planète

Je profite des derniers chapitres de ce livre pour compléter l'enseignement sur l'acceptation. Que vont devenir Anna, Mario et leur famille ? Impossible à savoir ! Il se peut que la leçon ait été apprise pour de bon et il se peut que non. L'important est de savoir qu'il y a toujours une solution pour améliorer toute situation difficile. Si les personnages de ce livre revenaient à leurs anciennes croyances, cela ne pourrait durer très longtemps parce qu'ils ont maintenant expérimenté ce que c'est que de vivre dans l'acceptation. Et surtout, ils ne peuvent oublier une attitude qu'ils ont déjà adoptée et qui les a aidés. Voilà mon plus grand désir : qu'ils se rappellent le plus rapidement possible les expériences bénéfiques qu'ils ont vécues.

***

J'entends de plus en plus souvent les gens me demander ce que nous deviendrons vu l'état actuel de la planète. Il est vrai que nous avons de bonnes raisons pour nous poser de sérieuses questions. Jusqu'à maintenant, j'ai visité plus de quarante pays sur les cinq continents et j'y retrouve les mêmes situations problématiques qu'ici. Nous polluons chaque jour davantage la planète, en contaminant l'air qui nous entoure, les océans et les cours d'eau. Il y a de plus en plus de maladies, malgré les milliards dépensés dans la recherche médicale à l'échelle planétaire. Nous consommons toujours plus de médicaments, nous saturant de produits chimiques. Ce que nous mangeons et respirons en est imprégné. Il y a davantage de divorces, de décrocheurs, de suicides. La population ne cesse d'augmenter, à tel point qu'il est prévu qu'elle atteindra les neuf milliards d'habitants vers 2050, ce qui représente une augmentation des déchets. Selon les statistiques, on produit en moyenne un kilo de déchets solides par habitant par jour – en considérant les déchets d'entreprises. Quand on pense à tout ce que nous jetons qui n'est pas biodégradable, on peut se demander comment notre belle planète pourra continuer à respirer avec toute cette accumulation de détritus.

Quelle triste image, ne trouves-tu pas ? Les écologistes s'évertuent à demander aux gouvernements de faire des nouvelles lois pour protéger l'environnement. Pour ma part, je crois que cette décision doit être prise par chacun de nous. Les gouvernements ne sont qu'un reflet de la majorité des habitants d'un pays. On peut comparer le gouvernement d'un pays à notre corps. Si nous commençons à nous occuper de chaque partie de notre corps, peu à peu le corps entier sera différent et s'en portera mieux.

Cette piètre image de notre planète au plan physique est tout simplement un reflet de ce que la plupart de nous vivons aux plans psychologique et spirituel.

Au lieu de nous nourrir de sentiments d'amour, nous acceptons de nous laisser envahir par la peur, l'inquiétude, la violence. Nous nous polluons et nous laissons les autres nous empoisonner l'existence, non seulement au plan physique mais aux plans émotionnel et mental. **Nous sommes le seul maître de notre vie et personne ne peut prendre de décisions à notre place.**

Pour qu'il y ait quelque changement que ce soit sur cette planète, nous devons tous commencer par accepter notre responsabilité. Nous nous sommes laissé envahir d'une façon tellement subtile que nous nous réveillons aujourd'hui dans une situation où il est devenu urgent de se prendre en main.

J'ai peut-être observé les mêmes situations difficiles partout dans le monde, mais j'ai aussi réalisé à quel point un nombre grandissant de personnes ont décidé d'agir et de changer leur façon de vivre. J'ai le grand bonheur d'être en contact permanent avec des gens comme toi, qui veulent améliorer leur qualité de vie.

Pour y parvenir, nous devons accepter que tout ce que nous voyons à l'extérieur est là pour attirer notre attention sur ce que nous devons voir à l'intérieur de nous. C'est l'étape la plus importante à franchir. Ensuite, il est sage de nous demander ce que nous voulons véritablement dans notre vie et de passer à l'action.

Tu peux prendre la décision de faire tout ce que tu peux pour moins polluer ton monde physique, comme utiliser des produits de nettoyage biodégradables, manger bio, etc. Il faut de la patience, du temps et de la détermination pour changer ses habitudes mais, si tu es déterminé à améliorer ta qualité de vie ainsi que celle de la planète, tu y arriveras. Les magasins bios abondent partout et même les grandes surfaces ont de plus en plus de produits biologiques. Vérifie toujours si tu peux acheter bio tous les produits qui sont indiqués sur ta liste de commissions. Cela deviendra peu à peu une nouvelle habitude. Il a récemment été prouvé, après de nombreuses enquêtes, que, dans l'ensemble, ça ne coûte pas plus cher d'acheter des produits biologiques que chimiques. Ce n'est qu'une nouvelle habitude à prendre. Le fait de manger de la nourriture de qualité supérieure requiert une moins grande quantité d'aliments pour l'organisme. Voilà une façon d'économiser et de faire plaisir à ton corps en même temps.

Faire des efforts au plan physique aura une influence directe sur ce qui se passe à l'intérieur de toi. Comme les trois corps – physique, émotionnel et mental – ne peuvent être dissociés, le fait d'apporter un changement au plan physique entraîne automatiquement un changement dans les deux autres plans, sans même que tu en sois conscient. En polluant moins physiquement, tu verras graduellement que tu te laisses beaucoup moins polluer par les peurs et les croyances des autres.

Il est important d'être concerné par ce qui se passe sur notre planète, mais il n'est pas bénéfique de s'en faire au point de se décourager. Il y a malheureusement beaucoup trop de personnes qui se disent : *Qu'est-ce que ça donne de polluer moins ? Tant et aussi longtemps qu'il y a des milliards de personnes qui continuent à polluer, mon petit effort ne peut pas faire de différence.* Si tu penses ainsi, c'est dommage, car ce n'est pas vrai. Premièrement, tu es déjà gagnant, car le fait de polluer moins affectera ta vie de façon bénéfique dans tous les domaines. C'est l'effort de centaines de personnes – et éventuellement de milliers de personnes – qui finit par faire une grande différence. On peut comparer cela au désir de quelqu'un de maigrir. Si cette personne se dit que perdre un kilo ne fera aucune différence quand elle considère qu'elle a cinquante kilos de trop, elle n'arrivera jamais à atteindre son but. Mais si elle se concentre, au rythme de ses capacités et de ses limites, à maigrir d'un kilo à la fois et qu'elle ne regarde que ses progrès au lieu de tout ce qu'il lui reste à accomplir, un jour, elle atteindra son objectif.

Rappelons-nous que lorsque nous nous occupons de la situation sur notre planète, nous le faisons pour nous parce que nous savons que nous reviendrons dans d'autres vies et que nous récolterons ce que nous semons maintenant. Quand tu fais bien le ménage dans ta maison, tu sais que c'est toi qui auras le plaisir de vivre dans une maison propre, qui sent bon et où il fait bon revenir à la fin d'une journée de travail. Ce n'est pas le voisin qui profitera de l'effort fourni pour mettre de l'ordre chez toi. Il en va de même pour notre planète. Nous le faisons tous dans notre propre intérêt.

Si tu trouves qu'il y a beaucoup trop de violence sur la Terre, manifestée par les guerres qui continuent de sévir, la violence dans les films, les jeux vidéo pour les jeunes, la violence entre parents et enfants, regarde à l'intérieur de toi. À quel moment te fais-tu violence ? Chaque fois que tu n'écoutes pas tes besoins, que tu agis par peur de quelque chose, que tu te rabaisses ou que tu t'accuses, tu te fais violence. Tu utilises la violence avec les autres non seulement d'une manière physique, mais aussi quand tu les accuses, quand tu cries après eux, quand tu veux les dominer et les contrôler. C'est de la violence psychologique. En prenant la décision d'apporter plus de paix dans ta vie, tu contribueras à la paix sur la planète.

Je te rappelle l'importance d'accepter tes limites. Ce n'est pas parce que nous décidons un jour de vivre essentiellement dans la paix que ça se produit instantanément. Souviens-toi que **tu dois te donner le droit d'être ce que tu ne veux pas être avant d'arriver à être ce que tu veux être.** Chaque fois que tu te rends compte que tu es violent envers toi-même ou envers quelqu'un d'autre, je te suggère de prendre le temps de découvrir la peur qui se cache derrière ce comportement, de t'accepter en tant qu'humain et de te dire qu'un jour, tu arriveras à vivre de plus en plus souvent dans la paix.

***

Un autre sujet qui semble affecter les gens de tous les pays développés est le montant des taxes et des impôts qu'ils ont à payer. Je peux te dire que le jour où mon comptable m'a annoncé que je remettais au gouvernement 75 % de mes revenus annuels en incluant les différentes taxes ainsi que l'impôt que je verse aux gouvernements provincial et fédéral, j'ai été en état de choc pendant plusieurs semaines. Je trouvais cela très injuste et je me suis entendue critiquer cette réalité. Je me suis aperçue que ce que je critiquais le plus était la façon dont le gouvernement gère tout l'argent qu'il perçoit des contribuables. Je déplorais surtout le fait qu'il y ait de si grandes sommes utilisées pour la guerre, partout sur la planète. Je me donnais raison en me disant que je n'étais pas la seule à faire ce genre de critiques. J'ai fini par mettre mon ego de côté et vérifier en moi ce qui me dérangeait autant. La réponse a été que je m'accuse aussi lorsque je ne gère pas bien mes revenus, quand je dépense pour des choses qui ne s'avèrent pas très utiles.

En gardant à l'esprit que le gouvernement est le reflet de la majorité des gens d'un pays, nous réalisons que nous devons prendre nos responsabilités en vérifiant pour quelles raisons nous accusons le gouvernement. Pour ma part, j'accusais d'incompétents et d'injustes ceux qui gèrent les finances publiques parce que je connais des personnes qui s'arrangent pour ne pas payer d'impôts sans être pénalisés. Je les accusais aussi de dépenser inintelligemment. D'autres les accusent d'être voleurs, malhonnêtes ou escrocs, etc. Il nous reste donc à faire l'exercice du miroir en vérifiant à quel moment les autres nous accusent de la même chose, ce qui veut aussi dire que nous nous accusons de ce dont nous accusons les autres quand nous agissons contrairement à nos croyances.

Le jour où nous aurons pris nos responsabilités et fait notre « processus d'argent », c'est-à-dire accepté nos limites et nos peurs face à l'argent plutôt que de nous en vouloir et de nous accuser aussitôt que nous agissons contrairement à ce que nous avons appris, ce jour-là seulement, notre gouvernement va commencer à se transformer. Nous savons maintenant que rien ne peut se transformer tant qu'il n'y a pas eu acceptation de ce que nous ne voulons pas être.

En nous donnant le droit de prendre le temps nécessaire pour apprendre à gérer notre argent intelligemment, nous cesserons de nous sentir coupables quand nous n'y parvenons pas. Souvenons-nous que nos éducateurs nous ont appris que dépenser inutilement n'est pas bien, n'est pas raisonnable, parce qu'eux-mêmes ne se donnaient pas le droit d'être parfois frivoles ou trop impulsifs dans leurs achats. Soit ils se contrôlaient de peur de se sentir coupables, soit, lorsqu'ils se laissaient aller à être dépensiers, ils s'en voulaient et se promettaient de ne pas recommencer. Voilà pourquoi ils insistaient tant pour que nous réussissions ce qu'ils avaient de la difficulté à atteindre. Ils ne savaient pas qu'il est impossible de devenir ce que nous voulons être avant d'être bien avec soi-même quand nous agissons à l'opposé de ce que nous voulons.

***

En conclusion, acceptons le fait que si la planète est actuellement dans un état d'urgence, c'est pour nous rappeler l'état d'urgence dans lequel l'humain se trouve. La planète où nous sommes nous enjoint de vivre selon l'ordre des choses, selon l'état naturel de la vie, selon les lois biologiques. Nous devons appliquer ces notions dans tous les domaines de notre vie, tant personnel que professionnel.

Je suis peinée de constater l'état d'inconscience que nous avons atteint, autant que je suis heureuse de constater le grand éveil qui se produit partout sur la planète. Dans tous les pays, il y a des gens qui se prennent en main, qui veulent s'améliorer et qui deviennent de plus en plus conscients de leur responsabilité face à tout ce qui se passe. Chaque personne qui s'éveille influence en moyenne au moins dix autres personnes, même si elle n'en est pas consciente. C'est un phénomène de nature exponentielle. Imagine qu'une personne fasse un cadeau à dix autres et que ces dernières fassent la même chose. Au deuxième tour, cent personnes auront reçu un cadeau, puis mille au troisième tour et ainsi de suite. Les choses peuvent aller à vive allure. Souvenons-nous donc que de prendre la décision d'accepter que nous sommes tous responsables de la situation qui règne actuellement sur la Terre peut aider à ramener la planète à son état naturel beaucoup plus vite qu'on ne le croit en ce moment.

N'oublie pas l'essentiel, cher lecteur : pour arriver à vivre ainsi, en t'observant seulement, tu dois tout d'abord prendre conscience des fois où tu n'y arrives pas. Si tu te critiques, tu es assuré de répéter sans cesse le même comportement. Prenons un exemple : tu décides de moins polluer la planète en réutilisant les sacs de plastique que tu reçois dans les magasins en tant que sacs-poubelles, en prenant des chiffons pour essuyer à la place de serviettes en papier, en utilisant du papier recyclé, etc. Ainsi, tu aides à sauver des arbres et à générer moins de déchets.

Il se peut que tu t'aperçoives subitement que tu as jeté une serviette en papier à la poubelle. Tu ne te souviendras même pas de ta décision d'utiliser un chiffon au lieu du papier. C'est l'étape de la conscientisation ! Le secret, une fois conscient, est de te féliciter d'en avoir pris conscience, même s'il est trop tard pour retenir ton geste, plutôt que de t'accuser de ne pas avoir tenu ta résolution. Tu verras, de jour en jour, que tu seras toujours plus conscient et que tu arriveras plus souvent à agir selon ton désir. Cette notion d'acceptation est si importante et tellement nouvelle pour la plupart d'entre nous que c'est la raison pour laquelle elle est plus difficile à intégrer, à assimiler et à mettre en pratique.

CHAPITRE ONZE

Accepter les autres

Nous avons vu à travers plusieurs exemples que la plupart de nous avons de la difficulté à accepter ce que les autres veulent être, faire ou avoir. Notre ego est tellement convaincu d'avoir raison, de détenir LA vérité en ce qui concerne les comportements idéaux pour être heureux, que nous voulons sans cesse imposer nos croyances à tous nos proches. Ce qui est intéressant à observer, c'est que nous essayons de convaincre les autres d'être ce que nous ne réussissons même pas à devenir nous-mêmes. Nous voulons nous changer autant que nous voulons changer les autres. Voilà pourquoi nous aurions intérêt à prêter davantage attention à nos discussions et à nos accusations, la morale ou la culpabilisation que nous leur imposons, surtout à nos proches.

Si tu te dis que tu veux seulement aider l'autre à changer parce que tu as toi-même réussi à adopter un nouveau comportement qui t'aide beaucoup, comment peux-tu savoir que c'est ce que cette autre âme a besoin de vivre, d'expérimenter ? Décider qu'une autre personne a les mêmes besoins que nous s'appelle de l'orgueil : nous nous croyons meilleurs que l'autre et le faisons se sentir inférieur tant et aussi longtemps qu'il n'arrivera pas à être comme nous. C'est aussi signe que nous n'avons pas accepté l'ancien comportement.

Prenons l'exemple d'une personne qui buvait plusieurs sodas par jour et qui réussit à ne plus en boire. Elle se sent nettement mieux aux niveaux physique et énergétique. Elle est si fière d'elle qu'elle veut convaincre ses proches de l'imiter. Ce comportement est une indication que cette personne se contrôle, qu'elle se sentirait coupable si elle se laissait aller à boire un soda. Elle ne s'est pas encore acceptée dans le fait de boire une boisson très sucrée et surtout d'en être dépendante. Voilà pourquoi elle a de la difficulté à accepter que les autres se permettent d'en boire – ce qu'elle s'interdit de faire.

Notre entourage est notre meilleur guide pour apprendre à nous connaître. Dans l'exemple précédent, si la personne en question raconte aux autres à quel point elle se sent mieux depuis qu'elle a cessé de boire des sodas sans leur suggérer de faire la même chose et sans vivre une émotion quand elle voit ses proches en prendre, elle saura à ce moment-là qu'elle s'est véritablement acceptée au niveau de sa dépendance. Un autre moyen de vérifier si elle s'est vraiment acceptée, c'est qu'elle sera capable, à l'occasion, de boire un soda sans se sentir coupable. Sa décision d'arrêter cette habitude ou cette dépendance aura été basée sur ce qui fait du sens pour elle et non parce que quelqu'un lui aura dit qu'il y a des ingrédients nocifs dans les sodas et que c'est mauvais pour la santé d'en boire.

Le moyen par excellence pour arriver à accepter plus facilement notre entourage, c'est la notion de responsabilité. Par expérience, je sais que c'est la notion, parmi toutes les notions spirituelles, la plus difficile à accepter. Lorsque nous enseignons cette notion dans les ateliers, nous voyons qu'en général les participants trouvent que c'est une excellente façon de vivre, mais il y a tant de résistance de la part de l'ego qu'ils réalisent du même coup qu'ils ont beaucoup de difficulté à l'appliquer au quotidien.

Cette notion dit bien que tu n'es JAMAIS responsable des conséquences des décisions, actions ou réactions des autres. Lorsque tu as bien intégré cette notion, il devient facile d'accepter que, quelles que soient les décisions de ceux que tu aimes, ils devront en assumer les conséquences. Comment arriver à intégrer cette notion si importante ? EN TE PRATIQUANT, PRATIQUANT, PRATIQUANT. Il n'y a pas d'autre moyen pour qu'une nouvelle attitude fasse partie intégrante de toi.

Nous avons bien vu dans les exemples de ce livre combien de fois Anna et Mario ont eu de la difficulté à accepter les choix de ceux qu'ils aiment. La seule cause de cette difficulté est le fait qu'ils croyaient que s'il arrivait quelque chose de fâcheux à leurs proches, ils se sentiraient coupables. Dès l'instant où ils acceptent que les autres apprendront quelque chose en assumant les conséquences de leurs choix, ils peuvent lâcher prise et se permettre d'être heureux même si les autres ne le sont pas pour le moment.

Le fait de laisser les autres prendre leurs responsabilités aide considérablement à mieux communiquer. Nous avons vu que la vraie communication implique une bonne écoute. Lorsque nous avons peur pour nous – ce qui se produit quand nous ne prenons pas nos responsabilités – il est impossible de vraiment écouter. Une personne qui sait écouter laisse l'autre s'exprimer plutôt que de lui faire la morale ou lui donner des conseils qu'elle n'a pas demandés. Elle lui pose des questions pour l'aider à trouver ses propres réponses. Elle aide surtout l'autre à découvrir ce qu'elle veut vraiment et ce qu'elle est prête à faire pour atteindre son objectif. Celle qui écoute ne croit pas qu'elle est obligée de tout faire pour que l'autre arrive à ses fins, ce qui reviendrait à prendre les responsabilités de l'autre, donc à ne pas assumer ses propres responsabilités.

En se souvenant que l'autre est responsable de sa vie, elle l'aide plutôt à assumer les conséquences de ses choix. Souvenons-nous que lorsque nous nous croyons responsables des autres, nous voulons en contrepartie que les autres soient responsables de nous. Voilà le moyen idéal pour entretenir des relations difficiles ! Seules l'acceptation et la pratique de la notion de responsabilité peuvent améliorer définitivement nos relations.

Apprendre à communiquer nous amène à être plus clairs au sujet des engagements. Beaucoup de non-acceptation de la part des autres vient du fait que nous avons beaucoup trop d'attentes sans entente. Chaque fois que nous sommes déçus face au comportement de l'autre, prenons-nous le temps de vérifier s'il y avait eu une entente claire à ce sujet ? Nous l'avons vu dans les exemples du partage des tâches à la maison chez Anna et Mario, l'attitude de Mario vis-à-vis de son fils qui choisit un autre métier, la relation entre Anna et Mario, etc. Il était évident qu'aucune de ces personnes ne s'était engagée ou avait promis à l'autre de s'occuper de sa peur. En effet, lorsque nous avons des attentes envers quelqu'un, c'est parce que nous avons peur pour nous dans cette situation, si l'autre ne répond pas à nos attentes. Comme la plupart des gens ne savent même pas qu'ils ont peur pour eux-mêmes, comment peuvent-ils exiger qu'une autre personne s'occupe de leurs peurs ?

Voilà pourquoi il est si important de découvrir nos peurs afin de parvenir à les accepter. Lorsque nous vivons de la déception face à une autre personne, nous pouvons en déduire que nous avons des attentes. Remercions cet incident qui nous aide à devenir conscients d'une peur dont nous ne connaissions probablement pas l'existence. Prenons l'exemple d'une maman déçue parce que ni sa fille ni son fils, qui vivent maintenant en appartement, ne l'invitent chez eux. Elle les reçoit souvent et croit qu'ils devraient l'inviter à leur tour. Le fait qu'elle soit déçue implique qu'elle croit qu'un bon parent et un bon enfant sont censés inviter ceux qu'ils aiment chez eux pour leur prouver leur amour ou leur reconnaissance. Elle ne se donne pas le droit de ne plus inviter ses enfants ; elle est donc déçue lorsque ses enfants osent faire ce qu'elle s'interdit.

Cet incident aide la mère à devenir consciente de ce qu'elle n'accepte pas ainsi que de la peur qu'elle éprouve pour elle-même. En prenant ses responsabilités, elle réalisera que ses enfants ne se sont jamais engagés à l'inviter chez eux. De plus, elle pourra mieux communiquer avec eux. Elle pourra alors partager avec ses enfants la peur qu'elle entretient et leur demander s'ils sont d'accord – pour lui faire plaisir – de l'inviter, une fois tous les trois mois par exemple, jusqu'à ce qu'elle puisse modifier sa façon de penser. Ils ont le choix de s'engager ou non, mais au moins, les choses seront claires entre eux. Voilà l'exemple de quelqu'un qui se donne le droit d'être ce qu'elle ne veut pas être afin d'arriver à ce qu'elle veut. Elle se donne le droit de douter de l'amour de ses enfants pour arriver à savoir qu'ils l'aiment, même s'ils ne l'invitent pas chez eux.

Souviens-toi que personne n'a le droit de forcer qui que ce soit à s'engager. Les engagements sont nécessaires pour donner une direction à toute relation, qu'elle soit professionnelle ou personnelle. Généralement, les gens sont habitués à ce qu'il y ait des ententes au plan professionnel, mais malheureusement, il n'y en a pas encore assez. Dans plusieurs entreprises, les patrons ont des attentes face aux employés et ceux-ci face à leur patron, alors qu'il n'y a pas eu d'ententes véritablement claires, surtout au sujet des tâches de chacun et de leur rémunération. C'est à chacun de nous de faire nos demandes et non aux autres de les deviner tant au plan personnel que professionnel.

Prenons l'exemple d'un couple qui se fréquente depuis plus d'un an. La femme est prête à s'engager à avoir une relation exclusive tandis que l'homme ne veut pas s'engager. Si elle menace de le quitter parce qu'il ne veut pas s'engager, c'est du contrôle : elle veut le forcer à s'investir. Toutefois, rien ne l'empêche de s'engager elle-même face à lui. Elle sait ce qu'elle veut et lui aussi. Ils veulent simplement quelque chose de différent. C'est une situation très fréquente dans un couple ; il est impossible que les deux veuillent toujours la même chose au même moment.

Il est préférable de savoir que l'autre ne veut pas s'engager plutôt que de vivre une situation où l'autre s'engage tout simplement pour avoir la paix, en n'ayant pas vraiment l'intention d'honorer sa promesse. Il y en a qui s'engagent en croyant sincèrement pouvoir tenir leur promesse, mais ils n'ont pas assez réfléchi aux conséquences d'une telle promesse. Puis, ils se rendent compte qu'ils se sont trop engagés, que c'est au-delà de leurs limites. Que faire lorsque quelqu'un s'engage envers toi et ne tient pas sa parole ? Il suffit d'utiliser la technique du miroir.

Il a été question de cette approche à plusieurs reprises dans ce livre et dans plusieurs de mes autres ouvrages, mais je tiens à récapituler cette technique avec toi, car c'est l'outil le plus puissant pour améliorer nos relations avec les autres. Pourquoi le mot *miroir* est-il utilisé ? Parce que depuis le début des temps, différents enseignements nous ont appris que notre entourage est notre reflet. Cette approche doit surtout être utilisée pour devenir conscient de ce que tu acceptes de toi ou non. Lorsque tu constates un certain comportement chez une autre personne, qu'il soit négatif ou positif, et que tu es capable de simplement l'observer, sans critiquer ou juger et sans être perturbé, tu sais, dès lors, que tu t'acceptes quand tu adoptes ce comportement.

Lorsque tu es dérangé par le comportement de l'autre, tu reçois le message que ce n'est pas vraiment le comportement qui te dérange, mais plutôt ce que tu accuses cette personne d'être au moment où elle agit de la sorte. Lorsque tu es ainsi, tu ne t'acceptes pas, ce qui signifie que tu te contrôles pour ne jamais être ainsi, que tu nies le fait d'être ainsi parfois, ou, si tu es conscient de l'être, que tu t'en veux, que tu ne t'aimes pas.

Le grand avantage d'utiliser la technique du miroir aussitôt que tu es dérangé par l'attitude ou le comportement d'une autre personne, c'est que tu mets en branle tout ce qu'il faut pour éventuellement ne plus être dérangé, et ainsi améliorer nettement tes relations. Tu dois te souvenir que tant et aussi longtemps que tu es perturbé par quelque chose et que tu veux changer l'autre, il y aura toujours quelqu'un dans ton entourage qui agira de façon à attirer ton attention sur ce que tu as à accepter de toi-même.

Revenons à l'exemple du couple où le conjoint ne veut pas s'engager. Si la conjointe l'accuse d'être lâche et indécis, elle doit se demander à quel moment ou dans quel domaine son conjoint pourrait lui reprocher la même chose. En général, les gens disent qu'ils ne sont pas comme celui qu'ils jugent. Voilà pourquoi cette approche est appelée *miroir* : pour nous rappeler que ce que nous voyons chez l'autre est exactement ce que nous voyons lorsque nous nous regardons dans le miroir. Ça nous appartient et n'appartient pas au miroir. Même si nous changeons de miroir – changeons de conjoint – nous reverrons la même chose dans le prochain miroir.

La solution idéale est de vérifier avec la personne que nous jugeons dans quelle circonstance cette dernière nous juge de la même façon. Il se peut que l'autre ne puisse pas répondre tout de suite, mais après quelques jours, elle aura certainement trouvé au moins une situation. Dans l'exemple précédent, il se pourrait que l'homme dise à sa conjointe qu'il la trouve lâche quand vient le temps de faire des exercices physiques ou de ranger ses vêtements ; qu'il la trouve indécise lorsque vient le temps de prendre une décision, qu'elle se remet sans cesse en question. Tu peux voir, par cet exemple, à quel point il est important de vérifier de quoi tu accuses ou juges l'autre au niveau de l'ÊTRE afin d'avoir tous les bénéfices de cette technique.

Pourquoi est-ce si difficile pour notre ego d'admettre que les autres sont notre miroir ? Parce que nous avons peur de ne pas être aimés si nous osons être ainsi. Rappelons-nous que moins nous nous acceptons et que nous faisons des efforts pour ne pas être comme une certaine personne, plus nous devenons comme elle. Plus nous trouvons une attitude inacceptable, plus nous voulons nier le fait que nous sommes ainsi (comme dans le cas de la femme : elle pourrait répliquer qu'elle n'est pas indécise, mais plutôt en réflexion).

L'étape suivante pour la conjointe est de se demander quelle est son intention ou sa motivation lorsqu'elle a le comportement que son conjoint trouve lâche ou indécis. Elle verra rapidement qu'elle est lâche parce que faire des exercices physiques régulièrement est au-delà de ses limites et qu'elle se remet en question parce qu'elle a peur de commettre une erreur. Dès qu'elle aura trouvé ce qui se cache derrière son propre comportement, elle comprendra ce que vit son conjoint : que s'engager est au-delà de ses limites et que lui aussi a peur de se tromper.

Utiliser cette technique chaque fois que tu vis une difficulté avec une autre personne est tout simplement magique, non seulement avec les personnes qui ne respectent pas leurs engagements, mais aussi pour toute situation relationnelle. Cette approche t'aide à devenir conscient de ce que tu as à accepter de toi. Elle t'indique que tu dois te donner le droit d'être différent de ce que ton ego croit être « bien ». Le jour où cette femme se donnera le droit d'être parfois lâche ou indécise, elle ne sera plus dérangée par ce comportement chez les autres. De plus, le fait de se donner le droit d'être ce qu'elle ne veut pas lui permettra de se diriger peu à peu vers ce qu'elle veut. Elle s'apercevra qu'elle a plus de facilité à prendre des décisions et à ranger au fur et à mesure.

Ce qu'elle veut être deviendra prépondérant dans sa vie et les quelques fois où elle sera le contraire de ce qu'elle veut être ne la dérangera plus, car elle saura que c'est ce dont elle a besoin à ce moment-là. Personne ne peut être qu'un aspect de la même attitude ou du même comportement, à moins de se contrôler. **Un comportement est véritablement vécu dans l'harmonie lorsque nous nous donnons le droit d'en vivre tant l'aspect positif que l'aspect négatif.**

J'utilise cette approche du miroir depuis près de trente ans et je n'ai, à ce jour, trouvé aucun autre moyen qui soit plus efficace et plus rapide pour s'accepter et, par le fait même, accepter les autres. C'est le moyen par excellence pour améliorer toutes les relations.

Souviens-toi que cette technique ne doit être utilisée que pour t'aider à t'accepter dans les aspects que tu n'aimes pas de toi et non pour que tu te forces à devenir tout de suite ce que tu veux être. Se forcer signifie se contrôler pour être parfait selon les normes de notre ego et cela ne mène qu'à une perte de contrôle dans ce comportement ou dans un autre. Par exemple, la personne qui se contrôle pour ne jamais hausser la voix, par peur de la violence, finit par être violente d'une autre façon, soit dans ses gestes, son regard, ses intentions, etc. Plus elle se contrôle, plus le risque qu'elle développe une maladie violente ou perde définitivement le contrôle et fasse des gestes qu'elle regrettera est élevé.

Dans ton entourage, tous ceux que tu attires à toi sont un miroir pour toi. Tu as besoin de chacune de ces personnes. Grâce à elles, tu prends rapidement conscience des aspects de toi que tu acceptes ou non. Plus une personne te dérange, plus cette dernière joue un rôle déterminant dans ta vie afin d'attirer ton attention sur ce que tu as à accepter de toi-même.

Cette théorie du miroir s'applique aussi à tout ce que tu admires chez une autre personne. C'est-à-dire que chaque trait de caractère que tu envies chez une autre personne, chaque facette que tu ne crois pas posséder sont en réalité des aspects qui font partie de toi, mais que tu ne veux pas reconnaître. La seule raison pour laquelle tu refuses le fait que tu peux être comme ceux que tu admires est la peur de ne pas être aimé si tu oses être ainsi. Il ne te reste qu'à accueillir la peur qui t'empêche de reconnaître tes belles qualités pour t'aider à les mettre en évidence. Tu verras rapidement que ce que tu crois n'est pas nécessairement toujours vrai.

Par exemple, si tu admires la patience de ta belle-sœur, cela indique que tu n'oses pas admettre que tu es une personne patiente. Quand tu découvriras ce dont tu as peur pour toi si tu oses être patient, tu sauras pourquoi tu ne t'autorises pas à l'être. Peut-être as-tu peur qu'on profite de toi si tu es trop patient ? Je te suggère de vérifier auprès de tes proches s'ils te trouvent patient. Tu auras l'agréable surprise de découvrir que les autres voient cette qualité en toi et que tu es le seul à ne pas vouloir le reconnaître. Peu à peu, tu seras capable d'être bien, que tu sois patient ou impatient. C'est ça l'acceptation totale !

Quelle chance nous avons de vivre en société : nous y sommes entourés de miroirs.

CHAPITRE DOUZE

L'amour avec un grand A

Il a été question à plusieurs reprises tout au long de ce livre du grand pouvoir de l'acceptation. Sachons faire la différence entre accepter, se résigner et se soumettre. Pour ce faire, il faut porter attention au ressenti. Prenons l'exemple de Nicole, une participante à un atelier d'Écoute Ton Corps, qui me raconte qu'elle a appris que son chirurgien a fait une erreur de diagnostic et lui a enlevé l'utérus alors que ce n'était pas nécessaire. En croyant prendre ses responsabilités, Nicole s'est dit qu'elle devait accepter cette situation et qu'elle avait dû s'attirer cet incident. Quand je lui ai demandé comment elle se sentait suite à cette acceptation, elle m'a répondu qu'elle ne se sentait pas bien, qu'elle aurait préféré que cela n'arrive pas. Nous voyons, par cet exemple, qu'en réalité Nicole s'est résignée plutôt que d'accepter.

Il est vrai qu'elle doit prendre ses responsabilités, c'est-à-dire qu'elle s'est attiré une situation de ce genre pour apprendre quelque chose. Lorsque je lui ai demandé ce qui la dérangeait le plus dans cet incident, elle m'a répondu que c'était le fait de ne plus pouvoir avoir d'autres enfants – elle n'en avait qu'un et aurait bien aimé en avoir au moins un autre. Une partie d'elle veut un autre enfant alors qu'une autre a peur au point qu'elle a attiré un événement qui lui impose de ne plus pouvoir en avoir. Après plusieurs questions, j'apprends qu'en réalité, son mari ne veut pas avoir d'autres enfants, qu'il trouve qu'un enfant représente déjà beaucoup de travail et de responsabilités, pour lui. Avant d'avoir une tumeur bénigne à l'utérus, Nicole avait volontairement omis de prendre sa pilule contraceptive plusieurs fois parce qu'elle souhaitait tomber enceinte, mais en même temps, elle se sentait affreusement coupable. Elle était vraiment torturée par son désir d'avoir un enfant et sa peur de perdre son conjoint si elle osait en avoir un autre.

Une fois consciente du fait que c'est sa peur qui a attiré cette erreur du médecin, elle m'a demandé ce qu'elle devait faire : accepter qu'elle soit responsable de tout ou accepter que le médecin aussi ait sa part de responsabilité dans cet incident. Je lui ai dit qu'elle avait raison, qu'ils étaient tous les deux impliqués dans cette situation. Que le médecin, de son côté, avait quelque chose à apprendre de cette erreur et que ce n'était pas sa responsabilité à elle de lui imposer cette prise de conscience. Par contre, rien ne l'empêchait de déposer une plainte auprès de l'Ordre des médecins afin d'être dédommagée. Elle peut se servir de cette action pour vérifier son degré d'acceptation. Une fois qu'elle aura fait sa démarche face au médecin et qu'elle sera capable de lâcher prise quant au résultat des procédures entamées – qu'il y en ait ou non – elle saura qu'elle a bien accepté la situation.

Nicole m'a rappelé un an plus tard pour m'annoncer une bonne nouvelle : elle venait de recevoir une importante somme d'argent de la part des assurances du médecin. Celui-ci lui a aussi envoyé un mot d'excuse disant qu'il était désolé de son erreur d'inattention. Elle n'en revenait pas, car elle avait vraiment mis cet incident de côté après avoir fait son rapport à l'Ordre des médecins. En résumé, lâcher prise signifie se remettre entre les mains de l'Univers en sachant que nous avons fait tout ce que nous pouvions.

Cet exemple a pour but de montrer que ce n'est pas parce que nous acceptons une situation que nous devons nous laisser faire, que nous devons rester passifs. Parce que Nicole a bien accepté la situation et ses conséquences, tout s'est passé dans le calme et non dans le stress et la peur. **Il n'y a jamais de bonnes ou de mauvaises expériences : il n'y a que de bonnes ou de mauvaises façons de les gérer.**

***

Dans le chapitre précédent, il a été question de l'importance de la notion de responsabilité qui est indispensable pour réussir à accepter les gens comme ils sont en leur permettant d'assumer les conséquences de leurs choix. Cette notion est tout aussi importance pour arriver à t'accepter, à t'aimer tel que tu es. En te souvenant que tu n'es jamais responsable du bonheur des autres, tu te donnes beaucoup d'amour. Plus tu te donnes d'amour et plus tu en recevras des autres. Quand tu oublies cette notion de responsabilité, que tu t'inquiètes pour quelqu'un, que tu te sens obligé de le sauver, tu empiètes sur ton espace vital ainsi que sur celui de l'autre.

Tu peux savoir si tu choisis d'aider une personne par amour plutôt que par peur en vérifiant comment tu te sens. Si tu es capable d'aider, de conseiller, de donner un coup de main à une personne en difficulté et d'être bien, même si rien ne change pour cette personne parce qu'elle ne veut ou ne peut pas véritablement changer sa situation, cela indique que tu donnes de l'aide véritable, sans attente. Tu le fais pour ce que tu as à apprendre de cette expérience ou parce que ton cœur veut bien le faire.

Malheureusement, cette situation est plutôt rare. On voit bien plus souvent des personnes qui se croient obligées d'aider ceux qui sont en difficulté, surtout leurs proches. Il arrive même que ceux-ci ne soient pas en difficulté : ce sont les autres qui le perçoivent ainsi. Ces personnes ne se permettent pas de vivre dans la joie tant que tous leurs proches ne sont pas bien. Elles se croient égoïstes si elles sont bien alors que les autres ne le sont pas. Je répète ici la définition du mot *égoïsme*, telle que donnée dans le deuxième chapitre.

Être égoïste, c'est vouloir que l'autre écoute nos besoins avant les siens, c'est prendre pour soi au détriment de l'autre, c'est croire que l'autre est responsable de notre bonheur, ce qui crée beaucoup d'attentes. C'est tout à fait contraire à s'oublier pour s'occuper des besoins des autres.

La difficulté de s'occuper de ses propres besoins est en général la cause première du manque de temps vécu par un nombre grandissant de personnes. Fais-tu partie de ceux qui se plaignent de ne jamais avoir assez de temps pour penser à eux ? Si oui, je te suggère d'être plus attentif à ce que tu fais chaque jour. Une bonne idée est de noter tout ce que tu fais qui n'est pas productif et ensuite ce que tu fais de productif.

Tu seras surpris de découvrir le nombre d'heures passées à une occupation qui t'a fait plaisir, car nous croyons souvent que nous passons nos journées à faire des choses par obligation. C'est la peur d'être égoïste, d'être centré sur nous, qui nous empêche de voir que la réalité est beaucoup plus agréable que nous le croyons.

Tu peux, de plus, te demander ce que t'ont rapporté toutes tes activités productives de la journée. Qu'elles soient faites pour toi ou pour un autre, tu t'apercevras à quel point tu les fais pour toi-même.

Plusieurs se plaignent de ne jamais avoir assez de temps pour eux, mais il y a aussi beaucoup qui disent combien ils aimeraient *ne rien faire, un jour*. Si tu te places dans cette dernière catégorie, que veux-tu dire par l'expression « ne rien faire » ? T'asseoir et faire de la contemplation ? Je me suis rendu compte au fil des années que « ne rien faire » semble très difficile, voire impossible, pour les personnes très actives de nature. Pour ma part, faisant partie de ces personnes, j'ai choisi de définir « ne rien faire » par « ne rien faire de productif ». Quand je marche pour le plaisir d'être dans la nature, je ne fais rien. Par contre, quand je marche d'un bon pas pour garder la forme, je fais quelque chose de productif.

Le fait de tout noter ainsi pendant au moins trois semaines t'aidera beaucoup à améliorer ta relation avec le temps. Si tu te rends compte que tu fais beaucoup d'activités qui ne te plaisent pas par obligation, ce sera un signe que tu agis plus par peur que par amour pour toi. Tu dois réviser tes engagements en tenant plus compte de tes besoins.

T'accepter et t'aimer, c'est te donner le droit de penser à toi en premier. Si tu ne t'occupes pas de tes besoins, qui va s'en charger ? Tu sauras que tu t'acceptes véritablement dans l'écoute de tes besoins lorsque les autres t'admireront pour ça au lieu de t'accuser d'être égoïste ou égocentrique. S'ils te critiquent ou te jugent ainsi, tu sais tout de suite que tu ne t'acceptes pas. Alors remercie-les de te critiquer. Dis-leur que leurs critiques te permettent de devenir conscient de l'acceptation qu'il te reste à faire. Tu verras que par la suite, tu deviendras plus attentif à tes propres critiques envers toi-même.

***

Pour les gens comme toi et moi qui cherchons sans cesse à améliorer notre qualité de vie et qui mettons en œuvre tous les moyens possibles pour devenir plus conscients, il y a un domaine où il semble plus difficile de mettre en application la notion de l'amour véritable, l'acceptation inconditionnelle. C'est le domaine spirituel. J'entends souvent des personnes me dire qu'elles ne comprennent pas comment les employés d'Écoute Ton Corps et moi pouvons parfois être malades malgré tout ce que nous savons et enseignons. Ce sentiment est aussi vécu de la part des enseignants dans ce domaine. Je pense, par exemple, à Daniel Kemp – le créateur au Québec de la théorie de l'enfant Teflon – qui est décédé d'un cancer du côlon. La majorité des gens ne pouvaient pas accepter que lui, un être si évolué, qui enseignait depuis l'âge de dix-huit ans, puisse en être arrivé là.

Il est important d'accepter le fait que nous sommes tous des êtres avec des leçons de vie à apprendre. Comment te sentirais-tu si tu apprenais que je suis en train de mourir d'une maladie quelconque ? Quelle serait ta première réaction ? Les réponses à ces questions t'indiquent ton degré d'acceptation d'avoir des limites. **On s'accepte au même degré qu'on accepte les autres.** Sois vigilant. Ce n'est pas parce que tu deviens plus spirituel que tu ne seras plus jamais malade. Le but d'apprendre à trouver la cause d'un malaise ou d'une maladie n'est pas de contrôler cette dernière, mais plutôt d'apprendre sans cesse sur soi. J'ai eu le bonheur de passer de bons moments avec Daniel Kemp peu de temps avant son décès et je sais que grâce à sa maladie, il a pu faire un grand processus de pardon et d'acceptation dans sa vie. C'est ce qui est important. Ce qu'il a accompli dans cette vie-ci lui sera sûrement très utile lors de son retour sur Terre et aura certainement rendu son passage dans le monde de l'âme plus agréable.

Le moyen par excellence de vivre le grand amour envers toi-même – par conséquent avec les autres – est de décider de laisser l'intelligence guider ta vie. Qu'est-ce qu'une personne intelligente ? C'est celle qui est consciente de la loi de cause et effet, qui est consciente des conséquences de ses décisions et qui se demande avant d'agir ou de parler si ce qu'elle s'apprête à faire est intelligent pour elle et pour son environnement. Un critère important de l'intelligence est l'utilité. Donc, en se demandant si ce que nous voulons avoir, faire, dire ou être est utile, nous apprenons à vivre dans l'intelligence.

Voici quelques exemples d'intelligence :

- S'engager même si les autres ne veulent pas le faire est intelligent pour soi, car cela donne une direction à notre vie et ne dérange aucunement les décisions des autres.

- Faire des compliments et voir les qualités des autres avant leurs défauts est intelligent, car c'est ce que nous récolterons d'eux.
- Se permettre d'être heureux même si nos proches ne le sont pas est intelligent, car s'en empêcher ne leur apporte pas du bonheur, sans compter qu'une personne de plus est malheureuse.
- Nous occuper de nos affaires est intelligent, car ainsi les autres vont nous laisser vivre notre vie. Nous occuper des affaires des autres nous assure que les autres vont vouloir s'occuper de notre vie.
- Manger d'une façon naturelle est intelligent, car notre corps est gagnant sur toute la ligne.
- Manger quand nous avons faim est intelligent, car le contraire n'apporte qu'une surcharge de travail à notre corps, nous privant ainsi de notre énergie.
- Dire merci à notre corps aussi souvent que possible est intelligent, car se sentant apprécié, il voudra davantage nous aider, nous supporter.
- Réduire la pollution de notre planète est intelligent, car nous allons bénéficier d'un environnement plus sain.
- Se reposer et s'amuser régulièrement est intelligent puisqu'ainsi notre corps se régénère et garde une énergie stable.
- S'arranger pour vivre dans l'abondance est intelligent, car nous pouvons ainsi donner aux autres au lieu de devenir dépendants des autres.
- Acheter uniquement des objets utiles est intelligent : nous aidons ainsi à réduire la surconsommation et les déchets sur notre planète.

- ► Se donner le droit de vivre de nombreuses expériences autant positives que négatives est intelligent, car cela nous permet d'en faire le tri pour devenir conscients de ce dont nous avons vraiment besoin.

***

J'aimerais clore le sujet de l'importance capitale d'accepter les autres et de s'accepter afin de vivre dans l'amour inconditionnel, en répondant à la question suivante qui m'est posée régulièrement : *Comment sait-on, sans aucun doute, qu'on s'est véritablement accepté ?*

Tout d'abord, il faut se souvenir qu'avant d'arriver à être capable d'accepter qui ou quoi que ce soit, on doit être conscient de notre non-acceptation. Voici donc plusieurs étapes de l'évolution de la conscience :

1. Nous sommes inconscients d'avoir une croyance qui nous empêche d'être bien.
2. Nous nous empêchons d'être ainsi, car c'est mal. Nous nous contrôlons pour éviter de nous sentir coupables ou nous sommes ce que notre croyance dit ne pas être bien, sans en être conscients.
3. Nous devenons conscients d'être ce que nous ne voulons pas être et nous ne nous aimons pas ainsi.
4. Nous décidons expérimenter être ce que nous voulons être, mais nous nous en sentons coupables, car nous ne nous donnons pas le droit d'être différents des autres.
5. Nous sommes ce que nous ne voulons pas être en nous donnant le droit d'être ainsi, en nous acceptant, car nous savons que c'est une peur d'être blessé qui nous a fait agir ainsi.
6. Nous finissons par être ce que nous voulons être de plus en plus souvent sans avoir peur.

Prenons l'exemple de Mario. Il croyait qu'il n'était pas bien de mentir. Il est devenu conscient qu'il était lui-même menteur en réalisant qu'il était entouré de menteurs – selon lui – dont Anna, son fils et sa bru. Après réflexion, il s'est souvenu des nombreuses fois où il a accusé son père et sa mère d'être menteurs. Il a dû passer par la phase de la difficulté à admettre à quel point il a été inconscient et la phase où il se rendait de plus en plus compte qu'il mentait souvent. Il s'en voulait de mentir ainsi. Peu à peu, il a été capable de regarder la peur qui se cachait en lui chaque fois qu'il mentait et il en est venu à se permettre d'avoir peur et d'utiliser le mensonge pour cacher sa peur. C'est seulement ainsi qu'il en est arrivé à réaliser qu'en mentant, il se créait une autre peur et qu'il avait intérêt à dire la vérité tout de suite, ce qui lui apportait la paix intérieure.

Nous savons que nous nous acceptons lorsque nous sommes rendus à la dernière étape. De plus, nous sommes bien dans les aspects positif ou négatif de la même attitude. Nous savons qu'il est impossible pour nous de vivre uniquement un aspect de chaque état d'être. Par exemple, il est impossible d'être toujours patient, rapide, compréhensif, énergique, de bonne humeur, disponible, etc. Dans l'acceptation totale, nous savons que parfois il y a des circonstances où nous allons vivre le côté négatif même si notre préférence est de vivre le côté positif. Nous allons le vivre en ayant de la compassion pour soi, pour nos limites, pour nos incapacités du moment. Peu à peu, nous arrivons à être ce que nous voulons de plus en plus souvent.

Certaines personnes me demandent comment il se fait qu'auparavant, elles vivaient dans l'acceptation de ce qu'elles étaient et que maintenant elles n'y arrivent plus. Par exemple, je connais une personne qui, aujourd'hui, s'en veut de ne plus pouvoir rien décider spontanément. Elle me dit qu'auparavant, elle prenait ses décisions si vite qu'elle pouvait *sauter dans la piscine sans vérifier s'il y avait de l'eau.* Je lui ai alors demandé si elle croyait sincèrement que sa spontanéité d'antan était très bénéfique pour elle. *Tu sais, sauter dans une piscine sans eau peut être dangereux, ne trouves-tu pas ?* Elle m'a répondu que ce n'était qu'une expression, qu'elle ne l'avait jamais fait.

Si tu vois que tu as un comportement contraire à ce que tu aimais dans le passé, c'est signe que ce que tu étais dans le passé n'était pas accepté. Tu as donc fini par adopter le comportement contraire qui n'est pas plus accepté. Dans l'exemple cité plus haut, cette personne s'acceptera vraiment quand elle se donnera le droit d'être parfois spontanée, parfois réfléchie, selon les circonstances.

Un autre moyen pour savoir que nous avons accepté une expérience est de voir si nous serions prêts à la revivre, si nous avions à recommencer notre vie, pour tout ce qu'elle nous a appris.

***

En conclusion, souviens-toi que tu es sur cette planète pour toi et pour personne d'autre. Toutes les personnes que tu rencontres, incluant tes proches, sont dans ta vie pour que tu apprennes à te connaître à travers elles. Elles sont toutes comme de petites sonnettes d'alarme pour te rappeler ce que tu dois accepter de toi-même. Elles sont aussi un excellent moyen pour t'aider à devenir conscient de tout ce que tu acceptes de toi.

Nous avons tous la même mission : celle de prendre conscience de l'être extraordinaire que nous sommes, de prendre conscience que nous sommes tous l'expression de la perfection divine. Être DIEU ne signifie pas devenir l'être parfait que notre ego a inventé. Être DIEU signifie tout simplement ÊTRE. Nous sommes tous ici pour vivre, dans l'acceptation, toutes sortes d'expériences d'ÊTRE, en apprenant peu à peu quelles sont celles qui sont intelligentes pour nous. Nous devrons revenir sur cette planète aussi souvent que cela sera nécessaire pour parvenir à accepter tous les états d'ÊTRE négatifs et positifs qu'il est possible de vivre sur Terre.

En réalité, notre mission est toute simple. Malheureusement, nous nous sommes créés un tel ego que nous avons compliqué et retardé de beaucoup notre mission.

Quelle chance nous avons, à l'heure actuelle, d'avoir sur cette planète une ouverture telle que nous pouvons tous devenir conscients de notre seule raison d'être. J'ai bon espoir que d'ici vingt ans, nous assisterons à un très grand changement pour nous tous. J'ai le bonheur de pouvoir vérifier d'une année à l'autre ces changements, cette évolution dans plusieurs pays et c'est très encourageant.

Toi, je ne peux que t'encourager à continuer de vouloir améliorer ta qualité de vie et grâce aux millions de personnes comme toi, nous arriverons à cette paix planétaire à laquelle nous aspirons tous. Chacun de nous n'a qu'à vivre de plus en plus dans la paix intérieure et la conscience collective de paix fera son chemin sur notre planète.

Étapes pour se réconcilier avec l'autre et se pardonner soi-même

1) ÉMOTION/ACCUSATION

Tu as accusé ou jugé la personne d'être quoi ? Tu t'es senti/e comment dans cette situation ?

2) RESPONSABILITÉ

Tu as eu peur de quoi pour toi ? Tu avais quelles attentes dans cette situation ? Prends le temps d'accepter que ce sont ces attentes qui ont été la cause de ce que tu as vécu.

3) RÉCONCILIATION

Place-toi dans la peau de l'autre personne en réalisant qu'elle a senti la même chose que toi parce qu'elle a eu la même peur que toi. Trouve à quel moment cette personne a pu t'accuser de la même chose, soit dans la même situation ou une autre.

4) PARDON DE SOI (L'ÉTAPE LA PLUS IMPORTANTE)

Développe de la compassion pour la partie de toi qui a accusé l'autre et qui a agi comme l'autre à cause de tes peurs occasionnées par une blessure non réglée.

5) DÉSIR D'EXPRIMER

Pour vérifier si les étapes de réconciliation et de pardon sont assimilées, vérifie comment tu te sens à l'idée d'aller parler à l'autre personne des trois premières étapes. (S'il y a hésitation ou crainte à l'idée de parler à l'autre, c'est signe que les étapes 2 et/ou 3 ne sont pas encore faites. Donne-toi le temps nécessaire pour y arriver.)

6) VOIR LA PERSONNE CONCERNÉE

Exprime-lui ce que tu as vécu et vérifie avec elle si elle t'a accusé/e de la même chose dans cette situation ou dans une autre. Demande à cette personne de plus si elle a eu les mêmes peurs que toi pour elle-même ?

7) LIEN AVEC UN PARENT

Vérifie dans quelles circonstances tu as vécu la même chose (senti, peurs et accusations) avec le parent du même sexe que la personne avec qui tu as vécu des émotions. Il est suggéré de refaire les mêmes étapes avec ce parent. (S'il/elle est décédé/e, ces étapes peuvent se faire sous forme de détente.)

ÉCOUTE TON CORPS

Fondé par Lise Bourbeau, Écoute Ton Corps est à la fois un centre de relation d'aide, un centre de développement personnel et une école de vie qui a pour but de faire croître le bien-être et l'équilibre des gens.

Atelier ÊTRE BIEN

L'enseignement dynamique et concret de l'atelier ÊTRE BIEN intéressera tous ceux qui veulent améliorer leur qualité de vie. Unique en son genre, il offre une base solide pour vous diriger vers ce que vous voulez véritablement.

Jour 1 — ÊTRE BIEN avec soi

Venez déterminer quels sont vos besoins actuels et comment les satisfaire pour améliorer votre bien-être. Vous explorerez plusieurs moyens concrets, étape par étape, incluant l'étape importante de découvrir à quel degré vous vous aimez réellement.

Vous apprendrez notamment à…

- identifier les peurs et les croyances qui bloquent la réalisation de vos désirs ;
- découvrir ce qui vous empêche d'être comme vous le souhaitez ;
- gérer l'insatisfaction et à atteindre la sérénité ;
- utiliser des outils simples et nécessaires pour être bien avec vous-même.

Osez faire le premier pas et venez apprendre à être aussi bien que vous le désirez !

Jour 2 — ÊTRE BIEN avec les autres

Venez découvrir pourquoi vos relations et les situations que vous vivez ne sont pas toujours comme vous le souhaitez. Expérimentez ensuite, étape par étape, ce qui est concrètement possible pour établir de bonnes relations et atteindre le bien-être.

Vous apprendrez notamment…

- la vraie notion de responsabilité qui vous libèrera du sentiment de culpabilité ;
- l'importance de savoir s'engager et se désengager ;
- à identifier la source des émotions qui nuisent à vos relations et comment les gérer ;
- deux méthodes éprouvées pour améliorer vos relations.

Utilisez les relations difficiles comme tremplin vers un mieux-être intérieur!

Cet ouvrage a été composé et mis en page
par PCA, 44400 Rezé

Imprimé en France par CPI
en juin 2021
N° d'impression : 3043892

Pocket – 92 avenue de France, 75013 PARIS

Dépôt légal : septembre 2017
Suite du premier tirage : juin 2021
S26817/11